圖解
行政學

汪正洋 著

推薦序一

　　正洋是一位認真治學，亦積極工作的青年。這些年來，工作相當辛苦，家庭也照顧得很好，其樂融融。值得嘉許的是，雖然工作排滿檔，但著書立說卻也從未間斷。在完成師大政研所博士論文，成為該所「關門弟子」後，又以驚人的速度，完成這本「圖文並茂」的著作。

　　說它圖文並茂，可是一點也不誇大，正洋在每一章的每一頁皆有圖說，這可是國內著作少有的創意寫作模式。不僅將理論深又廣泛的公共行政學，以極其淺顯的圖示表達外，更能在論述部分，將公共行政學的學術核心價值，以「畫龍點睛」式的說明，使初學者可在極短時間內即能有所領會，從而增加對該科目的學習心得。

　　希望正洋的著作，能如這本書的創新構想，以嘉惠學子的學習興趣和鼓舞愛好公共行政學的知識青年之從事研究。

紀俊臣　謹識

銘傳大學社會科學院院長

2018 年 3 月 20 日

推薦序二

　　我是民國 100 年北市一般民政地特四等狀元及 102 年高考及格的考生，大學就讀的是西班牙語系，畢業後在父母親的鼓勵下，全職準備高普考。

　　記得剛開始接觸行政學的那段日子，每天都過著鴨子聽雷的課堂生活，也許是因為過去所學的是外語，對於公共行政領域完全沒有相關概念，所以在準備國考的過程更加辛苦！但幸運的是，因為行政學課程讓我遇到汪正洋老師，他是一位教學細心及充滿耐心的老師，當他發現我對行政學的困惑後，就拿了這本《圖解行政學》給我，每一次的行政學課程，我都會將事先寫好的申論題給老師批閱，並與老師討論關於題目的概念及延伸的相關內容，在老師的幫助之下，讓我在 100 年地方特考行政學概要一科獲得 96 分，102 年高考行政學一科獲得 90 分。

　　公共行政是一門包羅萬象的科目，涵蓋了私領域的企管、公部門行政等內容，對於初期接觸行政學的考生可能是一門罩門，《圖解行政學》這本書的編排及內容非常適合準備國考的考生，尤其可以當成教科書的輔助工具、相輔相成！

　　希望在準備考試的你們，可以善加利用這本書，透過這本書瞭解公共行政的概念，並內化應用在行政學脈絡，順利考取國考！如果我做得到，相信你們一定也可以的！

李津怜

五版序

行政學是一門年輕的學問，從 1887 年第一篇行政學論文〈行政的研究〉在美國問世以來，至今尚不足 140 年，卻趕上了這個知識爆炸的時代，與許多學科交相激盪、融合演化，致使其內容大幅膨脹，讓初學者彷彿身處五里霧中，既看不清前方，也模糊了來時路。

我在寫這本書時，腦海常浮現教學生涯中學生們提出過的各種問題，以及我為了解答提問或是基於本身的好奇，而在圖書館中翻查各種不同領域書籍的日子。這個過程讓我深刻的感受到，要掌握行政學的思想，就必須從行政學的基礎開始，澈底釐清行政學的脈絡，才能鑽研更多、更新，甚至更難的學說。

所以在「寫在前面」這個單元中，我先請讀者理解行政學是一個主要來自美國的「應用性社會科學」，也就是任何行政學說，均反映當時的社會問題。所以瞭解美國社會的演進，才能掌握行政學的基本特質，就像腦中有了一張「學習地圖」，沿著地圖的軸線前進，就不怕迷路了。

本書一至五章呈現行政學的本體架構，第一章是基本的學術名辭與概念，第二章到第四章，是組織理論的基礎，也是管理學的根基，呼應了行政學早期定位在追求「辦公室的效率」，以和政治學有所區隔。到了第五章，讀者會看到行政學在 1960 至 1970 年代出現分裂之勢；重視政治議題的學者們，面對 1960 年代美國社會運動的紛擾，形成「新公共行政」（新左派），強烈主張公平正義、民主價值及行政倫理等規範性的研究；但隨著 1970 年代世界各國受到能源危機的重創，實務界展開了由經濟學主導的「政府再造」，也就是以追求績效為主的「新公共管理」（新右派）。這兩股勢力在行政學中各擅勝場，直到 1990 年代末期，才在「治理」（Governance）的概念下逐漸整合。

從第六章到第八章為組織理論與管理，欲報考國營事業考試的讀者，務必熟讀此處。第九、十兩章則是財務與人事制度，在我國公務員考試中，特別傾向法規、政策等制度面的命題，因此筆者特別重視此處的更新，希望讀者加以留意。至於第十一章的行政責任與行政倫理，是「新公共行政」的延伸。最後一章是公共政策，內容是一個子學科的縮影，需要進一步瞭解的讀者可再參閱拙著《圖解公共政策》（五南出版）。

本書的讀者中，有許多是嚮往公職生涯的考生，因此筆者改版時會特別針對國家考試的命題方向予以調整。例如今年（2024）國家考試科目精簡，刪除「公共管理」一科，原本屬於該科的考題勢必融入行政學的命題中，所以調整了第八章的內容。人事行政職系新增「公共人力資源管理」一科，相應於本書第十章也朝這個方向調整。但無論如何，要將行政學中複雜的理論用圖表來輔助呈現，確實不是件容易的事，唯「化繁為簡」一直是我從事教學工作的職志。感謝五南圖書公司法政編輯室給予我這個機會，寫成全國第一本完整的行政學圖解書。更感謝曾經教導我的史美強教授、曲兆祥教授、吳瓊恩教授、紀俊臣教授、許立一教授、陳銘薰教授、黃城教授、黃人傑教授與諸承明教授；以及作為我的榜樣，總是給我鼓勵的林文清博士、蔡倩傑博士、蔡相廷博士與蘇子喬博士。希望本書的付梓，能讓需要學習行政學的讀者產生學習興趣，有興趣學習行政學的讀者跨越艱難的學術藩籬。

本書目錄

本書目錄

第 2 章 傳統理論時期

第 3 章 修正理論時期

本書目錄

第 4 章 整合理論時期

本書目錄

第 6 章　組織設計理論與實務

▰第⑦章▰ 組織管理理論與實務

本書目錄

第 8 章 組織運作理論與實務

本書目錄

危機管理

第9章　財務行政

本書目錄

第 10 章 人事行政

本書目錄

本書目錄

▶ 寫在前面

行政學（Public Administration），或稱公共行政學，是一門年輕而複雜的學問。之所以年輕，是因為行政學自 1887 年才問世；之所以複雜，是因為至今不到一百三十年的時間中，行政學不斷向管理學、政治學、經濟學、社會學、哲學……等等相關學科借用他們的最新知識，導致行政學呈現眾說紛紜的複雜樣態，成為令人相當頭疼的學科。

事實上，要學好行政學，筆者以為必須要掌握時代的脈絡。因為社會科學不像自然科學，可以「無中生有」，創造全新的產品；一個社會科學理論的產生，通常都是面對當時難解的社會問題，而由思想家殫精竭慮所提出的學說理論。因此，要瞭解一個社會科學的學說，最好能瞭解它的時代脈絡，這樣就能更有效率的去體會這個學說的精要。

行政學是研究政府公共行政的學問，自然跟時代脈絡更加息息相關。我國行政學的知識體系幾乎全來自美國，因此觀察美國自 19 世紀末以來的政治發展就顯得相當重要。

美國在 1880 年到 1920 年之間興起一股社會改革運動，在政治上主張終結政黨分贓，以免政黨干預政府形成公共行政的腐敗，於是才有 1883 年的文官法，及 1887 年行政學獨立於政治學之外的觀點形成。而在行政學獨立於政治學之外以後，就不斷向管理學借用學說，當時盛行的「古典管理理論」，如科學管理、行政管理、官僚體制等，便成為行政學的基礎。1929 年美國華爾街爆發的經濟大恐慌，重創市場經濟，於是才有羅斯福總統的「新政」，以及凱因斯學說的風行，而這也造成行政權力不斷擴張、行政規模不斷膨脹，出現「行政國」的理論。新政時期羅斯福總統成立「布朗婁委員會」，重用行政學者古立克，他力主公部門運作應以效率為先，奠定行政學朝向「公共管理」發展的基石，因而吸收了更多的管理學知識。

直到 1970 年代，行政規模擴大的結果，導致政府過度吸收民間資源，但政府依法辦事、繁文縟節的特質又無法適應社會需求，因此英美兩國在新古典經濟學與公共選擇論的主導下，開始縮小政府規模，也就是 1980 年代盛行的民營化政策，及其後來的政府再造運動，在行政學中稱為「新公共管理學派」。

但是，另有一批學者，認為 1960 年代末期美國經歷的社會混亂、種族衝突等等問題，正需要一個有為的政府來解決。所以政府的問題不是規模太大，而是過去一直以來重視組織效率的結果，導致行政機關與社會人民脫節。因此縮減政府規模不是最好的辦法，而是應該讓公務員扮演反映民意、追求公益的「公民受託者」角色，追求所謂「民主行政」；此即行政學中的「新公共行政學派」。

在 20 世紀末期，為了因應民主化、全球化的發展，公共行政又發展出了「治理」及「新公共服務」的觀念。所以，理論與時空脈絡就像是行政學的任督二脈，若能瞭解這一路的發展，那麼學習行政學的任督二脈就能暢通了。

右圖整理出行政學發展歷程中重要的事件與學說，諸位讀者在閱讀本書的過程中，可不時回頭檢視此圖，相信更能體會行政學的內涵。

實務	年代	學術
主張政治不應干預行政的加菲爾總統遇刺身亡	1881	
通過「文官法」，區分政務官與事務官 成立「文官委員會」，實施功績制	1883	
	1887	威爾遜發表「行政的研究」主張行政學獨立
美國政治學會成立，古德諾為主席	1900	古德諾說「政治是國家意志的表現，行政是 國家意志的執行」
	1911	泰勒著「科學管理原理」
	1916	費堯著「工業管理與一般管理」
美國婦女取得投票權	1920	
	1924	霍桑實驗開始
經濟大恐慌（大蕭條）	1929	
美國推動新政，政府介入社會與經濟	1933	
美國走出大蕭條陰影	1936	凱因斯發表「就業、利息、貨幣的一般理 論」
美國成立「布朗婁委員會」推動新政革新	1937	古立克提出「POSDCRB」
	1948	瓦爾多提出「行政國」
	1951	賴納與拉斯威爾著「政策科學」
美國實施「大社會計畫」，通過「民權法案」	1964	
美國參與越戰	1965	
	1968	瓦爾多推動「新公共行政運動」
美國公共事務與行政學聯盟成立	1970	
	1971	歐斯壯引進「公共選擇論」
美國通過平等就業機會法	1972	
能源危機爆發	1973	
英國柴契爾夫人出任首相，開始民營化政策	1979	
美國雷根總統上任，推動減稅及小政府	1981	
	1983	顧賽爾等學者發表「黑堡宣言」
柴契爾夫人推動「績階計畫」	1988	
	1989	聯合國世界銀行首次提出「治理概念」
	1992	奧斯本與蓋伯勒發表「新政府運動」
柯林頓總統推動「國家績效評估」， 實現企業精神的政府再造	1993	
布萊爾出任英國首相，推動「第三條路」， 重視治理的公私夥伴關係	1997	
	2003	丹哈特夫婦發表「新公共服務」

第 **1** 章

行政學概論

● 章節體系架構

UNIT **1-1**
行政學的出現

從美國的歷史來看，行政學的出現背景如下：

(一) 政治改革風潮的醞釀

正當 19 世紀末期，美國成為世界政治經濟強權之時，國內卻充斥許多社會問題。經濟上，資本家的壟斷造成極度貧富不均的現象；政治上，政黨分贓的結果使政府淪為執政黨安插私人的天堂，人事制度混亂不堪，導致政府效能低落，得不到人民信任。當時力倡改革的政治家加菲爾（James Garfield）於 1881 年當選美國總統，卻在同年因回絕吉托（Charles Guiteau）謀取公職的要求而被他槍擊身亡，震驚美國社會。美國國會在兩年後通過「文官法」（1883），確立美國文官的管理必須採取「功績制度」（merit system）——透過公開考試選拔文官，通過考試錄用的文官，不得因政治原因（如執政黨更迭）被免職。也建立了文官「政治中立」（political neutrality）的觀念——文官在政治上保持中立，不參加也不干預政黨的競選活動。

(二) 行政學術的萌芽

在美國政治界力圖振作的時刻，政治學家威爾遜（Woodrow Wilson）於 1887 年發表一篇重要的學術論文〈行政的研究〉（The Study of Administration），該文被視為是行政學的起源，強調四個重點：

❶ 政府業務日繁，行憲比制憲難，故應研究政府該做哪些業務？又如何做？
❷ 行政的研究，德、法較美國發達，因為美國注重民主憲政的建立；德、法施行專制，需要改革行政，以博取人民好感。（註：19 世紀時德國與法國尚未實施民主共和制度）
❸ 政治與行政不同，政治是關於大事及普遍性事項的活動，行政是關於小事及個別性事務的處理。
❹ 良好的行政並無民主與不民主之分，因此美國可向德、法學習，以改革行政。

所以，威爾遜認為「行政是在政治的適當範圍之外」。行政問題不是政治問題，雖然政治（政務官）設定行政（事務官）的工作，但政治不應該操縱行政的運作。所以，無論是君主專制國還是民主共和國，良好的行政只有一條共通原則，那就是政府建立一套兼具效率及效能的行政制度。由於該文對公共行政的研究具有重要的啟蒙價值，讓威爾遜得到「行政學之父」的美譽。

繼威爾遜之後，美國政治學會的首任主席古德諾（F. Goodnow）也力主行政學應脫離政治學而成為一個獨立學科，他曾說：「政治是國家意志的表現，行政是國家意志的執行」，而有「美國公共行政之父」的稱譽。

「行政獨立於政治之外」的觀念雖然在 1970 年代「新公共行政」與「新公共管理」的夾擊下體無完膚，但這種觀念畢竟是行政學的起源，凱頓（Caiden）認為至今仍有許多學者看重其四項論證基礎：❶ 政府是由政治與行政兩個不同的過程所構成；❷ 就學術而言，行政可以成為獨立於政治以外的一門科學；❸ 透過行政的科學研究，吾人可以找出科學化的普遍原則；❹ 應用這些行政原則可以節省成本、提高政府管理效率。

威爾遜

行政學之父威爾遜誕生於1856年，父親為牧師。儘管他有先天的閱讀障礙，仍取得約翰霍普金斯大學的政治學博士學位，並當上普林斯頓大學校長。但是，世人對他最普遍的認識則是他乃美國第28任總統，任內帶領美國打贏第一次世界大戰，參與巴黎和會，建立國聯組織，是著名的人道主義及理想主義者。

威爾遜

政務官與事務官的區別

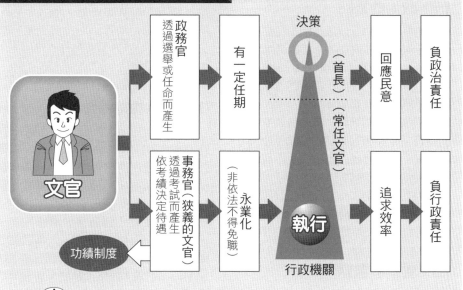

文官

政務官 透過選舉或任命而產生 → 有一定任期 → 決策（首長） → 回應民意 → 負政治責任

事務官（狹義的文官）透過考試而產生 依考績決定待遇 → （非依法不得免職）永業化 → 執行（常任文官） → 追求效率 → 負行政責任

功績制度

行政機關

知識補充站　★分贓制度與文官法

　　分贓制度（spoil system）：指執政黨將官位分給黨員或支持者的政府人事體制，故又稱「政黨分贓」。美國在1830～1880年之間頗為盛行這種「用人唯親」的制度，表面上雖然代表了民意的認同，實際上卻使政府效率低落、公共行政經常受到政黨干預，政治風氣十分敗壞。

　　文官法：又稱「潘德頓法」（The Pendleton Act），該法責成聯邦政府成立「文官委員會」，以功績制為基礎，逐步建立現代化的文官制度。

UNIT **1-2**
公共行政的意義

行政學就是研究公共行政（public Administration）的學問；至於什麼是公共行政呢？威爾遜為了倡導行政與政治的分立，曾說行政（Administration）是「辦公室內的事」；國內學者陳德禹教授則說公共行政最簡單的說法是「公務的推行」。上述說法反映了行政學建立之初對於追求政府效率的渴望，但嚴守行政獨立的結果，卻易忽略公共行政中的「公共」二字。因此，國內學者往往用更嚴謹的詮釋，將公共行政的解釋分為四種觀點：

(一) 政治的觀點

此觀點指公共行政最早的出發點，探討政治與行政間的關係；如魏勞畢（W. F. Willoughby）以「三權分立」為基礎，認為行政就是「政府行政部門管轄的事務」；古德諾（F. Goodnow）說：「政治是國家意志的表現；行政是國家意志的執行」。然而，此種觀點並不符合現實狀況，因為行政不僅出現在行政權當中，所有公務機關，包括法院、議會等，均有行政的工作；而且行政與政治的關係一向曖昧，忽視其中的關係根本無法解釋公共行政的真實狀況。

(二) 管理的觀點

管理的觀點衍生自政治行政分立論，認為公共行政以追求辦公效率為焦點，遂以「師法企業」（businesslike）為核心。美國行政學自 1911 年向管理學借用「科學管理」以來，便一直以管理的觀點為主流，早期著名學者如法國人費堯（H. Fayol），他在 1915 年著《工業管理與一般管理》，將組織管理的觀念引進政府郵政機關；美國學者古立克

（L. Gulick）在 1937 年發表《行政科學論文集》，指出政府行政革新的首要之務在追求效率。這種觀點直接影響到 1980 年代迄今成為英美公共行政主流的新公共管理思潮，可謂歷久彌新。

(三) 公共政策的觀點

公共政策就是政府的施政作為；人類自有政府以來就有公共政策，但公共政策的科學化研究卻直至 1950 年代才由「政策科學之父」拉斯威爾（H. D. Lasswell）以現代科學化的邏輯加以研究倡導。1973 年時，著名政策學家衛達夫斯基（A. Wildavsky）著《執行：華盛頓的偉大期望如何在奧克蘭市破碎》，方使公共政策成為行政學研究中的另一支主流。

(四) 公共性的觀點

公共性的觀點與管理的觀點相左，認為追求效率只是公共行政的手段，倡導公平、正義、倫理等價值觀，提升全民的公共利益才是公共行政的最終目的。因此行政學的研究應以公共利益為依歸，強調公務員的「前瞻性」、「回應性」與績效的追求。此種觀點的興起，歸功於美國政治學家瓦爾多（D. Waldo）在 1968 年所推動的「新公共行政運動」，主張行政學應跳脫組織理論的學術象牙塔，關心社會現實問題的解決。現今公共行政對於行政責任、行政倫理的重視，實可歸功於此一觀點的探討。

由於公共性觀點重視社會問題而非組織效率，故不贊同政治與行政分立，更反對純粹的管理觀點因追求效率而忽略公平、正義與民主價值。

四大觀點圖示

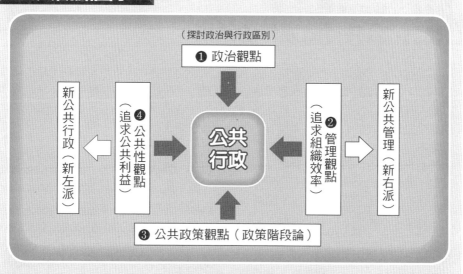

（探討政治與行政區別）

❶ 政治觀點

公共行政

❹ 公共性觀點（追求公共利益）

❷ 管理觀點（追求組織效率）

新公共行政（新左派）

新公共管理（新右派）

❸ 公共政策觀點（政策階段論）

羅素與夏弗利茲對公共行政的解釋

羅素（E. W. Russell）與夏弗利茲（J. M. Shafritz）從政治、管理、法律及職業等四個角度界定公共行政：

角度	意義	內涵
政治	公共行政在政治系統中，具有政治本質	❶ 公共行政指政府的作為，涵蓋了政府各部門的活動與功能（行政、司法、立法、監察、考試等）。 ❷ 公共行政是涉及直接和間接的向民眾提供服務。 ❸ 公共行政與公共政策制定密切相關。 ❹ 公共行政追求公共利益，公共利益是行政學主要的哲學焦點。 ❺ 公共行政象徵社群精神，以集體力量提供公共財。
管理	公共行政獨立於政治之外，以追求效率為主	❶ 行政部門的重點工作便是有效的管理。 ❷ 公共行政是管理專業，事務官負責政策之執行與解釋，以及日常事務的運作。 ❸ 美國前總統雷根曾抱怨：「公共行政是種官樣文章（Red Tape）的米老鼠」；意味著政府繁文縟節的拘泥。 ❹ 公共行政實務兼俱藝術與科學。
法律	公共行政是國家主權的作為，其運作涉及法律的規範	❶ 公共行政是法律的運作，主要作為乃在執行公法。 ❷ 公共行政是依法實施各種管制。 ❸ 公共行政為國王的恩典，最早是指國王所恩賜的財貨、服務和榮譽之提供；此為現代福利制度的起源。 ❹ 公共行政是盜竊，因為福利政策代表社會資源重分配，此舉無異是對富人盜竊。
職業	公共行政是某些人賴以維生的工作內容	❶ 對公務員而言，公共行政是種職業類別。 ❷ 公共行政是作文比賽，因為文官的寫作能力很重要。 ❸ 公共行政反映公務員的報國情操，是行動的理想主義。 ❹ 公共行政是種學術領域，儘管面臨「認同危機」的壓力*。 ❺ 公共行政是種專業活動，從多種學門吸收專業知識。

*註：「認同危機」是指行政學作為一個專業領域，卻缺乏獨特的核心課程。

UNIT 1-3
公共行政運作的原則

圖解行政學

公共行政運作的第一原則就是「法治原則」，意即行政機關和人員都得依法行政；其次是「服務原則」，就是指公務員是為民服務的公僕；再者還有「效率原則」，就是政府一切施政活動都必須注意成本效益，珍惜民脂民膏；最後則是「責任原則」，政府擁有公權力，所作所為自然也必須接受人民的課責。

美國學者羅聖朋（Rosenbloom）從民主政治的角度出發，認為公共行政運作必須遵守四大原則：憲政體制、公共利益、市場運作，以及主權特質，其意如下：

(一) 憲政體制

艾克敦（Acton）曾言：「權力帶來腐化；絕對的權力，絕對的腐化。」因此現代民主國家往往參照美國設計「分權」與「制衡」的憲政體制，以防權力集中。基於防止濫權而建構的權力分立架構，強調分權及多元權力核心，以達到相互制衡之效果。此種憲政制度的設計使公共行政受到政治首長、國會、法院等不同權力核心的約束，分割了行政的權力，使政策原地打轉，甚至造成公共資源的浪費。若再加上中央與地方的權限問題，總使政府施政更為棘手。不過，公共行政本來就應該反映「多元權力核心」的特性，而非純粹追求效率，必須臣服於民主政治與法律規範之下。

(二) 公共利益

實踐公共利益乃是公共行政的最高價值，因此行政人員必須表達和回應民眾的利益。公共行政要求行政中立或利益迴避，目的均在於防止私人的不當得利。同時行政人員亦有責任注意任何政策發展可能產生的副作用，或是企業經營帶來的「外部性」（externality），而在應管制時加以干涉。

(三) 市場運作

自 1980 年代以來，民營化風潮自英美吹向全球各地，尊重市場機制、減少政府干預蔚為風潮，引領隨之而起的政府再造運動。但是，私部門在利潤導向之下往往不願意提供公共財（public goods），故公共行政的主要角色在於提供市場機制不願生產的公共財，以滿足社會需求。

(四) 主權特質

「主權」是政治社群中最高的權威。在公共行政中，行政機關可被稱為「主權受託者」，行政作為具備合法拘束力；因此公共行政表現以下幾種屬性：

❶ 行政機關負責公共政策的制訂與執行，在政策制訂過程中擁有正當且合法的角色；其不僅影響政策決定，並在執行政策時獲得裁量權。

❷ 行政機關會動員政治支持的力量為其政策倡導和辯護，例如在進口美國牛肉和簽訂 ECFA 的社會討論過程中，政府機關都印製大量說帖為政策辯護。

❸ 行政機關應具有社會代表性，以表達社會需求自許。

❹ 公共行政人員要以長遠的眼光面對未來變遷，以承擔「主權受託者」的角色，隨時隨地為人民謀求福利，以體現憲政價值。

羅聖朋對公共行政運作及研究的看法

羅聖朋（D. Rosenbloom）認為公共行政旨在滿足三大目標：追求效率、回應民意，及保障人民權利；因此，行政學可分為三大研究途徑：管理途徑、政治途徑，及法律途徑。

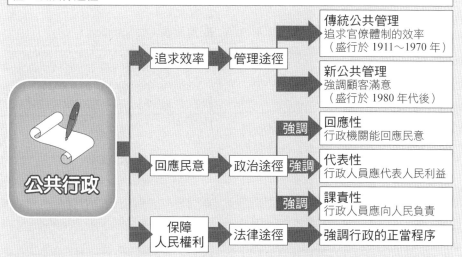

★外部性

知識補充站

外部性（externality）是指某個交易行為對交易雙方以外的其他人所造成的影響。如果一個交易行為會對其他人產生利益，就是好的外部性，稱為「外部經濟」；反之，若對其他人造成損失，就是不好的外部性，稱為「外部不經濟」。若企業經營會帶來外部經濟，如私人辦學為社會作育英才，或是經營職業運動可以提升國家運動員實力，那麼國家應該給予政策的支持與鼓勵。反之若企業經營造成外部不經濟，如工廠排放廢水污染社區環境，企業是不會主動對社區居民進行賠償的，此時就需要政府加以管制，以維護公共利益。

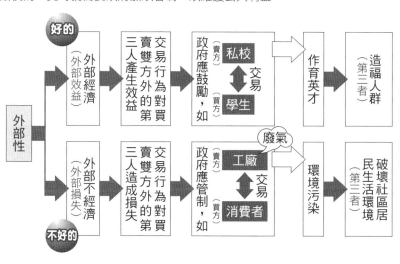

UNIT **1-4**
公共財

經濟學家認為政府最主要的職能就是提供公共財；行政學者羅聖朋也認為政府有提供公共財的義務。關於公共財的說明如下：

(一) 公共財的意義

一般可以確定所有權和使用權的財產稱為私有財（private goods），消費者願意付費購買，企業也多願意生產，市場機制可以滿足消費者此類需求。但另一種財貨雖為許多人所需要，卻因某些特性而無法確定產權的歸屬，導致沒有消費者願意購買，自然也就沒有企業生產，於是市場便無法提供這種財貨，這就是「公共財」。像是沒有人會去購買「公車」、也沒有人會去購買「路燈」；於是，這些財貨只能由政府提供。

(二) 公共財的特性

❶ **非排他性（unexcludability）**

公共財在使用上無法排除與他人的共同使用。例如一個人進入公園後，不可阻擋他人進入。

❷ **非競爭性（nonvivalry）**

又稱「非敵對性」，指該財貨可同時提供給二人以上共同享受，而不會減損共同使用者的效益。換言之，增加任何一個新的使用者，不會造成原使用者的損失。例如路燈的照明，不會因為路上的行人變多而使任何一人所享受到的照明有所差別。

❸ **不可分割性（indivisibility）**

又稱「集體消費性」，指在消費時，必須與他人共同使用，不能將其切割給個別的使用者。例如國防、警察都是公共財，他們保護每個人的安全，但我們不能要求政府派一部戰車在自己家門前保護安全。

❹ **擁擠性（congestion）**

公共財容易吸引搭便車者，而出現短時間內過度消費的現象，形成大眾悲劇（common tragedy）——例如平常通暢的高速公路，容易在尖峰時間變成大停車場。

(三) 公共財的類型

上述特性不是每一種公共財都能同時兼備，一般稱公共財者包括「純公共財」、「俱樂部財」與「共同財」，其意為：

❶ **純公共財**

同時具備非排他性與非競爭性；如燈塔或路燈的照明、廣播節目的播送等，既不能分割使用，也不會受到「擁擠性」的影響。

❷ **俱樂部財**

具有非競爭性，但有排他性，因此能透過價格機制排除不付費者；而在「不擁擠」的前提下，增加消費的邊際成本為零；如公立學校、公眾游泳池、高速公路等。由於其一旦產生擁擠性就會降低使用者效益，所以政府通常會採取一些使用者的管制（如高速公路的高承載管制），或向使用者收取一些費用（如高速公路通行費）。

❸ **共同財**

具有競爭性，增加使用者會使每個使用者的效益減少，但有非排他性，無法排斥他人來使用。如大自然的資源——公海的魚、地下的石油、森林裡的獵物，此種財貨易引起消費者大量消費的動機，如不加以控制，很快便會消耗殆盡，形成「大眾悲劇」。

公共財的類型

	有競爭性	無競爭性
有排他性	純私有財	俱樂部財
無排他性	共同財	純公共財

※ 共同財、俱樂部財與純公共財皆為一般所稱之「公共財」。

 ★公共財的舉例說明

　　茲以路燈為例，若路燈為私有財，那麼路燈的擁有者便可向使用者收費，則每個路人晚上都必須帶著許多零錢投入經過的路燈；這樣顯然非常不便，也沒有效率。所以直接由政府提供，是最有效率的方式。

 ★大眾悲劇與搭便車者

大眾悲劇

　　「大眾悲劇」一詞源自生態學家哈汀（Garrett Hardin）的〈公地悲劇〉（The Tragedy of the Commons, 1968）一文。他以英國曾實施的「公共牧場」制度為例，描寫一塊公共草皮（自然資源）在無節制的使用下，很快被耗盡。即使牧羊人決定限制每個人放牧的數量，但結果卻失敗了，因為每個牧羊人都知道，若自己偷放牧更多的羊，賣羊的利潤是自己的，成本卻由大眾分擔，於是無人遵守規則。在現實社會中我們亦常看到這種損人利己的行為，例如總有人將自己家中的垃圾任意棄置在路邊的行人垃圾箱，因為他們覺得，與其自己付出垃圾清運的成本，不如丟在路邊，反正環境維護成本由眾人分擔，但自己省下來的垃圾袋費用就是自己多賺的，所以行人垃圾箱附近經常堆滿垃圾，就如同自然資源總是常被人類用盡一樣。

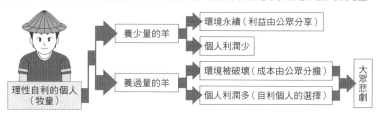

搭便車者

　　當一個財貨具有非排他性，消費者就有潛在誘因不去付費而使用它，這種行為者被稱為「搭便車者」（free-rider）。搭便車者只享受公共財的好處，卻不支付代價；就像逃漏稅的搭便車者和正常繳稅的人享受一樣的公共財時，若政府又不能嚴格查稅，就等於鼓勵大家去當逃漏稅的搭便車者。

 ★公共財與民營化

　　儘管政府有提供公共財的義務，但 1980 年代以後人民經常對政府的僵化與無效率感到不滿，因此當代政府經常透過委外經營、補貼、BOT 等等民營化的政策設計而讓民間企業參與部分公共財的提供，使民眾能享受更高品質的公共財。

UNIT **1-5** 公共利益

(一) 公共利益的弔詭

公共利益是公共行政最重要的價值，卻也是最隱晦難明之處，因為公共利益非常模糊而難以界定。在價值多元且彼此衝突的社會，究竟「誰的利益」可以代表公共利益呢？例如我們若問「文林苑都更案」中，到底是人數較多的同意拆遷戶的利益算公共利益？還是捍衛居住權的不同意拆遷戶的利益是公共利益？「師大夜市存廢」中，到底希望商店退出的住戶權益是公共利益？還是商家營生的權利是公共利益？

(二) 公共利益的抉擇

由於公共利益難有一定的答案，因此 1970 年代以後關於公共利益的抉擇問題，逐漸由「專業的標準答案」走向「對話以形成共識」。因為專家的答案往往帶有專業主義的傲慢與偏見，不如讓各種不同利益的代表進行對話，政府也同時參與其中，如此雖然過程較冗長，卻能符合民主的價值，結果也較能獲得認同。

傅德瑞克森（Frederickson）就公共利益的指涉對象（公眾指的是何人？）與公共利益的內涵加以歸納，發現可概分為五大類觀點：

❶ 多元主義的觀點

若公共的指涉對象是「利益團體」，那麼公共利益就是「利益團體互動的結果」。換言之，政府應透過各種利益團體的代表，聽取各方意見，做成政策決定。

❷ 公共選擇的觀點

若公共的指涉對象是「消費者」，那麼公共利益就是「消費者追求自利的結果」。換言之，政府應儘量運用市場機制提供公共財，讓消費者在市場上選擇自己喜歡的服務；民營化、BOT 等就

是此類觀點的產物。

❸ 代議政治的觀點

若公共的指涉對象是「民選政治人物」，那麼公共利益就是「公務員對政治首長與民意代表的服從」。這是傳統公共行政的觀點，官僚應向民意負責。

❹ 服務顧客的觀點

若公共的指涉對象是「接受基層文官服務的顧客」，那麼公共利益就是「顧客滿意」。因此，第一線行政的改革是此種觀點的重要工作，政府推動服務品質的改善、服務流程的改造都是在滿足這種觀點。

❺ 公民資格的觀點

若公共的指涉對象是「公民」，那麼公共利益就是「擴大公民參與的機會」。現在常見的「社區總體營造」、「公民會議」等著重民間自發性參與的政策設計就是此種觀點的實踐。

(三) 公共利益的功能

顧塞爾（C. T. Goodsell）指出，公共利益在行政過程中有下列四項功能：

❶ 凝聚功能

「公共利益」可當作一個象徵或口號，廣泛吸納不同觀點的利益。

❷ 合法功能

公共利益可以使政策產出具備合法化的基礎，提升政策執行力與民眾順服度。

❸ 授權功能

立法機關常以模糊的詞彙（如「公序良俗」）授權行政機關透過行政裁量權以追求公共利益。

❹ 代表功能

公共利益可提醒民眾和行政人員關注弱勢族群利益，及自由、公平、正義等崇高美德。

公共利益的判別標準

美籍韓裔學者全鍾燮（J. S. Jun）認為公共利益抽象度高，但行政機關判別公共利益時可以參考八項標準：

標準	內涵
公民權利	公務員的行政行為不能侵犯憲法保障的公民權利。
倫理與道德	公務員的行政行為必須符合相關倫理與道德的社會規範。
民主程序	公務員於行政過程中應尊重行政程序規範，確保程序透明公開。
專業知識	公務員必須排除不當政治干預及私利涉入，依專業標準行事。
非預期後果之分析	非預期後果就是指意想不到的副作用，公共政策常有非預期後果，例如經濟發展往往造成日後的環保代價，故政策制定過程須細心規劃，以免造成社會損失。
普遍利益	公務員應追求社會大眾的利益，不可圖利特定團體或個人。
輿論民意	政府施政應主動蒐集民意、尊重輿論反應。
充分開放	政府決策與施政都應透明公開，讓民眾參與。

行政人員追求公共利益的類型

全鍾燮將行政人員在決策中應儘量追求公共利益，但追求的方法不盡相同，常見的三種類型或風格如下：

類型	風格
行政理性型	這種公務員依賴專業和科學資訊，深受科學管理的影響，相信透過採行理性的計畫，就能達成公共利益。
行政理想型	這種公務員認為自己對公共利益的判斷優於民選政治人物，故極力擴張自主權與裁量權。
行政現實型	這種公務員將自己視為「轉化劑」，設法將各種不同利益之間的衝突加以轉化，以產生符合公共利益的行動。

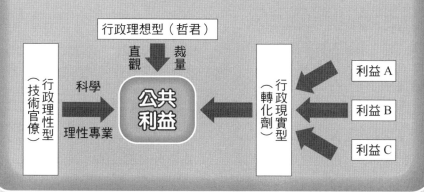

UNIT 1-6
公共行政與企業管理的區別

圖解行政學

(一) 行政與管理的不同

若就公共政策而言，行政就是政府施政，而管理指的是組織內部的運作。但就組織而言，行政（Administration）與管理（Management）不易區別，例如 Business Administration 譯為「企業管理」而非「企業行政」；Public Administration 譯為「公共行政」而非「公共管理」。但學者陳德禹教授認為仍有分辨的必要，他說「行政」（Administration）的層次高、是戰略性的、偏向藝術、價值、人性，而「管理」（Management）的層次低、是戰術性的、偏向科學、事實、物性。的確，Administration 一詞指涉組織的整體，例如我們說 Business Administration，是企業的整體運作；而在這個整體運作中，有關於特定技術的，如行銷管理（Marketing Management）、人力資源管理（Human Resource Management）等等技術的操作。可見就英文來說，Administration 與 Management 確有不同，只是中文翻譯的習慣造成了混淆。

(二) 公共行政與企業管理的差異

公共行政與企業管理的差異主要來自公部門與私部門本質上的不同，政府機關追求公共利益，私人企業則滿足個人利益。除了前述羅聖朋倡導之四大原則——憲政體制、公共利益、市場機制與主權特質，可代表二者之差異外，公、私部門亦可從下列角度來審視其差異：

❶ 公共行政的活動深受法規限制

政府機關的各項活動皆受到各種法律規章的限制，經常是「法有明文規定者才能作、敢作」；這是因為公共行政行使公權力、具有獨占性。私人組織雖然亦得遵守相關法律的規定，但法令的限制較少，經常是「法無禁止的就可作」。

❷ 公共行政受到高度的公共監督

政府的工作須接受輿論與大眾的批判檢證，像是在金魚缸裡一樣，必須公開透明。雖然有些私人組織雖然也必須公開其內部運作的情況，特別是上市公司，但程度上仍遠落後政府機關。

❸ 公共行政受政治因素的影響極深

政府機關首長多透過選舉或任命產生，對政治的敏感度高。私人組織雖然亦受一國政治環境影響，但不用考慮選票，民意和輿論也較不會關注在私人組織上。

❹ 公共行政較不受市場競爭的影響

政府所提供的財貨或服務大多是市場無法提供的公共財，私人企業則以提供私有財為主，僅偶爾為提升企業形象或在接受政府委託下提供公共財。另有某些私人性質的非營利組織也提供公共財，但其規模遠不如政府，難以相提並論。

❺ 公共行政面臨權威割裂（Fragmentation of Authority）的問題

政府機關除了要向上級負責外，同時亦得考量其服務對象、立法機關、司法機關、利益團體和一般民眾的需求與觀感。私人企業則只需對股東負責即可。

❻ 公共行政的目標大多模糊不清且績效不易測量

政府機關以創造公共利益為目標，但公共利益往往抽象模糊，通常只是一種象徵符號。私人企業的市場明確，以創造企業利潤為目標，員工績效就以其對組織利潤的貢獻為標準。

政府機關與私人企業的比較表

政府機關		變項		私人企業
公共利益	←	目的與動機	→	私人利益
法規難更改，彈性低	←	運作彈性程度	→	可隨時調整經營，彈性高
具公權力的優越、強制與獨占性	←	獨占性程度	→	市場自由競爭
重視政治因素（輿論、民意）	←	政治因素的考慮	→	較少政治因素的考量
受法令、預算控制，效率差	←	因應外在環境的效率	→	較能迅速回應
屬於全民	←	所有權	→	屬於私人
強調依法行政	←	管理的重點	→	重視生產、行銷
不易衡量	←	績效的評估方式	→	可用數字或金錢衡量
考慮因素多，決策冗長	←	決策的程序	→	容易調整、簡化
隨時受監督（金魚缸效應）*	←	受公眾監督的程度	→	較不受公眾監督

＊金魚缸效應（Goldfish Bowl Effect）：指行政運作時時不受外界監督，因此公務員就像透明金魚缸裡的小金魚一樣無所遁形。這樣的形容頗符合我國「全民狗仔」的現象。

對於公、私部門差異的看法比較

看法	學者	觀點
二者不同	謝爾（Sayre）	公共行政與企業管理只在不重要的地方相似。
	顧塞爾（Goodsell）	公共行政有五項相互競爭的多元價值（五 M 價值）： ❶ 手段（Means）：行政人員是最高權威的工具。 ❷ 倫理（Morality）：行政措施應維護正義、公平等價值規範。 ❸ 市場（Market）：以市場觀念審視政府規模，避免擴張。 ❹ 民眾（Multitude）：回應民意，開放公民參與，發掘民瘼。 ❺ 任務（Mission）：行政機關應適應環境，發展專業能力。
	艾波比（Appleby）	政府的功能和態度有三項互補面向將政府和其他所有機構和活動相區別：①活動範圍的廣度、影響與考量；②具有公共責任；③具有政治特徵。
二者相近	波茨曼（Bozeman）	公共行政與企業管理在重要的地方相似，不重要的地方不相似。
權變看法	諾德（Knott）	視組織面臨的內外環境而定；無論是公、私部門，只要面對相同的環境，都採取一樣的策略。

 ★公共行政與公共管理

　　公共管理（Public Management）是行政學領域中的一部分，而且是相當重要的一部分。它相當於羅聖朋所謂的「管理途徑」，以追求公共行政的效率為主。從 20 世紀初期引進科學管理開始，到今日主導政府再造的新公共管理（New public Management），一直是以「師法企業」為主軸，所以仍較偏向管理技術的論述。

UNIT **1-7**
行政規模的擴張

美國一向重視市場而輕視政府，人們生活上大部分的事務，不是依靠市場機制獲得滿足，便是透過教會、慈善團體、社區組織等志願部門提供公共服務，以彌補政府的不足。這種思想造就美國成為資本主義的樂土，政府只按照法律規定，提供安全、民生等最基本保障。但這種現象，在 1930 年代出現戲劇性的轉變。

(一) 行政規模擴張的背景 —— 經濟大恐慌（Great Depression）

1929 年 10 月，美國股市暴跌，在兩週內蒸發市值 300 億美元，當時胡佛總統依靠的市場機制已無力挽救。到 1933 年羅斯福總統上任時，有 830 萬人失業，同時整個歐洲也幾乎籠罩在大蕭條的愁雲慘霧裡。羅斯福總統採納英國經濟學家凱因斯（Keynes）的建議，並參考當時蘇俄的「計畫型經濟」，推動著名的「新政」（New Deal），讓政府介入經濟與社會各個層面，因而開啟政府規模不斷擴張的序幕。瓦爾多（Waldo）於 1948 年時將這種政府權力與規模不斷擴張、預算不斷增加，人民依賴日深的現象稱為「行政國」（Administrative State）。

(二) 行政國的成因

依據「政府成長論」，行政國的成因，可歸納為下列五項：

❶ 價值觀的轉變

大蕭條後，人民認為政府的角色應從過去只提供必要服務的「必要之惡」，到提供「從搖籃到墳墓」完整服務的「積極美德」。

❷ 社會發展的影響

① 工商社會人口集中於都市，對政府的服務要求更高也更多；② 稅賦擴張的移位效果：民眾的忍稅能力會因為危機而提升，因此政府課稅往往只增不減。

❸ 經濟發展的影響

① 獨眼式的凱因斯主義：凱因斯主張政府應隨著景氣枯榮而調整公共支出；唯實務上經濟衰退時政府會增加支出，經濟繁榮時政府卻不會減少支出，故被戲稱為「獨眼」。

② 華格納法則：為了回應工商業界擴張投資、技術升級、對外競爭等需求。

③ 為了維護市場經濟與公共利益之均衡發展。

❹ 政治過程的影響

① 普樂現象（Pogo Phenomenon）：民眾往往要求政府增加支出以提供更多的公共財貨及服務，形成「由儉入奢易，由奢返儉難」的情況。

② 利益團體的自由主義：利益團體只能代表特定對象的利益，因此美國多元主義的結果常是強勢團體得利，成本卻由社會大眾分擔，導致大眾悲劇。

③ 亂開政見支票：現任政府往往在選舉前擴張支出，形成「政策買票」，導致政府規模日漸龐大。

❺ 科層習性的影響

① 包默病症（Baumol's Disease）：政府無競爭者，績效難以評估，易形成浪費。

② 壟斷資訊：政府機關獨占施政計畫及預算的內幕，使外界不易課責。

③ 議題網絡：長期的政府內外互動使每項政策形成堅固的議題網絡，導致政府龐大，難以革新。

④ 公務員關切自身權益：公務員也是一種利益團體，會動員力量以反對精簡。

凱因斯主義（Keynesianism）

凱因斯認為市場中需要一隻「看得見的手」操控，這隻手就是「政府」。政府可利用貨幣及財政政策調控經濟；當景氣不佳時，政府擴大公共支出或調降利率，以刺激需求。而當景氣過熱時，政府減少公共支出或提高利率，以降低需求。所以他告訴羅斯福總統，渡過大蕭條的方法，就是僱失業工人把馬路挖開，然後發工錢；再僱另一批失業工人把路填平，再發工錢……，這樣直到景氣復甦為止。這跟我們在 2009 年發放「消費券」的道理一樣！羅斯福總統採用凱因斯的觀點，積極推動各項公共建設、介入金融改革、提供各項福利措施，終於在 1936 年帶領美國走出大蕭條，也使凱因斯主義成為一時顯學。

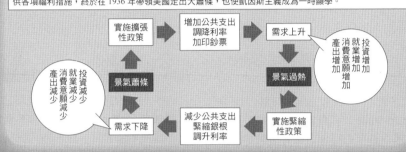

多元主義（pluralism）

「多元主義」是指在民主國家中，國家對公共問題的立場是中立的，並且容易受到各種不同利益團體的影響。所以，利益團體（interest group）才是多元主義的主角，這些團體是由一群具有共同信念、態度或利益的人所組成。為了實現他們主張的利益，會向政府施壓以影響公共政策。

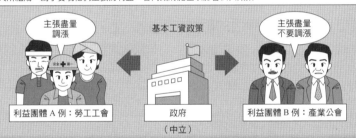

議題網絡（issue network）

羅威（T. Lowi）於 1979 年提出「鐵三角理論」（theory of iron triangle），認為在政策制定過程中，強勢利益團體足以攏絡國會議員從而掌控政府機關；政府機關必然受利益團體與國會議員的影響，三者形成密切、共生、對外封閉的穩定關係。

利益團體（例：軍火商）

遊說　　　　　　　　　偏袒

行政機關往往被利益團體左右，被稱為「被俘虜的機關」。

政策議題網絡

國會委員會
（例：立法院國防委員會）

行政機關
（例：國防部）

控制

UNIT 1-8
行政權力的膨脹

圖解行政學

隨著行政機關的擴張，行政權力也隨之膨脹，此實為一體兩面。行政權力擴張的原因有：

(一) 自由放任的經濟思想被凱因斯經濟學取代

西方古典經濟學家如亞當・斯密（Adam Smith）倡導自由放任的經濟思想，這些資本主義者認為管得最少的政府就是最好的政府，讓市場的供需機能主宰社會資源分配活動。但在 1930 年代「經濟大蕭條」之後，凱因斯經濟學取而代之，「萬能政府」逐漸蔚為主流，政府涉入經濟與社會各個層面，為人民提供服務。

(二) 社會與經濟環境變遷的影響

工業革命之後，歐美國家普遍出現貧富差距及勞資對立的社會現象。到了 19 世紀末期，「進步主義」興起，社會普遍要求政府出面干預。此外，經濟繁榮的結果，使產業界大規模的合併而形成「托拉斯」，大型企業壟斷市場侵害了消費者的權益，於是政府不得不出面干預，例如美國在 1890 年通過並執行「反托拉斯法」，可見行政權力隨之擴張。

(三) 立法權分散無力的影響

立法機關的成員複雜、專業知識不足、成員所代表的利益極為分歧，法案拖延甚久而最後被擱置的情形屢見不鮮。人民如需政府給予服務，倒不如向行政部門請求，反而來得迅速有效。

此外，大部分的法案是由行政機關所提出的，因為行政機關擁有人數眾多的專家，並獨占許多專業的資訊；故立法機關雖有提案權，但大多只能承擔監督、同意或修改的角色，而非主要的提案來源。

(四) 司法權效率不彰的影響

法律條文的修訂往往無法適應社會快速變遷的需要，同時司法程序僵化複雜，審判曠日費時，使多數人民視訴訟為畏途。更重要的是，司法通常以保障私人權益為基礎，不若行政機關以增進公眾利益為前提。故基本上人民依賴行政部門的程度，遠勝於法院。

(五) 政務官能力不足的問題

行政部門高層的政治首長任期短（被稱為「政治候鳥」），又往往缺乏政策相關的專業知識，更缺乏了解及管理政策的時間（被稱為「部內的門外漢」），再加上政務官人數遠不及事務官人數，因此在政策上的實質影響力還不如事務官。

(六) 行政機關本身條件的成熟

行政機關在公共政策方面的專業知識與能力，對其他組織而言可說是難以匹敵，故在黑堡宣言中被稱為「公共行政的制度性寶庫」。行政機關的專業能力來自於組織的專業分工特性、強調專業能力的求才選才過程，以及成員本身經由訓練與久任經驗而得的專業技能。此外，行政機關擁有行政裁量權，也會動員社會上支持自己的力量來為自己辯護。

凱因斯的總和需求觀點

古典經濟學著重經濟體系的供給面，凱因斯則重視需求面，他將國家整體需求分為人民的「消費需求」、「投資需求」以及「政府支出需求」三大類。其中，消費需求與所得呈現正向的變動關係；投資需求則與市場利率息息相關；至於政府支出需求則是指政府在公共建設、施政作為及人事費用等等形成的支出。上述需求構成一個經濟體的總需求，透過總需求決定了該經濟體的總產出。而政府則可透過貨幣政策影響利率，也可以直接調整政府支出需求，或以政策刺激人民的消費需求，因而可以達到控制經濟的目的。

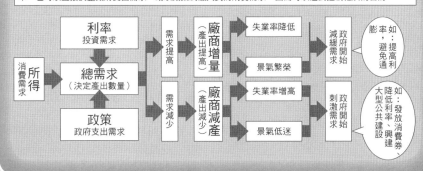

學者對行政權力擴張的評述

傳統政治學者對於行政權力過度擴張總是惴惴不安，著名的批評者如下：

批評者	對行政機關的批評	意義
盧爾克（F. Rourke）	否決團體	行政人員不能代表民意，所以沒有公共政策的決策權；但政治首長儘管代表民意，若沒有行政人員支持，也無法行使統治權。換言之，行政人員有能力「否決」他們討厭的政策。
巴薩克（Honor'e de Balzac）	侏儒耍大刀	因為行政人員沒有民意基礎，所以不具有政治決策上的正當性，但實質上卻掌握了公共政策成敗的決定權。
培里（J. Perry）	無正當性的權力影武者	

對行政權力的控制

張潤書教授認為，對於行政權力的控制，可分別從議會、法院、行政自律、民營化、公民參與等五個方面實施。

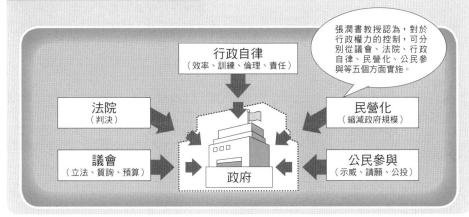

UNIT 1-9
行政學的典範論（一）

圖解行政學

（一）典範與典範變遷

典範（Paradigm）是由科學哲學家孔恩（T. Kuhn）在《科學革命的結構》（1962）一書中所提出的觀念，指涉在某個時期內，特定學術領域中的專家們所共同信奉的基本觀念與方法。當一個典範因為遭遇許多無法解決的問題時，就會出現「科學革命」的狀況，新的典範就會形成，這個過程稱為「典範變遷」（Paradigm Shift）。

（二）行政學中的典範論

典範的觀念被許多社會科學領域所引用；在行政學中，有以時間順序詮釋行政學典範變遷的學者，如亨利（N. Henry）；也有以研究方法詮釋行政學典範的學者，如丹哈特（R. Denhardt）、歐斯壯（V. Ostrom）、哈蒙（M. Harmon）等等。本書依序介紹他們所提的行政學典範變遷。

（三）亨利的行政學典範變遷論

亨利依時間順序將行政學的發展分為五個典範：

❶ **典範 I：政治與行政的分立**
（1900～1926）

強調政治是國家意志的表現，行政為國家意志的執行。行政學的研究在於政府的官僚體制，依循價值中立原則，追求經濟與效率。

❷ **典範 II：行政原則的確立**
（1927～1937）

追尋放諸四海皆準的行政原則，例如古立克（L. Gulick）的「POSDCORB」。

❸ **挑戰期（1938～1949）**

馬可仕（Marx）針對典範 I 編《公共行政的要素》一書，認為政治與公共行政根本無法分離。賽蒙（Simon）在

1946 年更批評典範 II 時的行政學並未發展出科學化的行政原則，因為科學化的原則應該是放諸四海皆準、在任何情形均成立的（如：$1 + 1 = 2$）；但行政學只有一些缺乏驗證、言人人殊的「行政諺語」。

❹ **典範 III：公共行政即政治學**
（1950～1970）

受馬可仕影響，行政學重回政治學中，成為政治學的類別之一，而非一門獨立的學科，是行政學的尷尬期。不過，此間行政學仍採用個案研究的方法，發展出「比較行政」的研究途徑。

❺ **典範 IV：公共行政即管理學**
（1956～1970）

強調以管理科學及量化方法從事公共事務的研究。此一時期幾乎與典範 III 同時，故被稱為「典範並立」時期，此時的共同特徵是公共行政失去獨立性。而在典範 IV，公共行政和企業管理都可以「一般管理」（generic management）涵括；行政就是管理，沒有公私之分。

在研究方法上著重組織行為的實證研究以及量化的管理技術，如組織發展的研究。

❻ **典範 V 時期：公共行政就是公共行政（1970～今）**

強調行政學尋求獨立自主，發展本身專業特色。由於 1968 年新公共行政運動頗具影響力，1970 年美國成立「全國公共事務與行政學聯盟」（NASPAA），推動大學及政府機關的公共行政專業教育，行政學終進入獨立自主的發展階段，並呈現多元典範的特色。

典範變遷

學術界依據原有的典範（前典範）發展出許多學說理論（常態科學），但隨著時間演進，會遇到無法解決的問題（異例），當這些問題愈來愈多時，就形成危機，因而引發科學革命，最終形成新的典範。

前典範 ➡ 常態科學 ➡ 異例 ➡ 危機 ➡ 科學革命 ➡ 新典範

亨利的行政學典範變遷

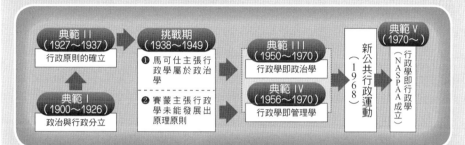

典範 II（1927～1937）
行政原則的確立

典範 I（1900～1926）
政治與行政分立

挑戰期（1938～1949）
❶ 馬可仕主張行政學屬於政治學
❷ 賽蒙主張行政學未能發展出原理原則

典範 III（1950～1970）
行政學即政治學

典範 IV（1956～1970）
行政學即管理學

新公共行政運動（1968）

典範 V（1970～）
行政學即行政學（NASPAA 成立）

吳定教授對行政學演進的看法

吳定教授依亨利的典範變遷觀點，歸納出行政學發展的三大時期：

	政治與行政分立時期	政治與行政復合時期	行政學尋求獨立時期
時間	1887～1947	1947～1970	1970 後
重點	❶ 行政研究獨立並追求效率。 ❷ 接受科學管理的影響。 ❸ 追求行政原則。	❶ 賽蒙對當時的行政原則進行批判。 ❷ 政府規模擴張，政治行政分立受到質疑。 ❸ 政治學者抗拒行政學成為獨立學科。	❶ 新公共行政運動的鼓吹。 ❷ 行政學吸收組織理論、管理科學，並聚焦於公共利益的研究，已初具規模。

★科學哲學家 & 典範的內涵

科學哲學家

　　科學哲學是解釋科學背後所蘊含的哲學問題的學問，所以科學哲學家大都具有一個科學家的身分，如生物、物理或數學博士，然後去研究這個學科背後的哲學問題，因而又獲得一個哲學博士學位。孔恩用「典範變遷」的概念解釋物理學從牛頓到愛因斯坦的轉變，認為愛因斯坦的相對論導致物理學家共同信奉的「真理」產生轉變。

典範的內涵

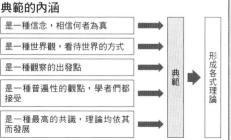

是一種信念，相信何者為真

是一種世界觀，看待世界的方式

是一種觀察的出發點

是一種普遍性的觀點，學者們都接受

是一種最高的共識，理論均依其而發展

➡ 典範 ➡ 形成各式理論

UNIT 1-10
行政學的典範論（二）

圖解行政學

本單元的難度較高，初學者宜先讀完前四單元，比較能理解其中奧妙。

(四) 丹哈特的行政學典範論

丹哈特將行政學的發展視為一種多元典範的狀態，就學術分類而言，有偏向於哲學的「主觀知識」或偏向於科學的「客觀知識」；也有研究「組織」的或研究「政治」的；因而可以歸納出四種各擅勝場的典範：

❶ 以組織研究為焦點

① 行政控制典範：此典範偏向管理科學，認為行政學就是科學管理和行為科學的技術，以追求管理效率為主。此部分為本書第二章與第三章。丹哈特認為這些行政管理學家中，最具代表性的就是賽蒙及其關於人類決策理性的研究。

② 組織學習典範：此典範偏向管理哲學，著重組織中規範與價值的探討。如後人群關係學派關注「組織民主」，代表者為哥倫比斯基（Golembiewski），他在 1967 年著《人、管理，與道德》，主張組織內部運作應以社會道德為依歸，而非汲汲於利潤或效率。其他還有梅堯（Mayo）、阿吉利斯（Argyris）、哈蒙（Harmon）等，讀者會在本書中陸續接觸到他們的學說。

❷ 以政治研究為焦點

① 政治結構典範：當代研究政治結構的主流是從經濟學的角度來看待政治現象，即「政治經濟學」；其中最重要的莫過於 1971 年發表「公共選擇論」（Public Choice Theory）的歐斯壯。他借用經濟學中對人性的理性而自利觀點，認為政府應滿足消費者的偏好，在企業更在意消費者的前提下，應儘量委託企業提供公共財貨與服務，因而促使1980 年代民營化風潮的出現。

② 政治教育典範：行政運作難以脫離政治的影響，公務員必須具有專業能力和民主素養，培養倫理道德意識，以作為獨立思考判斷的基礎。此典範中最具代表性的就是推動 1968 年新公共行政運動的瓦爾多（Waldo）及其民主行政的觀念。此外，關於行政倫理學的研究，亦遵循此種典範而來。

(五) 歐斯壯的行政學典範變遷

歐斯壯認為行政學由「威爾遜典範」走向「民主行政典範」。威爾遜典範是指行政學初期致力於將行政獨立於政治之外，及其發展出的各式行政原則。但由於其追求官僚體制內部的效率，反而使政府機關與人民生活漸行漸遠。歐斯壯認為忽略「消費者效用」的「生產者效率」是沒有意義的！他所謂的民主行政是分散政府的權力，縮減政府規模，讓企業或是社區組織分擔公共事務。所以他主張：決策應多元化；組織設計應分權、重疊，以適應環境；盡可能讓人民自主管理；政府必須顧及民意，因而行政帶有政治色彩。

(六) 哈蒙的行政學典範變遷

哈蒙認為行政學在 1980 年代應由「實證典範」走向「行動典範」；實證典範的研究過度重視理性與科學，不符合公共行政應追求公共利益的本質。行動典範強調「行為」與「行動」的區別，認為人性是「主動 —— 社會性」的，以人與人之間「面對面的情境」為分析單元，關注人們理解社會事務時的「交互主觀性」，並重視倫理道德與人性關懷。

丹哈特對於行政學典範的歸納

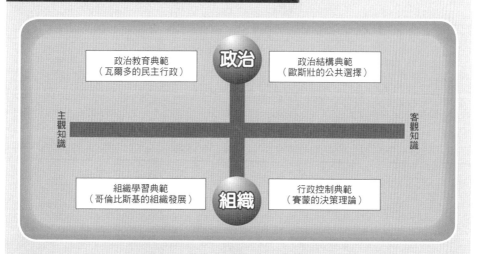

公共選擇論看待政治運作的方式

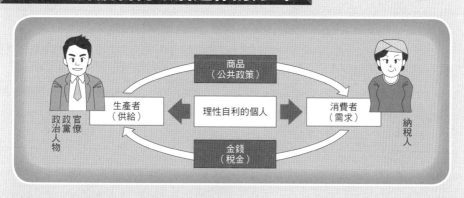

哈蒙對人性假定的歸納

哈蒙將行政學中出現的人性假定歸納為四類：

人性假定	意義	相關理論
主動 —— 社會的自我	個人有主動性， 會與群體相互影響	哈蒙的行動理論
被動 —— 社會的自我	個人受到群體力量的約束	韋伯的科層體制
主動 —— 原子論的自我	個人積極追求自利， 而與群體無涉	公共選擇論
被動 —— 原子論的自我	個人受增強物的制約， 亦不論及群體	史金納的增強論

第 2 章

傳統理論時期

●●●●●●●●●●●●●●●●●●●●●● 章節體系架構 ▼

UNIT **2-1**
傳統理論時期與管理主義

圖解行政學

社會科學的發展多與社會現象有關，行政學的發展亦復如此。自 1880 年代以來，有兩大流行思想左右了行政學的發展，一是自歐洲傳入美國的進步主義（Progressivism），另一是美國管理主義（Managerialism）思想的發展。

(一) 進步主義

美國於 19 世紀後半葉逐漸成為世界經濟與工業強權，但一般人民的生活並不好，全國 60% 的財富集中在 2% 的富人手中，勞工階級每天在骯髒污穢的環境中工作長達 12 到 16 小時，卻只能獲得 2 美元工資。在政治上，長期的政黨分贓導致政府效能衰落，失去人民的信任。於是，從歐洲興起的進步主義之風開始吹進美國，就是將工業革命的成果從經濟推向社會，透過種種理性的設計與規劃，持續改善人們的生活；這就是「進步主義」。這種意識型態約持續到 1920 年代，威爾遜、古德諾等學者亦是其中的佼佼者，他們主張行政應獨立於政治之外，致力於行政效率的提升。由於進步主義的盛行，吾人常將美國的 1880 年到 1920 年代稱為「進步年代」（Progressive Era）。

(二) 管理主義

管理主義植基於功利個人主義（Utilitarian Individualism）的思維，強調個人對於成本效益的利弊計算。而廠商唯有進行有效的管理，才能提供給個人作為財貨消費者最有利的選擇。公共行政基於管理主義的信念，相信政府部門的經營也應採取管理主義的途徑，必須強調管理技術精進，並徹底學習各種企業界流行的管理技術。換言之，公共行政的重心也應當在於理性和效率，方可解決實務上的困境。

(三) 公共行政的特色

進步主義與管理主義的盛行，導致 20 世紀初期的管理學或行政學呈現下列特色：

❶ **人性假定**：此時多數學者與管理者認為工人會盡可能偷懶，或是只為了錢而工作，因此必須用嚴密的方法控制員工。而工人的知識水準不足，不需要讓他們參與決策。總之，工人只是組織的工具。

❷ **基本價值**：組織的核心價值為：穩定、理性、效率、技術、控制；偏向組織的靜態研究（法規與結構）。將組織視為專業分工、層級節制、權責分配、法令規章，及目標導向的體系。

❸ **共通原則**：由「管理技術」、「行政管理」與「官僚體制」三大學派所構成的古典管理理論，普遍強調以下原則：

① 系統化：組織應按科學原則適當安排事物的場所及次序。

② 計畫化：所有工作都應先有計畫，還要分別訂定近程、中程及長程計畫。

③ 協調化：唯有專業分工才能帶來效率，既然有分工，就必須協調合作。

④ 效率化：「效率」就是以最經濟的手段獲致最大的效果。但效率觀亦可擴大為「效能」，就是成功地完成計畫或解決問題。

⑤ 標準化：標準化是效率化的前提，生產過程中的每一個動作，均應預先設定符合科學的標準，以供操作者遵循。

效率觀的解説

關於效率的名詞有：

經濟（economy）	追求總成本最低。
效率（efficiency）	獲益（產出）與成本的比值（益本比）。
效能（effectiveness）	達成目標的程度或標的人口行為改變的程度。
績效（performance）	兼顧效率與效能。

以圖書館經營為例：

經濟	只計算總成本，以最少的錢維持營運。
效率	在一定的金額內設法買最多的書、辦最多的活動、開放最長的時間。
效能	讓社區居民喜歡來圖書館。
績效	能有足夠的書、活動與開放時間，而且社區居民都很喜歡來。

※ 有時「效率」高，「效能」不一定高，例如圖書館雖然有很多書、開放時間也很長，但書籍種類卻不符合社區居民的人口特性，像是在大學附近的圖書館卻買了很多的童書，不一定能吸引讀者。

管理主義的思維模式

管理主義基於功利個人主義，強調成本效益權衡及選擇的利弊計算，透過管理思維與管理技術的精進，可以提升人類的福祉。

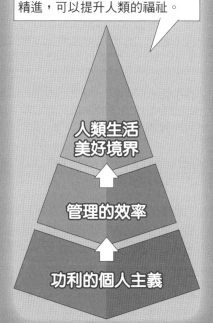

人類生活美好境界

管理的效率

功利的個人主義

傳統理論時期的學者與理論

行政學的傳統理論時期，即管理學中「古典管理理論」的發軔期，古典管理理論以「科學管理」、「行政管理」與「官僚體制」三大學派為代表，傅麗德雖然在理論上獨樹一格，研究旨趣迥異於其他學者，但就時間點而言仍可歸於傳統理論時期。

學派	科學管理學派	行政管理學派	官僚體制學派	動態管理學派
理論	以泰勒（Taylor）為代表，研究基層工作與作業過程的改進。	以費堯（Fayol）為代表，研究組織中、上層的工作改進。	以韋柏（Weber）為代表，研究組織的基本條件及理想型態。	以傅麗德（Follett）為代表，研究管理中人性的問題，是此一時期少數重視人性的學者之一。

UNIT **2-2**
泰勒及其科學管理

自威爾遜與古德諾確立行政應獨立於政治之外以來，行政學就試圖向企業界學習經營管理的方法以提升效率，而行政學界向管理學借取的第一套有系統的學術觀念，就是泰勒（F. Taylor）的「科學管理」（Management of Science）。

(一) 泰勒

泰勒是具有猶太血統的美國人，1856年生於美國賓州，他終其一生都在研究如何讓工作的效率趕上工業革命以來機器進步的速度。而他的想法，就是一切工作的方式，都必須按照科學的標準，因此他將科學的觀念與系統化的分析方法引進工廠管理當中，造就了20世紀企業大規模生產的「標準化生產線」，因此他的學說被稱為「管理技術學派」，他就是「科學管理之父」；後人甚至將這種不重視人性而追求機械化的效率觀。稱之為「泰勒主義」（Taylorism）或「管理技術學派」。

(二) 科學管理的內涵

科學管理的精神可溯自歐洲14世紀至16世紀的「文藝復興運動」及18世紀初的「啟蒙思想」。這些思想文化運動促使人們開始以經驗與理性來思考問題，以客觀的歸納法與實驗法取代過去的主觀經驗判斷。至18世紀中葉，由於蒸汽機的改良及一系列生產技術的進步，人類生產方式從手工轉向動力機械生產，史稱為「工業革命」，隨後擴及整個歐洲及北美地區，為西方社會制度與經濟結構帶來重大改變。

泰勒相信可以透過科學而找出工作的「最佳方法」（The One Best Way），他將科學管理形容為一場「完全的心智革命」，因為他以科學化的制式訓練模式打破傳統的師徒制訓練、重新界定管理者的權威、停止剝削工人的論件計酬制而改採績效獎金制。他在1911年發表《科學管理原理》，提出四大主張：❶ 對於每個工人工作中的每個要素，都要以嚴謹的科學方法計算，例如工具尺寸、重量，工作時間、次數，動作姿勢、速度等，都要像機器運作一樣精確；❷ 每個工人從甄選到訓練，都要有符合科學標準的計畫，不能任由主管為之，也不能任由工人自行摸索；❸ 管理者應該和工人合作，以找出最有效率的工作方法；❹ 管理階層應該設計最有效率的工作方法，要求工人落實；所以管理者承擔規劃與監督的責任，不能將生產力的責任都推給工人。

總之，科學管理所帶來的工業生產觀念，諸如「動作與時間的研究」、「標準化的作業流程」、「績效獎金的工資制度」，以及「管理上的職能分工」等等，都對後世帶來深遠的影響。不但使得工廠的工作效率大幅提升，也改善了工人的收入。因此，著名管理哲學大師彼得‧杜拉克就認為，如果沒有泰勒在管理學上的貢獻，馬克思所預言的無產階級大革命將會發生，那麼人類可能已走向毀滅。

(三) 科學管理的發展 —— 管理科學

由於1930年代以後行為科學興起，重視人性與成員互動關係蔚為風尚，將員工視為生產工具的科學管理一時之間彷彿成為昨日黃花，但旋即因為二次大戰的需要而再度復興。戰後輔以進步的數學分析與資訊科技，以及整體分析的系統觀念，搖身一變成為「管理科學」，強調管理中的數量方法與分析邏輯，並注重通盤及互動的考慮。

泰勒的生平

| 1856 年生於美國費城 | 1895 年發表〈論件計酬制〉 | 1903 年發表〈工廠管理〉 | 1915 年逝世，被尊為「科學管理之父」 |

| 1874 年進入機械工廠當學徒 | 1898～1901 年，在百利恆鋼鐵公司任工程師 | 1911 年，發表《科學管理原理》；並在水城罷工案中作證，到達事業巔峰 |

泰勒的重要論著與觀念

論著	年代	觀念
論件計酬制 ──為勞工問題找到部分解決辦法	1895	傳統的論件計酬制中，僱主為了節省成本，常壓低工人工作的單價；因此工人也只願意做到最基本的數量，以免因產量過高而被僱主減薪。泰勒將「獎金」的觀念融入論件計酬，形成「差別論件計酬制」，使績效良好的工人能脫離貧窮，因此在馬克思所謂的「資產階級」與「無產階級」之間，出現了「中產階級」，消弭了可能出現的無產階級大革命。
工廠管理	1903	❶ 良好管理的目標在於給予較高的工資，同時獲得較低的單位生產成本。 ❷ 管理階層必須應用研究及實驗之科學方法以建立生產作業之標準程序及原則。 ❸ 工人的職位及原料之選擇，需以科學方法為之，以便符合標準。 ❹ 給予工人標準化的訓練，以達到標準產量。 ❺ 管理階層與員工間應有密切而良好的合作。
科學管理原則	1911	❶ 以科學代替經驗法則。 ❷ 以科學方法甄選工人，並提供訓練。 ❸ 管理者應誠心與工人合作，使工作科學化。 ❹ 宜由管理階層承擔的責任（規劃與監督），應由管理階層承擔。

甘特圖

甘特（Gantt）是與泰勒同時期的科學管理學者，他設計的工作進度控制表（甘特圖）一直沿用至今。例如一名考生欲準備今年地方特考五等，他安排的讀書進度如下：

	1月	2月	3月	4月	5月	6月	7月	8月	9月	10月	11月	12月
行政學	───	───	───									
法學		───	───	───	───							
公民				───	───	───						
共同科					───	───	───	───	───	───	───	───

UNIT **2-3**
費堯及其行政管理學派

圖解行政學

行政管理學派是現代組織理論的發軔，主要研究組織的設計，並試圖建立放諸四海皆準的管理「一般原則」（general principle），如同組織設計的「定律」。行政管理學派仍是今日一般「管理概論」教科書的主要內容，管理學者孔茲（Koontz）在〈管理理論叢林〉一文中更將其視為管理學的主流思想。

(一) 費堯

費堯出身法國上流家庭，受過高等教育，與泰勒和韋伯並稱為「古典管理理論三大先驅學者」。但他與泰勒不同的是，他直接從工程師做起，並未經歷勞工階級的歷練。而他擔任 30 年的總經理職務，使他具備足夠的「高度」觀察組織，因而他的管理理論廣為業界主管喜愛，甚至受到法國政府的重視，將之用於郵政機關，隨後並擴及各級政府，是第一個影響公部門行政實務的管理學家。後人將費堯稱為「現代管理理論之父」，實不為過。

此外，費堯也是最早從「程序觀點」討論管理功能的學者；他將管理的功能分為五種：規劃（Planning）、組織（Organizing）、指揮（Commanding）、協調（Coordinating），以及控制（Controlling）。

(二) 古立克

美國行政學者古立克在 1937 年受羅斯福總統之邀加入當時負責行政革新的「布朗婁委員會」（Brownlow Committee）。他指出「追求效率」是政府行政改革的第一要務，為政府機關的效能與效率的運作奠定基礎，也被後人視為「公共管理」（Public Management）的奠基者。古立克與尤偉克（L. F. Urwick）於 1937 年合編《行政科學論文輯》，將行政管理的工作要點歸納為一個創生字「POSDCORB」，又稱行政管理七字箴言，其內容為：

❶ 計畫（Planning, P）：擬定欲完成之工作大綱及方法。

❷ 組織（Organizing, O）：建立正式權威結構，以從事各部門的安排與協調。

❸ 人事（Staffing, S）：指一切人事作業，如甄選、任用、訓練、待遇、福利等。

❹ 指揮（Directing, D）：建立指揮系統、分配權責，確立命令服從關係。

❺ 協調（Coordinating, CO）：指組織垂直與橫向之間的工作聯繫與整合。

❻ 報告（Reporting, R）：必須使相關成員明白組織情況，包括工作績效及業務進展之紀錄、分析、研究、審查、評估等。

❼ 預算（Budgeting, B）：有關財務之活動，如預算編製、執行、會計、審計等。

根據 POSDCORB，行政管理就是制訂切實可行的計畫，建立合理的組織架構，運用有效的人力資源，經由適當的指揮協調，適時向有關單位、人員及公眾作報告，妥善的運用經費以執行業務，並進行必要的管制與考核。

(三) 行政管理學派的限制

由於此時科學研究方法尚不完整，許多管理原則來自學者的主觀洞見，造成各種矛盾與衝突，例如費堯強調「指揮統一」原則，雖不致令出多門，卻增加溝通歷程，反而有礙於效率。且忽略員工行為與決策理性的研究，對解決問題並無實際幫助，以至於 1978 年諾貝爾經濟學獎得主賽蒙批評 1930 年代以前的行政原則多為「行政諺語」。

費堯的生平

費堯與泰勒和韋伯三人並稱為「古典管理理論三大先驅學者」，費堯的生平事蹟如下：

1841 年生於法國資產階級家庭

1888～1918 年出任公司總經理，使公司轉虧為盈

1916 年出版《一般管理和工業管理》

1925 年逝世，被尊為「現代管理理論之父」

1860 年進入「科門特里富香博」公司任工程師

1908 年發表〈論一般管理原則〉

1921 年發表《論郵電部門行政改革》及〈國家在管理上的無能〉

行政管理的功能

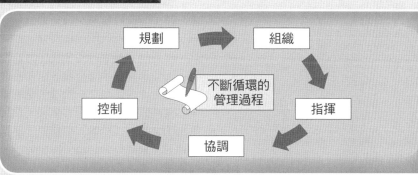

規劃 → 組織

不斷循環的管理過程

控制 指揮

協調

POSDCORB 的今昔演變

時間	提出者	社會特徵	公共管理的原則
1937	古立克	生產導向的社會，重視效率。	POSDCORB
經歷： ❶ 1970 年代的能源危機、福利國家財政危機 ❷ 1980 年新右派改革，民營化政策興起			
1983	葛森（Garson）歐培曼（Overman）	消費者社會，重視顧客需求與市場機制。	PAFHRIER P A（Policy Analysis）：政策分析 F（Financial Management）：財務管理 HR（Human Resource Management）：人力資源管理 I（Information Management）：資訊管理 ER（External Relation）：對外關係
1993	葛拉漢（Graham）海斯（Hays）	消費者社會，顧客導向，使政府的運作具有企業精神。	PAMPECO P（Planning）：規劃 A（Allocation）：資源分配 M（Market）：市場機能 P（Productivity）：生產力 E（Enthusiasm）：激發熱忱 CO（Coordination）：協調

UNIT **2-4**
韋伯及其官僚體制

官僚體制（Bureaucracy）又稱為「科層體制」或「科層型模」，這是一種追求效率極大化的組織類型，被廣泛用於軍隊、政府機關，以及企業的組織設計，堪稱為人類大型組織的基本型態。這種組織方式自古即存在於人類的生活之中，只是直到 20 世紀初期才由德國社會科學大師韋伯（Max Weber）將其概念化。

（一）韋伯

出身於德國上流社會的韋伯，除了曾經在軍官學校受訓，更自願參加第一次世界大戰；因此奠定他對組織運作效率的觀念。他的研究遍及政治、經濟、社會、文化、歷史、宗教等諸多領域，即使在他去世 50 年後的 1970 年代，關於他的學術討論仍然方興未艾，而有「韋伯熱」的說法。

（二）官僚體制

❶ 理念型的建構

理念型（ideal type）一詞由韋伯所創用，或譯為理想型，是指研究者參酌真實世界中實物的特徵，將其推論到極大化之後所建構出來的模型。官僚體制就是韋伯參酌 18 世紀普魯士著名的腓特烈大帝的軍事組織，及其自身的從軍經驗之後所得的「理論上最有效率」的人類組織。

❷ 法理權威

權威（authority）就是使人服從的力量；韋伯將權威的演進分成三個階段：

①傳統權威（traditional authority）

由於人們對歷史傳統的信仰，權威來自於世襲與繼承，正所謂：「服從我，因為我們一直如此！」封建王朝以「嫡長子」合法繼承大統即為一例。

②超人權威（charismatic authority）

又稱奇魅權威或格里斯瑪權威，乃具有領袖魅力的人，憑藉個人天賦特質而取得他人服從，正所謂：「服從我，因為我能帶來更好的生活！」古今中外揭竿起義的英雄或白手起家的商場巨擘都有這種特質。

③合法 —— 合理權威（legal-rational authority）

又稱合法權威、合理權威或法理權威，使人服從的權威來自合法的職位，且法令是依據理性的原則設計，惟有依法取得職位並依法行使職權，方能使人服從，正所謂：「服從我，因為我合法取得職位！」所以在一個理性化的組織中，權威來自於職位而非個人。例如三軍依法必須服從統帥（總統），無論誰當總統，只要是合法取得職位並依法行使職權，軍隊都必須服從。

韋伯的官僚組織就是建立在法理權威之上的理念型，所有權威均被明定，且限於為完成組織任務所必要的職能範圍；擔任職務者乃是依其才能而被選任的，上任後即被賦予合法的運用權威，因此官僚組織能提供「行政連續性」（continuity of administration）的基礎。也就是只要法令未改變，它就會依法持續運行，因而能帶來高度的穩定性。

韋伯的生平

1864年生於德國法政世家

1905年病癒，出版《新教倫理與資本主義精神》

1916年出版《印度教與佛教》

1920年出版《宗教社會學論文集》與《宗教社會學論文集》

1921年韋伯夫人及學生為其出版《經濟與社會》

1897年成為海德堡大學教授，但出現精神分裂

1911～1913年陸續撰寫「官僚體制」的相關論文

1918年出版《古猶太教》

1920年因肺炎逝世

研究韋伯學說的「韋伯熱」一直延燒至1970年代

官僚體制的設計原理

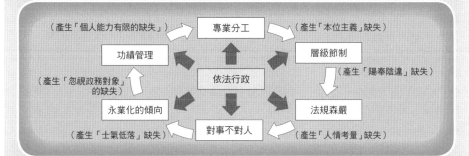

（產生「個人能力有限的缺失」） → 專業分工 （產生「本位主義」缺失）

功績管理

層級節制

依法行政

（產生「陽奉陰違」缺失）

（產生「忽視政務對象」的缺失）

永業化的傾向

法規森嚴

對事不對人

（產生「士氣低落」缺失）

（產生「人情考量」缺失）

官僚體制的特徵

一般說官僚體制的特徵包括：專業分工、層級節制、依法辦事、功績管理。詳細說來可分析如下：

專業分工	將工作分解成簡單、具例行性，並且定義明確的任務。
層級節制	職位以層級方式予以組織，較低層級受較高層級的控制與監督。
正式甄選	組織成員是基於本身的技術資格來選用；而技術資格看的是曾受過的訓練、教育背景，或正式測驗成績。
法規約束	為確保一致性與約束員工的行動，非常依賴各種正式規定。
無人情味	或稱為「去人性化」（impersonality）或「對事不對人」，指為了追求效率與一視同仁，工作時要避免主觀、情感及偏好的涉入，將自己和同事視為組織機器中的零件，顧客則是一個個的「個案」，一切採取標準作業程序。
成就導向	行政管理人員為固定薪水工作，並謀求在組織中有更好的成就。

此外，韋伯的《經濟與社會》一書提出的官僚體制特徵為：

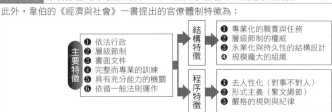

主要特徵
❶ 依法行政
❷ 層級節制
❸ 書面文件
❹ 完整而專業的訓練
❺ 具有充分能力的機關
❻ 依循一般法則運作

結構特徵
❶ 專業化的職責與任務
❷ 層級制的權威
❸ 永業化與持久性的結構設計
❹ 規模龐大的組織

程序特徵
❶ 去人性化（對事不對人）
❷ 形式主義（繁文縟節）
❸ 嚴格的規則與紀律

UNIT **2-5**
官僚體制的貢獻與限制

前經濟部長趙耀東曾說：「官不可僚、民不可刁」；官僚與刁民在中文裡是負面的，但韋伯的官僚體制是中性的，僅指一個追求效率極大化的組織設計，並非價值觀上「好」的組織，他曾說官僚組織會形成「鐵的牢籠」（iron cage），牢牢約束每個人的生活。

(一) 官僚體制的貢獻

❶ 依據層級節制的原則，可以使指揮順暢、命令得以貫徹。

❷ 組織分工明確、法規完備，工作方法及人員的權責皆有明確的規定，理應不會發生各自為政，或事權不清的毛病。

❸ 辦事完全「對事不對人」，可以破除情面，消除營私舞弊。

❹ 依專長及能力選擇員工，可提高工作效率，使機關之業務高度專業化。

❺ 透過良好的待遇及工作保障，可使工作人員之工作績效提高。

(二) 官僚體制的限制

社會學家比瑟姆（Beatham）將韋伯形容為「資產階級價值觀的旗手」，可見官僚體制是一個強調「控制」而缺乏人性關懷的組織，其缺點包括：

❶ 過分強調機械性的正式組織層面，忽略組織動態面；並將組織視為封閉系統，未考慮到環境的適應問題。

❷ 本來法規應是組織為達目的所使用的工具，但過分重視法規的結果，使人員產生錯覺，以為遵守法規就是目的，導致墨守成規、行為僵化的現象，此稱為「目標錯置」（Displacement of goals）。

❸ 過分強調層級節制與法理的權威，忽略使人心悅誠服的影響力。

❹ 專業分工導致本位主義（sub-optimizing）以及「受過訓練的無能」（Trained incapacity），其意指由於專精的訓練，易使專業人員難以適應環境的改變。

❺ 永業化使人員喪失鬥志；升遷按年資，卻又使人員忽略服務對象之利益。

❻ 官僚體制為理想型的建構，缺乏實證基礎。

(三) 官僚體制存在的理由

隨著時代的變化，有太多複雜的問題是一百年前的韋伯無法預料的，因此追求效率的官僚體制在面對快速變遷的環境時，反而變成沒有效率的組織；美國著名管理學者班尼斯（W. Bennis）曾預言官僚體制會在 2015 年之前被淘汰。但許多學者認為官僚體制仍然會繼續存在，例如英國政治學家培里希克斯（Perri 6）就認為它仍然是政府機關的基本結構。官僚體制重視控制、穩定、效率、理性、技術等五種核心價值，至今仍相當重要，其理由如下：

❶ 透過層級命令確實可以提高工作效率，降低組織中的交易成本。

❷ 當團體不斷擴大時，確實需要專門監督的人員，以避免「搭便車者」出現，因此形成官僚體制。

❸ 當人際間的互信不足時，層級節制適足以矯正缺乏自發秩序的問題。

❹ 層級權威可以滿足人類追求的權力欲望，是非層級式的組織無法替代的。

官僚體制的功能與反功能

反功能		官僚制度特徵		正功能
枯燥乏味	←	分工	→	專業化
士氣低落	←	非人情化	→	理性化
溝通阻塞	←	權威的層級節制	→	服從紀律
僵化與目標錯置	←	法令規章	→	連續性與一致性
成就與年資的衝突	←	永業傾向	→	激勵效果

對官僚體制提出批評與修正的學者

批評的立場	班尼斯（Bennis）	官僚制度在實際世界製造的罪惡： ❶ 主管缺乏技術能力。 ❷ 欠缺理性的規則設計。 ❸ 非正式組織破壞或取代正式組織。 ❹ 角色間的混淆和衝突。 ❺ 以非人性的方式對待部屬。
	歐斯壯（Ostrom）	官僚體制使公共行政產生的弊端： ❶ 不能有效回應各種需求。 ❷ 強加各種昂貴的成本於服務對象。 ❸ 不能有效分配資源。 ❹ 無法防止公共財過度集中於特定用途所造成的浪費。 ❺ 易生錯誤、難以控制，行動無法達成目的。 ❻ 補救措施往往增加問題的嚴重性。
修正的立場	葛德納（Gortner）	在公共行政中修正官僚體制的作法： ❶ 建立代表性官僚組織，讓公務員的任用反映人口的組合。 ❷ 採取保障弱勢的措施，積極甄選少數民族，以彌補過去制度上的與社會上的歧視。 ❸ 讓基層文官積極參與政策的制定過程。 ❹ 讓社區參與公共機構的決策及執行。 ❺ 運用行為科學的方法從事內部組織發展，以促進公開、互信、民主的風氣。

知識補充站 ★官僚體制的形成背景 —— 理性化

　　理性化是一種「技術理性主義」，指一種透過精密的計算來支配事物，以促使「手段與目的之連鎖」。理性化拒斥主觀、情緒、裙帶關係等行動特質，可以使大型組織運作更有效率，並可被預測和掌握。

　　韋伯認為人類社會生活的進化在時序進入 20 世紀時有三個特徵：社會生活的理性化（rationalization）、科學研究的理智化（intellectualization），以及宗教信仰的解除魔咒（disenchantment）。這些趨勢帶動了行政理性化的發展，使官僚體制成為最有效率的組織型態。

UNIT **2-6**
傅麗德及其動態管理

圖解行政學

(一) 傅麗德——生不逢時的先知

當美國的社會與學術界都還是一片男性天下的時候（註：美國婦女在 1920 年才有投票權），傅麗德（M. P. Follett）是少數女性的學者。她在 1896 年出版的學術著作《眾議院議長》曾被老羅斯福總統稱讚為「不可或缺的著作」，而她當時才 29 歲。此後傅麗德長年投身於社會工作，美國的中學社區化，就是她的傑作。傅麗德自 1920 年代開始投入管理心理學的研究，直至 1933 年去世為止。

期間她發表了許多今天耳熟能詳的觀念，如「授能」、「團隊」、「組織學習」、「多元化管理」等等，只是沒有這種冠冕堂皇的學術名詞。可惜由於她的性別及重視人性的觀點，與當時男性沙文主義的古典管理理論格格不入，並未受到重視；直到 1970 年代以後，學術界與企業界才感受到她的影響深遠。

(二) 動態管理理論

❶ 團體額外價值論

傅麗德認為人是社會性的動物，個人與其團體會相互影響，因此個人在團體中的思想和行動，不僅僅是個人意志所控制，而會受團體影響。團體生活會賦予個人一種「額外價值」（plus value）的生命，個人和團體會一同成長。

❷ 團體中的衝突與調和

傅麗德認為，團體中的成員會產生意見或利益衝突，乃是必然現象。至於解決衝突的方法，應該透過「整合」，也就是透過創新而設計出滿足雙方利益的解決辦法，達成雙贏。

❸ 協調的原則

協調是管理的核心，必須遵守四個原則：

①直接交涉：有關人等應面對面直接接觸。

②早期原則：協調工作應從開始階段進行，而非等待問題發生才協調。

③互惠原則：協調是一種調整自己以適應別人的活動，故以互惠為基礎。

④連續原則：協調必須持續，不可中斷。

❹ 對權威的看法

①權威的情勢法則

傅麗德曾告訴資本家，要讓員工覺得自己是 "work with you, not work under you"。因為人類對權威很敏感，只有「客觀情勢」必要時才能使用命令和權威，若像官僚體制一樣整日的運用權威，一定會造成員工反感。

②最後權威

每個人在其工作範圍內，都有他特定的責任與職權，真正的權威就是每個職位上的決策權，組織的權威乃是各個職位小權力的綜合。所以首長的權威並不是凌駕一切的「最高權威」，而只是整個決策過程的「最後權威」。

❺ 職能合作的精神

綜上所述，權威、領導以及監督都應該建立在客觀的事實之上，主管與部屬之間乃是一種合作的精神。傅麗德稱之為「職能合作」的精神。

傅麗德的生平

1868 年生於美國麻州的富裕家庭	1896 年出版《眾議院議長》	1912 年說服麻州議會立法要求公立學校必須開放給社區使用	1924 年出版《創造性經驗》，提出「團體」的重要性	1933 年因病去世
1888 年進入哈佛大學	1898 年從哈佛畢業，投身社會工作	1918 年出版《新國家》	1925 年起投入企業管理的教學研究	Urwick 為其出版《動態管理》（1942）與《自由與協調》（1949）兩本管理學著作

解決衝突的辦法

辦法	意義	結果	評價
支配	使弱勢的一方完全聽從強勢的一方	一贏一輸 ☺☹	✘
妥協	衝突雙方各退一步	雙輸 ☹☹	✘
整合	創造新方法以滿足衝突雙方的利益	雙贏 ☺☺	✔

權威觀點的比較

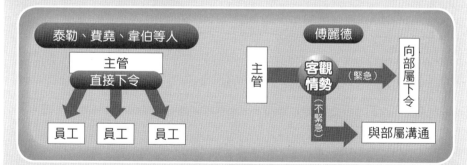

傅麗德理論的貢獻與限制

貢獻	限制
❶ 突破科學管理與官僚體制的窠臼，開創組織中人類行為研究的先河，證實人群關係的重要性。 ❷ 將工作環境視為社會和心理環境，而非物理環境，因此重視人與人之間的交互關係。	❶ 權威的情勢法則太過樂觀，忽略人性的權力慾望。 ❷ 透過「整合」、達成雙贏，固然是比較好的方法，卻失之理想化；因為現實中有許多情境是「零和」的，如選舉、爭奪職位等，難免會有輸贏。

第 **3** 章
修正理論時期

●●●●●●●●●●●●●●●●●●●●●●●● 章節體系架構

UNIT 3-1
修正理論時期與行為科學

圖解行政學

(一) 行為科學的興起

行為科學（Behavioral Science）約在 1920 年代於美國興起，主張用自然科學的研究方法探究人類行為，特別是數學和實驗，以對人類行為進行客觀的觀察與分析，求得放諸四海皆準的「普遍原則」（general principal）。這是一種社會科學研究的廣泛性轉變，並不限於單一學科，故有學者稱其為「行為研究法」或「行為研究途徑」；在政治學中，即發展成 1950 年代盛行於美國的「行為主義」。

行為科學一詞為 1949 年左右產生，源自於當時美國芝加哥大學的「個人行為與人群關係」研究計畫。但追溯其形成可源自 19 世紀法國哲學家孔德（August Comte）的實證主義，及 1920 年代維也納學派的「邏輯實證論」（logistical positivism）。行為科學家們以心理學、社會學、人類學等多元的觀點研究人類行為與政治現象，其研究方法有三個特徵：重視「分析」、建立放諸四海皆準的「普遍」理論、強調因果關係的「解釋」。

(二) 行為科學的特性

張潤書教授認為行為科學的主要意涵如下：

❶ 行為科學是以自然科學的方法研究人類行為、社會現象與事實的科學。

❷ 行為科學是多學科性的，是一種「科際整合」的研究途徑，故研究者宜具備多學科的訓練。

❸ 行為科學重視實驗、驗證，研究者必須是價值中立（value-free）的，亦即不能以本身的價值觀點影響客觀的觀察結果。

❹ 行為科學的目的在得出科學化的結論，以建立放諸四海皆準的原理、法則。

(三) 修正理論時期的研究

修正理論時期約從 1930 年代到 1960 年代，這個時期的學者基於行為科學的研究觀點，認為傳統理論時期的行政學研究不夠科學，當時提出的原理原則，如費堯的「組織原則」、古立克的「POSDCORB」等，只是一些言人人殊的「行政諺語」而已。真正的行政學或管理學研究應該植基於百分百的科學，透過實驗或統計的成果，歸納出人類行為的法則，以解釋組織的現象。

此外，由於受到心理學的影響，當時的學者普遍對人性抱持正面肯定的態度，與傳統理論時期的組織理論鄙視員工人性，訂定許多嚴苛的控制方法與組織結構的理論大異其趣。

總之，此一時期的研究將焦點置於組織中的個人行為與人際互動，並以較為積極正面的態度看待人類行為。研究方法上則是採取科學與實證的分析觀點，事事講究科學證據，因而要求學者必須在價值上保持中立，以免落入沒有「科學意義」的價值爭辯。

政治學中的行為主義

行為科學用於政治學中，就是將政治現象以量化的方法進行研究，例如投票行為、政治人物的行為、民意調查等等。伊斯頓（Easton）指出政治學中的行為主義有十大信念：

規則性	知識是經驗現象的規則，亦即要建立放諸四海皆準的科學化通則。
經驗性	知識必須建立在感官經驗的基礎上，要建立經驗性、而非規範性的基礎之上。換言之，要務實，而非空談。
量化	以數字方式精確而客觀地描述觀察到的現象。
方法論	重視個人主義的方法論，亦即以「個人」為關注對象。
系統化	建構新理論時，應考慮如何和既有理論建立關聯性，而非孤立的命題或通則。
嚴格區分「價值」與「事實」	行為科學不討論價值，只針對事實進行研究。
價值中立	研究者不能將個人價值觀帶入研究，以免影響可靠性與客觀性。
科際整合	經濟學、社會學、政治學、人類學、心理學等等，都是研究人類行為的學科，可以整合成一個知識體系。
累積性	科學知識有累積性。
漸進性	科學的進步歷程是一步步逐漸形成的。

修正理論時期的代表學者與理論

學派	理論
霍桑實驗	以梅堯（Mayo）為首，在霍桑工廠對組織的人性問題進行實驗研究，開創「人群關係學派」，為修正理論時期的主流思想。
動態平衡論	巴納德（Barnard）提出，認為主管的功能在於滿足員工的需求、加強溝通，命令必須得到部屬接受，同時要瞭解各種非正式關係。
理性決策論	賽蒙（Simon）認為人的理性能力有限，只能做出「滿意決策」；行政就是組織中決策的過程，每個人決策的理性程度關係到組織的效率。
需要層次論	馬斯洛（Maslow）認為人的需要由基層到高層分別是：生理需要、安全感、愛與歸屬感、尊榮感、成就（自我實現）。每個人當下的需求可能不同，管理者應設法滿足個人需要，才能產生激勵效果。爾後又有阿德福（Alderfer）提出「生存─關係─成長理論」，麥克里蘭（McClelland）提出「成就動機理論」，何茲伯格（Herzberg）提出「激勵保健理論」等等。
人性本善論	麥克葛瑞格（McGregor）提出，認為人性是善良的（Y理論），對工作有主動積極的精神，因此在管理上應以積極鼓勵代替消極懲罰。

註：關於馬斯洛、阿德福、何茲伯格等人的學說，本書置於「激勵理論」的單元中再詳細討論。

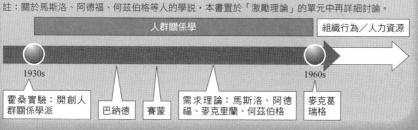

UNIT 3-2
霍桑實驗與人群關係學派

1924 年，美國國家科學基金會與美國西方電器公司的霍桑工廠合作，進行「照明與員工產量」的實驗；該實驗進行到 1927 年，一直無法得到具體的結論，因為被找來進行實驗的員工，在產量上幾乎不受燈光照明的干擾而一直增加。這種違背常理的答案，終於在他們找來哈佛大學教授梅堯（G. E. Mayo）、羅次力斯柏格（F. Roethlisberger）和懷德海（T. Whitehead）加入後，找到了原因。

(一) 梅堯的發現

❶ 人格尊重才是生產力增加的主因

梅堯在 1927 年的「繼電器裝配試驗室實驗」中發現，工人的態度與情緒的改變，才是增加產量的原因；而這也解開了之前照明與產量無關的謎團。影響工人的態度與情緒的原因是：監督者以和藹可親的態度對待員工，使員工感覺受到重視，滿足精神上的榮譽感，因而產生激勵作用。此外，員工們可以自由交談，也產生了團體意識和忠於團體的觀念。

❷ 參與及情緒發洩可提高士氣

梅堯在 1928 年的「面談計畫」實驗中發現，每當主管召來工人發洩怨言後，該名員工的工作情緒便會轉好，生產量也會增加。進而歸納出主管與員工面談除了可以發現工人的需求，作為改進管理的參考外，還能降低人員的緊張與不滿的情緒、滿足部屬的參與感，進而提高士氣。

❸ 小團體及其拘束力普遍存在

梅堯在 1931 年的「接線工作室觀察實驗」發現，員工之間有大家共同遵守的行為規範。也就是說，一個機關中，有非正式組織（informal organization）的存在，即一般所稱之小團體（group）。小團體自有一套行為規範，做為小團體成員的行為準繩，這些規範有時不合乎正式組織的要求，但若小團體成員對這些非正式的行為規範信守不渝，那麼正式組織往往必須默許、甚至修改正式規定。

❹ 社會平衡與士氣是維持組織運作的關鍵

梅堯等認為組織中有一種「社會平衡」（social equilibrium）的狀態，能使組織在逆境中繼續運行。這種觀念表現於「士氣」（morale）。羅次力斯柏格指出，士氣乃是個人與其服務的機關之間的動態平衡的關係。要改善人員的生產效率，就要注意人員之間、人員與機關之間的需求保持在平衡狀態，所以要使組織保持高生產量，就要研究提高士氣及維持社會平衡的方法。

(二) 霍桑實驗的成果

霍桑實驗一直進行到 1932 年因經濟大恐慌而停止；其間的諸多發現證明了「社會及心理因素」是決定工人生產量及滿足感的重要原因。梅堯等三位學者根據實驗結果，開創「人群關係學派」（Human Relations School），並由羅次力斯柏格著《管理與員工》（Management and the Worker, 1939）介紹霍桑實驗。因此，霍桑實驗的成果可說是開啟了管理學重視人性價值的新頁，正如梅堯所言：「有快樂的員工，才有高生產力的組織。」

梅堯的生平

| 1880 年生於澳洲，1911 年獲得阿德雷德大學哲學博士，成為著名心理學家 | 1926 年進入哈佛大學商學院任教 | 1933 年發表《工業文明中人的問題》，為人群關係學派奠基之作 |

| 一次大戰後以「心理病理學幻想」的研究及工業心理學聞名於世 | 1927 年帶領研究團隊接手主持霍桑實驗 | 1947 年在倫敦中風，1949 年去世 |

霍桑實驗各階段的發現

實驗名稱	重要發現	效果
繼電器裝配試驗室實驗（1927）	人格尊重	增加生產力的主因
面談計畫（1928）	參與及情緒發洩	可提高士氣
接線工作室觀察實驗（1931）	小團體及其拘束力	普遍存在於組織

霍桑實驗發現，非正式組織對個人行為的約束

不可以做太多事，否則會被譏為高產量的怪物（rate buster）。	→	槍打出頭鳥！
也不可以混水摸魚，否則便是滑頭鬼（chiseler）。	→	不可以做投機份子！
不可以向管理員報告夥伴的缺失，否則便是告密者（squealer）。	→	不可以做抓耙子！
即使作為監督者，也不應該做得像是一位監督者。	→	不可以打官腔！不可以自命清高！

 ★人群關係

根據陳德禹教授的說法，人群關係（Human Relation）一詞最早出現於美國人事協會在 1918 年紐約的會議，爾後再因霍桑實驗聞名於世。人群關係本意指人際關係之現象，或指增加人際關係效能的技術與方法。現代人群關係已不是僅指一套處理人的技術之組合，而是一種瞭解人群的分析途徑（approach）。近年則多以「組織行為」（Organizational Behavior）、「人力資源管理」（Human Resource Management）取代「人群關係」一詞。人群關係理論的重要基礎包括兩項假定：

假定類別	重要發現效果
關於人性的假定	❶ 個人不是生產機器，重視個人在組織中的重要性、差異性，及人性尊嚴的價值。 ❷ 認為個人的行為是由外界的刺激所引起（刺激 → 動機 → 行為），因而在 1940 年代後產生諸多的「激勵理論」。
關於組織的假定	❶ 組織是一種社會系統，管理人員之責任，在從人群關係中維持此種社會系統之平衡。 ❷ 組織為一種融合過程：組織透過個人努力而達成組織的目標（永續經營）；而組織目標達成之時，也能滿足個人的目標（優渥待遇）；因此組織目標可與個人目標相融合。

UNIT 3-3
人群關係學派的大師 —— 巴納德

巴納德（Chester I. Barnard）幼時家貧，沒有顯赫的學歷，但後來得到七個榮譽博士學位。他的名著《主管人員的職能》（1938）是人群關係學派的巔峰之作，並受到以挑剔聞名的諾貝爾經濟學獎大師賽蒙的極力推崇，甚至表示自己的組織理論多受巴納德的啟發。他在實務界的貢獻更是卓著，不僅成為美國貝爾電話（現在的 AT&T）紐澤西廠的總裁，其後更被延攬進入洛克菲勒基金會與國家科學基金會擔任要職。他在《主管人員的職能》一書中的主要論點包括：

(一) 組織的定義

組織的本質是一種合作性的努力，可定義為「兩人以上的一種有意識的協調行動的系統」。系統（system）是一個整體，其中的每一部分都是彼此互賴的，整個組織就是一個「合作的系統」。

(二) 非正式組織

非正式組織（informal organization）就是霍桑實驗所稱的小團體，是無意識的、不定型的，因為自然因素而使人們結合在一起的組織。巴納德將其定義為「個人接觸和互動的集合體以及人們因關係而形成的團體」；其具有三種主要功能：①促進溝通；②維持組織穩定；③保障人格尊嚴。

(三) 貢獻與滿足的平衡

巴納德認為人之所以願為組織貢獻所能，是因為組織能給他各種物質與精神上的滿足；因此組織必須確保貢獻與滿足的平衡狀態。此外，他認為精神報酬（員工心理的滿足）很重要，因為多數人不會只為多得一點物質報酬而貢獻得更多。

(四) 權威接受論

巴納德認為權威包含客觀性與主觀性，客觀性的權威是「職位的權威」，即過去官僚體制所稱之法理權威。但主觀上來說，部屬是否願意接受命令，才是權威生效與否的關鍵。因此，權威的來源是「受命者」，而非發號施令者。一個受命者完全接受命令有四個條件：①受命者確實瞭解內容；②合於組織目標；③不違背受命者的利益；及④受命者有能力加以執行。他認為通常主管的命令都是經過仔細思考的，因而多能滿足上述要件。

此外，他認為每個人心中對權威的接受都有一個「無差異區」（zone of indifference），指個人可以自然而然接受命令的心理狀態，而不會刻意去質疑或挑戰「權威」的問題。當個人覺得貢獻與滿足的平衡感愈高時，對組織的認同感也愈高，無差異區就會愈大，命令也就愈容易被接受。最後，同僚與非正式組織往往也會對刻意抗命者形成壓力，因而組織會維持在穩定的狀態。

(五) 主管人員的職能

作為一個主管，巴納德認為最重要的就是建立並維繫一個順暢的溝通系統；其次是取得員工必要的努力，也就是提升員工貢獻心力的意願並將他們導入合作的關係；還要訂定組織全體成員都能接受的目標；並展現工作熱忱，作為員工道德上的標竿。

巴納德的生平

| 1886 年生於美國麻塞諸塞州 | 1927 年晉升為貝爾電話公司紐澤西廠總裁 | 1948 年離開貝爾電話，出任洛克菲勒基金會主席 | 1961 年逝世，被蓋柏（Gabor）尊為「美國管理界的哲君」 |

| 1909 年自哈佛大學肄業 | 1938 年由哈佛大學出版《主管人員的職能》 | 1951 年出任國家科學基金會的國家科學委員會主席 |

權威接受論與無差異區

該區大小取決於
❶ 員工對組織的認同（貢獻與滿足的平衡）
❷ 同儕團體的影響

命令

該命令的特性
❶ 在員工可預期的範圍內
❷ 符合接受命令的四個條件

無差異區

良好溝通管道的要件

就主管與員工而言

主管
❶ 被賦予溝通權威
❷ 擁有溝通能力

員工
❶ 正式管道
❷ 明確為人所知
❸ 直接而簡短

就組織整體而言

高階
中階
基層

❷循序漸進的溝通
❶溝通管道不可中斷

UNIT **3-4** 賽蒙的行政決策理論

賽蒙（Herbert A. Simon）是行政學中探討理性行為模式的大師，對行政學科學化的發展貢獻尤深。求學時期賽蒙主修政治學，但卻對政治哲學的辯論感到索然無味；在偶然的機會下，他接觸到大學的數學課程，從此認為數學是「最精準的語言」，便以此為基礎發展他的行政研究，更獲得當時政治學行為主義大師——芝加哥大學教授馬瑞安（C. E. Merriam）的提攜，成為學術界的奇才。賽蒙作風大膽，勇於挑戰傳統，批評 1930 年代主流的行政管理學派學說內容盡是「行政諺語」，稱不上行政原則（見單元 1-9）。他認為科學的研究應聚焦在決策的理性，因為組織中每個人都需要進行工作上的決策，決策愈理性，組織效率愈高；所以個人決策的理性程度決定組織的效率。其代表作《行政行為》使賽蒙獲得諾貝爾經濟學獎的殊榮。

(一) 價值與事實分立

基於行為科學的信念，賽蒙認為行政學是一門科學，科學只研究事實，科學家應該保持「價值中立」，以免自己的價值觀左右報告內容，影響結果的客觀性。至於價值的部分，就留給哲學家去研究吧！

(二) 行政人的假定

經濟學家相信人具有充足的理性，可以清楚的排列個人目標的優先順序，並獲得充分的資訊，同時具有實現目標的能力；這種人性假定稱為「經濟人」，也就是追求自我利益極大化的個人。但賽蒙認為個人決策受到習慣、知識與資訊的限制，不可能做出「最理性」的決定，所以人類的理性能力是有限的；這種人性假定稱為「行政人」。

(三) 滿意決策論

由於行政人是「有限理性」的，決策時不可能比較所有方案，而只能在數個可能的方案中，依經濟效率選出一個最令人滿意的方案，此即「滿意決策」。此外，賽蒙認為 1940 年代前的行政學只重視執行而忽略決策的研究，但事實上，所有的執行行為之前都是各執行者「決定」之後的結果。因此，決定的理性程度，比執行更重要，若能提高組織中每個人的決策理性程度，則組織的效率必然提高。是故專業分工、資訊化等提高決策理性的方式，都可以提升組織效率。

(四) 組織平衡論

賽蒙深受巴納德「貢獻與滿足平衡」的影響，認為當員工覺得「滿足」（待遇）多於「貢獻」（工作）時，他就會努力工作；反之，當他覺得「滿足」小於「貢獻」時，可能會怠工或另謀他就；而貢獻與滿足相當時，他會繼續工作，一邊蒐集更多資訊。

(五) 目 的 與 手 段 的 連 鎖 （means ends chain）

賽蒙認為一個人在做決定時，必然先確定目的，再判斷何種手段最能達到目的。所以某一手段既可達成某一目的，這個目的又可用來達成另一目的。進而推論組織中的每一個人都是達成上級目的之手段，每一階層對下一級來說是目的，對上一級來說是手段，其間的關係是相對的，而非科層體制的絕對層級關係。

賽蒙的生平

1916年生於美國威斯康辛州	1947年發表《行政行為──行政組織決策過程之研究》	1978年以組織決策的研究成果獲諾貝爾經濟學獎	2001年逝世，被丹哈特尊為「理性行為模式的大師」

1943年獲芝加哥大學博士學位	1953年率先將「學習」的觀念應用於組織理論	1995年獲人工智慧國際聯合會頒發傑出研究獎

行政原則盡是「行政諺語」的批判

賽蒙認為20世紀初興起的「行政管理學派」欠缺邏輯實證的基礎，其所謂的「行政原則」經常出現矛盾與衝突，只是「行政諺語」而已，對行政效率的提昇幫助不大。例如艾桑尼（Etzioni）依組織運用權力的方式將組織分為強制型（如監獄）、功利型（如企業）、規範型（如學校）。但若以賽蒙的觀點出發，不同的人看待同一個組織會有不同的認知：

學校
→ 想翹課的學生：強制型組織（追求脫離學校管束）
→ 想爭取加薪的老師：功利型組織（追求實質待遇）
→ 理論的看法：規範型組織（追求榮譽、信念）

價值與事實分立

價值的研究	事實的研究
「應然面」，規範性的研究	「實然面」，描述性的研究
運用哲學	運用科學
屬於實質理性	屬於工具理性
政治學的範疇	行政學的範疇

目的與手段的連鎖

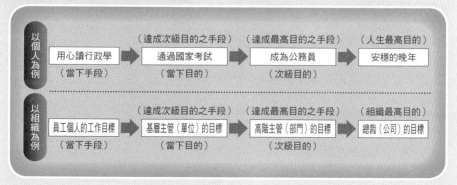

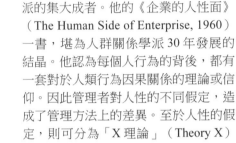

UNIT **3-5**
麥克葛瑞格的人性本善論

就人群關係學派而言，若說梅堯是人群關係學派之父，巴納德則是人群關係學派的巨星，而麥克葛瑞格（Douglas M. McGregor）則可稱得上人群關係學派的集大成者。他的《企業的人性面》（The Human Side of Enterprise, 1960）一書，堪為人群關係學派 30 年發展的結晶。他認為每個人行為的背後，都有一套對於人類行為因果關係的理論或信仰。因此管理者對人性的不同假定，造成了管理方法上的差異。至於人性的假定，則可分為「X 理論」（Theory X）及「Y 理論」（Theory Y）。

(一) X 理論──人性本惡的假定

傳統理論時期多從人性本惡的角度看待員工，對員工行為的假定是：
❶ 員工生性厭惡工作，會盡可能設法逃避。
❷ 員工都寧願被領導而不願負責任，對什麼事都沒有雄心或抱負，他們只想要企求安全（工作保障）。
❸ 由於上述原因，領導者必須用強迫、控制、指揮，甚至以懲罰威脅，使大多數的人出力以便達成組織的目標。

(二) Y 理論──人性本善的假定

麥克葛瑞格認為當時的美國企業普遍採用 X 理論的管理策略，但在馬斯洛（Maslow）的需求理論自 1940 年代末期問世後，足見 X 理論的人性假定應是錯誤的，人類真正的本性，應該是 Y 理論的假定：
❶ 一般人並非天生就厭惡工作，工作就像遊戲一樣，會消耗體力、智力，會帶來挫折，但也會帶來樂趣。

❷ 外在的控制和處罰的威脅，並非使人達成組織目標的唯一方法。人們為達到其承諾的目標，會自我指揮及自我控制。
❸ 個人對目標的承諾，是達成目標後的報酬；報酬的方式很多，最有意義的報酬就是自我實現的滿足。因此一個報酬大、成就高的目標，會使人們終身都致力於它的達成。
❹ 一般人在適當的條件下，不但願學習接受責任而且還尋求責任。規避責任、企求安全、胸無大志等現象，是後天習得的結果，不是人的本性。
❺ 機智不是少數人的專利，大多數人都有運用高度想像力、機智以及創造力來解決組織問題的能力。
❻ 在現代工業生活的條件下，一般人的智慧潛能，只獲得了小部分的發揮。

麥克葛瑞格認為，若主管以 X 理論的假定來看待員工，自然就會訂定許多嚴苛的控制規定，就如同傳統理論時期一般，反而不符合人性，無法產生良好績效。但若主管能抱持 Y 理論的人性本善觀點，對員工採取信任的態度，讓員工自我控制，則不用嚴密的監督機制，就能看到員工表現出良好的績效，且可形成「自我實現的預言」。麥克葛瑞格對於人性的歸納，不僅為傳統理論時期盛行的權威控制找出了病因，也為修正理論時期的人群關係學派學說做出完美的註腳。故有學者稱其《企業的人性面》一書，為人群關係學派的巔峰之作。

麥克葛瑞格的生平

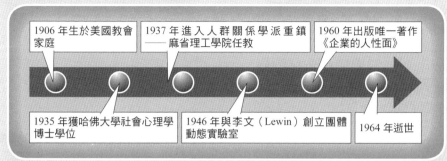

1906 年生於美國教會家庭

1937 年進入人群關係學派重鎮——麻省理工學院任教

1960 年出版唯一著作《企業的人性面》

1935 年獲哈佛大學社會心理學博士學位

1946 年與李文（Lewin）創立團體動態實驗室

1964 年逝世

★自我實現的預言（self-fulfilling prophecy）

　　自我實現的預言又譯為「自驗預言」，指個人對自己或別人對自己所預期者，常在自己以後的行為結果中應驗。自驗預言又叫「畢馬龍效應」（Pygmalion effect），那是英國劇作家蕭伯納（G. Bernard Shaw）根據希臘神話做《畢馬龍》一劇，描寫一個藝術家畢馬龍愛上自己做的美女雕像，朝思暮想的希望和「她」在一起，結果雕像真的變成活人，使畢馬龍美夢成真。

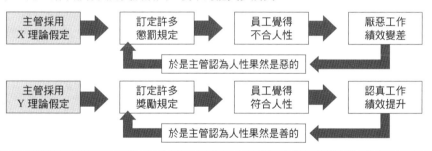

主管採用 X 理論假定 ➡ 訂定許多懲罰規定 ➡ 員工覺得不合人性 ➡ 厭惡工作績效變差

於是主管認為人性果然是惡的

主管採用 Y 理論假定 ➡ 訂定許多獎勵規定 ➡ 員工覺得符合人性 ➡ 認真工作績效提升

於是主管認為人性果然是善的

★關於 Y 理論假定的修正 —— 人性的權變觀

Y 理論的疑慮

❶ Y 理論對人性的看法過於理想化；人有個別差異，正所謂「鐘鼎山林，人各有志」。許多人主動積極，但也確實有人必須使用強制的懲罰，才能驅使他工作。有人抱負遠大，但也有人只求金錢報酬與維持生活的安定。

❷ Y 理論忽略工作以外的激勵因素，例如縮小工作壓力或增加休閒時間，也是有效的激勵方法。

❸ Y 理論對科學管理所倡行的工作簡化、標準化等過度醜化，認為這些方法會壓制個人才能的發揮與創造。但事實上，這些措施對增加生產、提高績效，有相當大的貢獻。

　　所以 Y 理論所提出的管理方法，並非毫無限制，其基本缺失在於忽略人性有個別差異，不同的員工追求不同的需要。以致於 Y 理論在某單位可能獲得成功，但是在另一單位則可能遭致失敗。故 Y 理論雖是較好的管理哲學，但 X 理論的價值也不可完全否定。X 理論的確有其缺點，但也有其應用的對象及價值。二者孰優孰劣，不可一概而論，應視情勢需要而做定奪。

UNIT **3-6**
修正理論時期的檢討

圖解行政學

(一) 行為科學的貢獻與限制

❶ 行為科學為行政學帶來的貢獻

張潤書教授認為,行為科學對行政學產生的影響,可從五個角度觀之:

①就基本觀念而言,使行政學從「應然」的研究轉變為「實然」的研究。

②就組織理論而言,從傳統時期的結構、法規、制度及權責等靜態研究走向組織成員的交互行為、需求滿足、意見溝通、權力運用及小團體活動等動態研究。此外,也發現非正式組織對正式組織的影響及對成員的約束。同時,認為組織與成員是一種互相需要、彼此滿足的關係。最後,對人性的關注與肯定,使我們明瞭組織中每個人皆有重要性。

③就管理方式而言,組織管理從傳統X理論的監督制裁走向Y理論的人性激發;因而也就由消極懲罰走向積極激勵,不僅要滿足人類的基本需要,更要依據個別差異給予適當的激勵,使個人發揮最大的潛力。

④就權力觀點而言,相信唯有贏取部屬尊敬,才能發揮權力的最大效果。

⑤就人事行政而言,注重建立工作人員與工作的調適關係、工作人員的合作關係以及機關與成員間的平衡關係。

❷ 行為科學研究的問題

相對地,行為科學用於組織研究,也產生下列問題:

①行為科學的成果易陷於支離破碎,難以整合,未能對管理上的問題提供清晰一致的答案。

②過分偏重人員行為的研究,否定組織結構及法令規章的重要性,忽略人員行為與組織結構的關係。

③過度追求客觀,避免價值判斷,不符公共行政追求社會公道的本質。

④未論及外在環境對人員的影響,直到 1960 年代系統觀點興起才有所回應。

(二) 人群關係學派的貢獻與限制

人群關係學派從霍桑實驗開始,是以行為科學為基礎的組織管理觀點,故其貢獻與限制多與前述行為科學雷同。此外,1950 年代後期有「後人群關係學派」興起,批評人群關係的偽善面貌;同時,管理科學家們也以「偽科學」、「業餘的精神醫學」等詞彙來批評人群關係學忽略管理中的作業研究、成本控制、製程管理等等量化因素所造成的缺失。故自 1970 年後,隨著理論與知識的擴充,知識界逐漸以「組織行為」(organizational behavior)或「人力資源」(Human Relation)取代「人群關係」一詞。

(三) 後人群關係學派

後人群關係學派又稱「組織民主論」或「組織人本(文)主義」,是從人群關係出發,但不滿人群關係學派過度重視效率與生產力等理念。例如史考特(Scott)批評人群關係為「母牛社會學」(cow society),因為主管善待員工的動機只是為了榨取更多的勞動力。代表人物如阿吉利斯(Argyris)、馬斯洛、麥克葛瑞格、班尼士(Bennis)、史考特、丹哈特等。他們主張人性的完美與尊嚴,並認為組織靠員工而獲利,主管的決策與權力都應得到員工以民主的方式同意;所以組織的任何變革都應使員工對方案充分瞭解並凝聚共識後方可推動。

從應然到實然

應然是探討「應如何」的研究，著重價值規範；實然是探討「是什麼」的研究，著重理性、事實與科學。應然面的討論可謂「言人人殊」，不像實然面的研究試圖找出「放諸四海皆準」的「標準答案」，也就是「一般性原理」（General Principle）。自 1930 年代，社會科學逐漸從應然面走向實然面，也就是走向科學化的研究。以「政治」一詞為例，應然與實然的差別如下：

應然	（1930 年代）	實然
❶ 孔子論政治，曰：「道之以政，齊之以刑，民免而無恥；道之以德，齊之以禮，有恥且格。」 ❷ 韓非子論政治，曰：「威勢可以禁暴，德厚不足以止亂。」 二者皆從「規範」探討政治，看法完全不同。		當代政治科學論政治：政治是「權力的鬥爭」。因此，一國中權力的鬥爭便是國家政治，組織中權力的鬥爭便是組織領導與衝突（組織政治學）；故此定義可放諸四海皆準。

人群關係學派帶來的改變

人群關係學派使管理產生下列轉變：

傳統管理理論	人群關係學派
重視組織設計的內部原則	著重組織成員的行為與滿足的分析
監督制裁	人性激發
消極懲罰	積極激勵
專斷領導	民主領導
唯我獨尊	意見溝通
「管人」的人事行政	「治事」的人事行政
「製造」有效率的員工	「培養」快樂的員工

組織人本主義的發展

行政學者丹哈特將組織人本主義的發展分為三個階段：

講究工作滿足和增加生產力的效率人本主義 提升員工參與，追求組織結構變遷的人本主義 基於倫理道德考量，促進自由與責任意識的人本主義

1930 年代，以霍桑實驗為代表

1940 年代，以李文（Lewin）的組織發展為代表

1960 年代，以哥倫比斯基（Golembiewski）的《人、管理，與道德》為代表

 ★母牛社會學

據說歐洲某些牧場，相信乳牛聽音樂可以增加泌乳量，因此在擠奶前會給乳牛先聽音樂。史考特以此批評人群關係學派，未能真正考量員工參與決策、道德提升等人性的滿足，只是藉由激勵手段榨取員工更多的勞力。

第 **4** 章

整合理論時期

●●●●●●●●●●●●●●●●●●●●●● 章節體系架構 ▼

UNIT **4-1**
整合理論時期與系統途徑

圖解行政學

(一) 整合理論時期

　　社會科學的發展自 1960 年代進入「系統」的時代，透過「整體——部分」的觀點巧妙地將各種不同的知識「整合」在一起，並以「環境——系統——次級系統」的層次性展現組織內外的各種互動關係，並指出組織是一個和環境產生互動關係的「開放系統」。

(二) 系統研究途徑

❶ 系統的意義

　　「系統」（system）源自生物學的觀念，可泛指任何相互依存分子的組合。系統是指一個有目的、有組織的許多不同部分的複合體，系統的構成分子稱為「次級系統」（sub-system），各有其特定的功能和目的。系統的整體效益，必定超過各部分效益之總和，稱為「綜效」（synergy）。而系統必然存在於環境之內，與環境（外在系統）之間有明確的界限。

❷ 結構功能觀點

　　系統途徑與社會學的「功能論」有關；功能論從結構及功能的角度來看社會系統，強調系統中的每一元素均有特定功能。就如同人體的每個構造都有其功能，環環相扣才能使身體機能運作順暢。

❸ 系統的特性

　　①次級系統：指系統中相互關聯的組成分子。例如臺北市的大眾運輸系統中，「公車」、「捷運」就是重要的次級系統。

　　②整體與綜效：系統本身是一個整體，綜效（synergy）是指「整體」具有超越各個次級系統的特性，即所謂：

「整體」大於「部分之和」。例如臺北市的大眾運輸系統有公車和捷運，二者搭配所形成的運能大於原先沒有搭配時各自相加的結果。

　　③開放性：系統是開放性的，不能離開環境，會與環境交換資訊與資源。

　　④投入─轉換─產出：系統自環境得到各種投入，加以處理轉換，變成系統的產出。

　　⑤回饋（feedback）：系統產出對環境的作用，以及系統本身的運作訊息，要送回系統，當作是種新的投入，俾為必要修正的依據。

　　⑥界限（boundary）：界限區隔系統與環境，並做為系統與環境的過濾機制。

　　⑦反熵現象（negative entropy）：封閉系統與環境阻絕，能源有耗盡的時候，出現「能趨疲」（entropy）現象，熱力學的「熵現象」，指熱量因能源用盡而零寂）。開放系統的界限是可滲透的，與環境互通有無，故能生生不息。

　　⑧動態平衡：為了適應環境變化，系統會隨著環境而變動，和環境維持平衡；就像人體受冷會發抖、受熱會排汗一樣。

　　⑨層級相連：彼此相關的各種系統會形成各種層級秩序，彼此互依互動。

　　⑩分工合作：各次級系統會分工、協調，使系統維持生存。

　　⑪多元目標：系統的目標可多元化，尤其社會系統是由許多個人與組織組成，一定有多元的價值與目標。

　　⑫殊途同歸：系統可經由許多不同的方法達成相同目標，不用強求科學管理所謂之「最佳方法」。

反熵現象

前一單元的「反熵現象」（negative entropy）適足以說明開放系統的特色，茲以小學時的物理實驗「杯子中的燭火」為例說明：

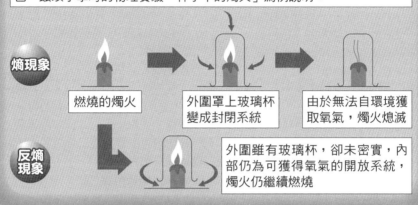

熵現象
燃燒的燭火　外圍罩上玻璃杯變成封閉系統　由於無法自環境獲取氧氣，燭火熄滅

反熵現象
外圍雖有玻璃杯，卻未密實，內部仍為可獲得氧氣的開放系統，燭火仍繼續燃燒

投入 ── 轉換 ── 產出的過程

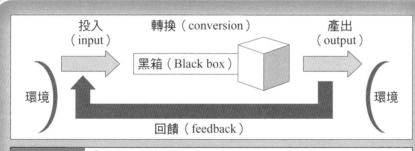

就生物而言	「投入」就如同我們吃進的食物；「轉換」則如同我們的消化吸收功能；「產出」則是動作所需的能量；「回饋」則是能量減損後的飢餓感，告訴我們又要進食了。
就企業而言	「投入」就是生產產品所需的原料、人力；「轉換」則是生產製造過程；「產出」則是產品或服務；「回饋」則是市場的反應，告訴企業應增產、減產或修改。
就政府而言	「投入」就是人民的需求與支持，例如我們提出民意，或是納稅、接受政府管制；「轉換」則是政府研擬政策的過程；「產出」則是政府制訂出的公共政策並予以執行；「回饋」則是社會對政策的反應，會產生新的需求或改變支持的態度。將此種系統模型運用在政治運作或公共政策上，最著名的就是政治學者伊斯頓（D. Easton）的政治系統論。

UNIT **4-2**
社會系統論

　　社會系統論（social system theory）認為，一個組織就是一個小的社會系統，一個社會就是一個大型人類組織；所以可將組織比擬為人類社會。美國社會學家帕深思（T. Parsons）指出，任何社會系統均有四個基本功能：

❶ **適應**（adaptation）

　　系統應有彈性，能適應環境的變化。

❷ **達成目標**（goal-attainment）

　　所有社會系統都能界定目標，並動員能量來達成其所追求的目標。

❸ **整合**（integration）

　　系統能保持內部各次級系統間的協調、凝固與團結，以保護系統運作。

❹ **模式維持**（latency）

　　系統能補充新成員，並以潛移默化的方式使成員接受系統的運作模式。

　　帕深思認為，組織為了達成上述「A, G, I, L」四個基本功能，通常會形成三個次級系統：

❶ **策略次級系統**

　　指系統的決策高層，和外部環境直接接觸；其功能以「適應」為主，也涉及「模式維持」的功能。如國家的內閣團隊、企業與機關的首長等。

❷ **管理次級系統**

　　指系統的中階管理者，主要任務在於協調組織內部各單位的工作活動，使組織能齊一且完整的運作，故其功能以「整合」為主，又稱為「協調次級系統」；同時也涉及組織與外界的接觸，故亦有「適應」的功能。

❸ **操作次級系統**

　　指系統中的工作者，任務是「達成目標」；利用技術和生產工具從事製造工作。這些人的工作內容屬日常操作性質，又稱「操作次級系統」。

　　另一組採取社會系統觀的組織理論學者卡斯特（F. Kast）和羅森威（J. Rosenzweig）則將組織的運作分為五個次級系統：

❶ **結構次級系統**

　　指組織中的部門結構、人事制度等正式化的規則，諸如工作說明書、標準作業程序（SOPs）、組織規程等法令規章均屬之；具有使組織中的各種關係得以正式化的功能。

❷ **技術次級系統**

　　指組織為達成目的，而在日常工作中必須運用的各種技術與知識。

❸ **心理—社會次級系統**

　　此一系統代表組織中各種交互行為與人際關係，它包括個人的行為與動機、地位與角色、團體動態性，以及構成領導現象的影響力系統。系統內人員的情緒、價值觀念、態度及期望等都影響到此一次級系統，形成「組織氣候（氛圍）」。

❹ **目標與價值次級系統**

　　由於組織是一個開放系統，要考慮其與社會間的關係，所以組織的目標，不能違背社會的價值，所以企業組織不應以追求利潤為唯一的目標，還要具備社會責任感。

❺ **管理次級系統**

　　此一系統貫穿整個組織，負責整合、協調、設計及控制等管理工作，諸如組織目標、策略運用、結構設計及工作分配等，可說是組織管理中最核心的次級系統。

帕深思的系統觀

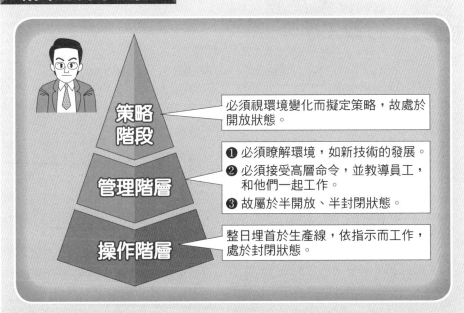

策略階段 —— 必須視環境變化而擬定策略，故處於開放狀態。

管理階層 —— ❶ 必須瞭解環境，如新技術的發展。
❷ 必須接受高層命令，並教導員工，和他們一起工作。
❸ 故屬於半開放、半封閉狀態。

操作階層 —— 整日埋首於生產線，依指示而工作，處於封閉狀態。

卡斯特與羅森威的系統觀

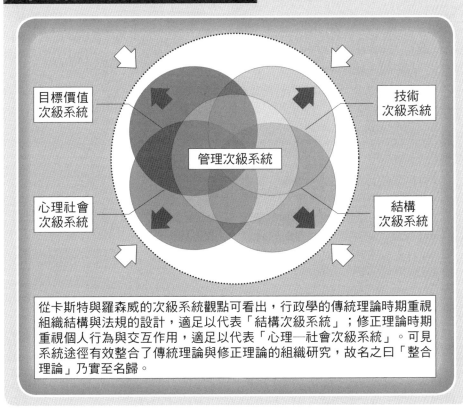

目標價值次級系統
技術次級系統
管理次級系統
心理社會次級系統
結構次級系統

從卡斯特與羅森威的次級系統觀點可看出，行政學的傳統理論時期重視組織結構與法規的設計，適足以代表「結構次級系統」；修正理論時期重視個人行為與交互作用，適足以代表「心理—社會次級系統」。可見系統途徑有效整合了傳統理論與修正理論的組織研究，故名之曰「整合理論」乃實至名歸。

UNIT 4-3 行政生態學

圖解行政學

所謂「生態研究」，本意是生物學中研究「有機體與環境之關係」；故行政的生態研究乃植基於生態學之基本特性，又受到二次大戰後西方世界移植制度經驗到開發中國家所得到的啟發，遂懂得將行政置於社會系絡中觀察。這種研究行政與環境關係之學問，就是行政生態學（Ecology of Public Administration）。

最早提出行政生態研究主張的是高斯（J. M. Caus），但最具代表性的則是美國行政生態學大師雷格斯（F. W. Riggs）。他具有亞洲的成長與工作經驗，因此對開發中國家有獨到的認識。雷格斯建立了「鎔合 —— 稜柱 —— 繞射模型」（fused-prismatic-diffracted model），將開發中國家的社會稱為「稜柱社會」。他認為，在已開發國家（工業社會），社會呈現完整的功能分化，有各式各樣的專業組織從事專業工作，稱為「功能專化」。在低度開發國家（農業社會），社會則少有功能分化，稱為「功能普化」。例如宋朝的開封府，和現代的臺北市政府，都是首都行政機關，但開封府的首長包青天另兼有審判與執法權（行政權＋司法權），現代的臺北市長卻只有行政權，這就是「功能分化」的結果。至於開發中國家（稜柱社會）則處於功能分化的過渡期，雖有各種專業機關，卻仍以傳統社會結構扮演較重要的角色功能，其社會特徵為：

❶ 異質性（Heterogeneity）

開發中國家的社會常在一個時期出現了不同的制度與行為，是一個新舊並存，傳統與現代並行的社會。例如我國有完整的司法體系，但民間仍常出現斬雞頭、洗門風等社會現象。

❷ 重疊性（Overlapping）

稜柱社會中，傳統的結構與現代的結構重疊，權責混亂，而社會卻較重視傳統功能，現代結構卻淪為有名無實的形式。有時會呈現不同結構履行相同功能的情形，如臺灣有傳統的農會履行現代銀行的金融功能，是為「結構重疊」；有時則呈現一種結構履行不同功能的情形，如同鄉會平時是聯誼性質，選舉時則扮演輔選功能。

❸ 形式主義（Formalism）

形式主義，是指理論與實際的脫節，也是應然與事實的差距。差距愈大，制度的形式主義性質也愈濃厚。例如，我國政府的法律與政策，愈到地方就愈流於形式，像是騎機車戴安全帽或汽車後座繫安全帶皆如此。此外，社會重視文憑、證書，而非實際的做事能力，是謂「文憑的形式主義」；選舉只是有名無實的形式，是謂「選舉的形式主義」。官員有時完全墨守法令，有時又漠視法令，端視守法是否能維護自己的利益而定，使法令形同具文。

此外，雷格斯使用了一些創生字來形容開發中國家的各種現象；例如以「沙拉」（Sala）形容政府機關，意思是「大型而重要的決策場所」，卻不是專業分工的「官僚體制」；以「市集」（Bazzar）和「有限市場」（Canteen）形容稜柱社會的市場，缺乏已開發國家的價格機制。

雷格斯的生平

| 1917 年生於中國江西省，其父為來華傳教士 | 1952 年發表《國民政府統治下的臺灣》 | 1957～1959 年前往泰國與菲律賓進行研究 | 2008 年逝世於夏威夷 |

| 1935 年回到美國，1948 年獲得哥倫比亞大學博士學位 | 1955～1956 年於耶魯大學開設全美第一門以開發中國家為焦點的比較行政課程 | 1964 年發表《開發中國家的行政：稜柱社會理論》；1973 年發表《再論稜柱社會》 |

鎔合 ── 稜柱 ── 繞射模型

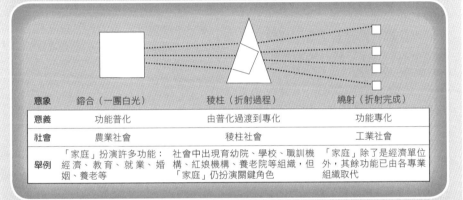

意象	鎔合（一團白光）	稜柱（折射過程）	繞射（折射完成）
意義	功能普化	由普化過渡到專化	功能專化
社會	農業社會	稜柱社會	工業社會
舉例	「家庭」扮演許多功能：經濟、教育、就業、婚姻、養老等	社會中出現育幼院、學校、職訓機構、紅娘機構、養老院等組織，但「家庭」仍扮演關鍵角色	「家庭」除了是經濟單位外，其餘功能已由各專業組織取代

已開發國家與開發中國家的行政文化

	行政文化的特徵	意義
已開發國家	理性主義	依據理性與科學決策，而非感情或偏見。
	功績主義	用人唯才，依能力與成就獲得任何與升遷機會。
	相對主義	任何價值都是相對性的、流動性的，避免教條化。
	冒險主義	能不斷求新求變。
	事實主義	追求客觀的事實依據。
	行政中立	政治與行政互不干預。
開發中國家	因緣主義	強調特殊人際關係，人事政策並不公平。
	權威主義	重視統治與被統治者的垂直關係。
	家族主義	強調和諧，常將公與私混為一談。
	人情主義	重視人情關係與主觀偏見，重然諾而非使用契約。
	形式主義	重視法令形式、程序、慣例等，易形成教條化。
	官運主義	升官與否在於個人官運，而非能力。
	通才主義	覺得官大學問大，官位愈高愈能處理一切。
	特權主義	將出任官職視為光耀門楣的象徵或爭權奪利的工具。

UNIT **4-4**
權變理論

權變就是「通權達變」；權變理論（Contingency Theory）是對現有知識提供新的詮釋架構，認為組織應按特定環境，採取適當的組織型態及管理方法；換言之，管理理論之有效性，會因人、事、時、地而有所不同，並不存在最好的組織或最好的管理，好的組織方法就是看組織所處環境的本質而採取因應對策。

權變理論的學術地位奠基於柏恩斯（T. Burns）與史塔克（G. Stalker）於1950年代對「機械式」與「有機式」組織的區別，他們認為處於變動環境中的組織，就應該採取更為靈活的管理方式，是為「有機式組織」；處於穩定環境中的組織，就適合採取層級節制的「機械式組織」；所以，組織的管理方式要依所處環境而機動調整，過去科學管理所強調的「最佳方法」或行政管理學派追求的「放諸四海皆準」的行政原則都是不切實際的。

權變理論特別強調組織的多變性，同時也試圖瞭解組織如何在特定的環境及不同的條件下運作，所以權變理論的最終目的在於設計及應用最適合於某些特定情況的組織設計與管理方法，其主要內容可歸納為：

(一) 否定「兩極論」

權變理論認為組織既非完全封閉、亦非完全開放，而是一個自封閉到開放的連續體（Continuum），只是封閉或開放的程度有別。人性既非完全性惡，亦非完全性善，而是隨著每一個人的人格特質、工作性質、地位高低以及需求差異等因素而有差異。所以，管理方式應視環境的影響程度與員工個別因素而有所不同。

(二) 彈性的重要

權變理論揚棄過去學者尋求「唯一最佳方法」（One Best Way）的企圖，任何方法不見得絕對有效，也不見得絕對無效，端視各組織的實際狀況與環境條件而定。

(三) 殊途同歸性（equifinality）

當生態環境不同時，所採用的方法亦應不同，故組織應經充分研究後選擇最適合本身情況的方法，不必也不應拘泥於某一原則，只要能達到組織目的之方法都是好方法。相當於西諺：「條條大路通羅馬」，及中國大陸名言：「不管黑貓白貓，會捉老鼠，就是好貓」。

(四) 效率與效果並重

在權變觀念下，最理想的管理乃是效率與效果（效能）（efficiency and effectiveness）的兼顧。

(五) 管理階層的差異

對於技術階層的管理，應注重技術、設備及物質條件的改善。對於協調階層的管理，應注意法規的合理、組織結構的健全、管理方法的效果、溝通協調系統的暢通等。對於策略階層的管理，應重視決策制定理性化的程度、對環境的適應、領導能力的提高與目標及價值的追求等。

(六) 「若……即……」（If…… Then……）的解釋

「若」是自變數，「即」是依變數；在管理環境中將有許多「若……即……」的關係，管理人員必須確實瞭解所處的情境，而選擇適當的處理方法。

有機式組織 vs. 機械式組織

❶ 有機組織與機械組織的差異

組織特徵	有機式組織	機械式組織
控制幅度	大	小
層級劃分數目	少	多
管理人員人數	少	多
決策的集權程度	低	高
不同單位人員的互動比例	高	低
正式法令規章的數量	低	高
工作目標與必要活動的明確性	低	高
意見溝通的內容	忠告、消息	命令、決定
報酬的差距	小	大
技術的差距	小	大
權力的基礎	知識	地位（職位）

❷ 機械式管理與有機式管理的差異

管理型態	機械式管理	有機式管理
環境性質	穩定	多變
管理重點	效率	彈性
管理方法	強調工作常規與各種規章程序	強調較少的細節與規章程序

殊途同歸性（條條大路通羅馬）

理論	傳統理論與修正理論	權變理論
內容	追求最佳方法（萬靈丹），故解決問題的有效方法只有一個。	追求有效方法（適應環境），故解決問題的方法不只一個。
目的	最佳方法就是唯一方法 現況 ➡ 目標	方案C ➡ 目標 ⬅ 方案A 方案B ➡
主張	最佳方法往往是指最有效率的方法，例如從臺北到高雄，最快的方法是搭高鐵，故高鐵是唯一選擇。	從臺北到高雄，高鐵固然最快，但搭火車可看風景、搭客運可省錢，都是可採行的方案，應視個別需求而定。

知識補充站 ★「若……即……」（If……Then……）的關係

在 1996 年時，由於「兩國論」的影響，發生著名的「台海飛彈危機」。當時我國總統李登輝先生針對中共進行飛彈試射的各種可能，提出「十八套劇本」的說法，意即我方已假想了各種可能的情況，而預擬了十八種應對方案。此即「若……即……」（If……Then……）關係的運用實例，可見權變理論不是「船到橋頭自然直」，而是準備周詳的深謀遠慮。

UNIT 4-5
整合理論時期的檢討

圖解行政學

系統與權變的觀點在 1960 年起蔚為風潮，當時著名管理學者孔茲（H. Koontz）撰寫〈管理理論的叢林〉一文，認為管理學的發展自科學管理以來，呈現一場叢林混戰；至 1960 年時，則由「程序管理」（源自行政管理學派）、「系統途徑」與「權變途徑」三者各領風騷。不過在行政學中，由於 1960 年代末期對行政與政治關聯性的反省，興起新左派與新右派，學者走出組織理論的窠臼與象牙塔，系統與權變的論述變成一種「常識」，不再是公共行政學術研究的焦點。

(一) 系統途徑的貢獻

系統與權變觀點對組織理論的貢獻包括：

❶ 認清組織與環境的關聯性，瞭解組織運作是一個內、外互動的體系。

❷ 藉由環境與次級系統的分析，納入傳統理論時期與修正理論的觀點，將之視為次級系統，成功整合了過去的組織研究成果。

❸ 強調環境對組織的影響，提醒管理者必須注意環境的變化，以強化組織的適應性。

❹ 系統觀點將組織視為有機體，有助於發展各種彈性化的管理方式。

❺ 權變理論否定過去追求「最佳方法」的迷思，好的管理方法應視個別情境而定，例如人群關係學派強調民主、參與的管理，在緊急狀況或成員程度差異很大的團體，恐怕不見得有效。

❻ 生態學的觀點使我們知道制度的設計必須考量風土民情與文化背景，故政府必須設計符合國內社會的制度，而非一味抄襲西方社會，以免「橘逾淮為枳」或「畫虎不成反類犬」。

(二) 系統途徑的限制

❶ 開放系統理論或組織人口生態論太過於強調環境的變化對組織的影響，隱含「環境」是決定行動的因素。其實，組織也應在變動中積極塑造自我，而不是隨波逐流、照單全收，缺乏自主性，結果變成「畫虎不成反類犬」、「東施效顰」。我國一味抄襲西方教育模式的教育改革，未能深刻檢討我國文化的特色，終究弊端叢生，就是一個典型的例子。

❷ 系統途徑容易陷入「決定主義」（determinism），意即認為環境可以影響組織，但組織不能改變環境；而此種想法過於消極。

❸ 系統分析過於樂觀地認為構成系統的各個分子或次級系統會形成功能的互動與一致性，而忽略組織內部權力衝突、本位主義等政治面向。再者，組織有時就像隨機的鬆散耦合，若總想介入維持穩定的均衡，怕是太過理想化。

❹ 就公共行政而言，系統分析侷限在工具理性的思考，對於組織成員的主觀價值、行為意圖刻意忽略，無異忽視「組織以人為主體」的事實。

❺ 系統以「生存」為首要目標，視不符合預先規劃的行為皆為負面的偏差行為，個人行為的功能必須對組織生存有所助益，且要符合角色，否則即被視為「乖離的」行為。這種維護組織利得，支持統治者的權勢，和講究「目的使手段合理化」的思維，難免陷入「正當性」的挑戰，有助於維護既得利益者，卻很少論及衝突、參與及諮商的功能。

整合理論時期的管理學發展

孔茲認為管理學的發展源自工業革命，以 1911 年泰勒的「科學管理學派」為出發點，追求管理效率；並隨即發展出探討管理本質的「行政管理學派」及探討工作關係的「人群關係學派」。上述三者在 1930 年代又各自衍生出強調計量工作管理的「管理科學」、精進組織理論與管理的「行政科學」，及關注人力資源管理的「行為科學」。唯至 1960 年，能夠帶領管理學走出上述迷惘叢林的學說有三：一是源自行政管理與行政科學的「程序取向」；其餘則是 1960 年代興起的「系統取向」與「權變取向」。而其中又以程序取向最能做為管理理論的代表。其實，可溯源自費堯、古立克等人的程序取向，一直以研究組織設計為主，相當於現今我們所學的「管理概論」。

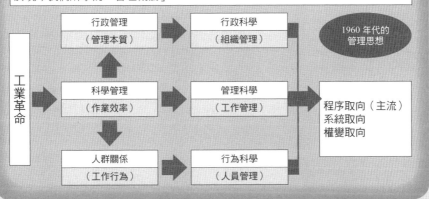

系統觀的修正──組織的人口生態觀與組織生態學

系統論源自生物學，在組織理論中有兩派說法：其一受達爾文「物競天擇」的影響，強調組織必須隨環境而改變，其引用人類基因隨環境而變化的人類生物學觀點，稱為「組織的人口生態觀」（the population ecology view of organization），是一種消極的「宿命論」。另一派的觀點則認為組織是可以改變環境的，具有積極創造的意涵，稱為「組織生態學」（organizational ecology）；近年著名的企業管理理論「藍海策略」即源於此。

	組織的人口生態觀	組織生態學
核心	物競天擇、自然淘汰	組織間可透過合作以創造共享的未來
意義	「環境」是組織生存的關鍵因素，決定優勝劣敗。	組織在複雜的生態體系中，與其他組織共生，可主動去影響其他組織，進而影響環境。因此組織的世界是既合作又競爭的，會團結起來以強化整體利基。
啟示	① 組織具有惰性，會設法避免環境變化對組織的影響。 ② 產業或組織會因環境變化而興衰。 ③ 組織會設法獲取資源利基的優勢，以超越競爭對手。 ④ 組織會在關鍵利基和資源依賴型態變遷中加以調適，維持生存。	① 重視外在環境的變化、組織的生存與演化，因此管理者的主要工作在適應環境的變化。 ② 對組織發展的理論與實務提供生態學的基礎；是一種對組織生態的創新觀點。

第 **5** 章

左、右之爭

●●●●●●●●●●●●●●●●●●●● 章節體系架構

UNIT **5-1**
當代行政學理論之發展

　　自威爾遜與古德諾的政治與行政分立論調後，行政學幾乎沈浸在古典管理理論與行為科學當中，僅有 1940 年代末期出現的比較行政與行政生態學是少數的例外。如此一來，固然從組織理論中累積了可觀的知識，卻也逐漸暴露出行政學本身獨特性不足、與社會實務脫節、忘卻公共價值等缺失，使行政學故步自封於學術象牙塔內，失去核心價值，產生學術認同危機。於是自 1960 年代起，反省聲浪逐漸浮現，而第一個被檢討的，就是最初的「政治行政分立論」。

　　政治行政分立論雖是行政學的源頭，也反映了 19 世紀末美國追求行政中立的努力成果；但事實上要徹底做到行政與政治互不干預，幾乎是天方夜譚。首倡「代表性官僚體制」的英國學者金斯萊（Kingsley）曾說：「要求公務員政治中立，無異是要他們出家當和尚」。此外，1930 年代的大蕭條與羅斯福總統的新政（New Deal）造就了行政學研究對政治的興趣，政治與行政二分法不再受到普遍推崇，公共行政的理論與實務開始遠離「中立」而走向「政治」。儘管如此，行政學仍朝向獨立之路邁進，因為新政與二次大戰對公共行政的理論與實務均產生了非常重大的影響。一方面是新政的實施，導致政府規模與權力不斷擴張，形成瓦爾多所謂的「行政國」現象。其次是人們對政府的期待升高，幾乎很難再將企業管理的純粹效率原則運用於政府部門的管理，因為政府畢竟不是企業。如同艾波比（P. Appleby）在《大民主》中所說，政府至少有三個面向是其他所有機構無法比擬的：一是範疇、影響與考量的廣泛性；二是具有公共責任；三是明顯的政治特徵。因此行政與政策制定與執行關係密切，公共行政是政策制定與管理的混合體。

　　然而，處理公共行政與政治的接軌問題，卻使行政學出現分歧之勢；首先是瓦爾多注意到行政學正處於一個「革命的時代」，於 1968 年召集了一批青年學者在紐約雪城大學的明諾布魯克會議中心（Minnowbrook conferencesite）召開學術研討會議。會議的目的是要討論公共行政學應該研究的問題，以及做為一個獨立學科，應該如何迎接 1970 年代的挑戰；而會議的主軸聚焦於規範理論、哲學思考、社會關懷以及行動主義，內容收編於馬里尼（F. Marini）的《邁向新公共行政：明諾布魯克觀點》（1971），因此稱為「新公共行政」，即為行政學中的「新左派」思想。

　　另一支學派也在此時紮根，經濟學家杜洛克（G. Tullock）和布坎南（J. Buchanan）於 1965 年成立公共選擇學會（Public Choice Society），用經濟學的研究方法去研究習慣上由政治的問題。這種經濟掛帥的思維促進 1980 年代大規模的公共事務民營化，以及引進市場機制與企業方法管理政府，使專業公部門經理專注於機關績效。這股風潮造就了 1980 與 1990 年代的精簡政府改革運動。這場以權力下放、解除管制、市場導向為價值取向的政府再造運動持續至今，稱為「新公共管理」，即為行政學中的「新右派」思想。

行政學發展的分歧

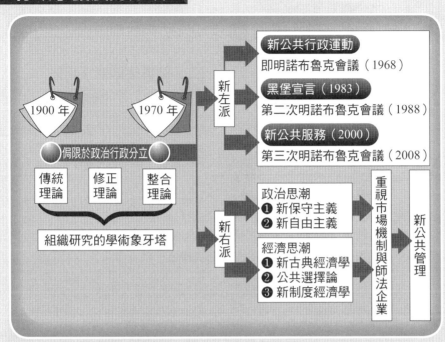

新左派
- 新公共行政運動
  即明諾布魯克會議（1968）
- 黑堡宣言（1983）
  第二次明諾布魯克會議（1988）
- 新公共服務（2000）
  第三次明諾布魯克會議（2008）

1900 年　　1970 年

侷限於政治行政分立

傳統理論　修正理論　整合理論

組織研究的學術象牙塔

新右派
政治思潮
❶ 新保守主義
❷ 新自由主義

經濟思潮
❶ 新古典經濟學
❷ 公共選擇論
❸ 新制度經濟學

重視市場機制與師法企業

新公共管理

「左」與「右」之區別

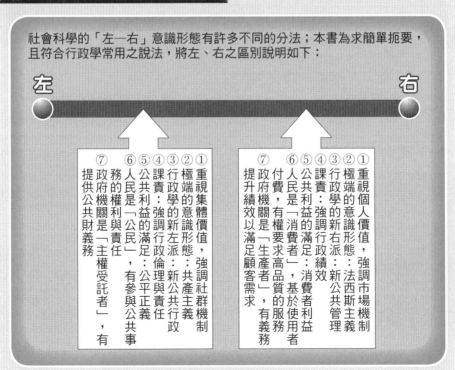

社會科學的「左—右」意識形態有許多不同的分法；本書為求簡單扼要，且符合行政學常用之說法，將左、右之區別說明如下：

左　　　　　　　　　　　　　　　　**右**

左：
① 重視集體價值
② 極端的意識形態：共產主義
③ 行政學的新左派：新公共行政
④ 課責：強調行政倫理與責任
⑤ 公共利益的滿足：公平正義
⑥ 人民是「公民」，有參與公共事務的權利與責任
⑦ 提供公共財是政府機關是「主權受託者」，有義務

右：
① 重視個人價值
② 極端的意識形態：法西斯主義
③ 行政學的新右派：新公共管理
④ 課責：強調行政績效
⑤ 公共利益的滿足：高品質的服務
⑥ 人民是「消費者」基於使用者利益，消費者有權要求高品質的服務
⑦ 提升績效以滿足顧客需求，政府機關是「生產者」，付費，使用者有義務

UNIT 5-2
新公共行政運動

1960 年代的美國，面臨越戰、種族衝突、都市暴動等環境變化，造成秩序動盪與不安，而當時公共行政的研究範圍卻只關注於預算、人事和組織管理等內部問題，很少涉及政策研究，例如：國防、環境、經濟及都市政策等，導致行政學關在自己的學術象牙塔中，與真實社會的需求脫節。此外，當時美國的公共行政研討會中，與會學者皆在四、五十歲以上，幾乎沒有年輕學者；美國《公共行政評論》也經常是年紀大的學者在自說自話，沒有觸及問題的核心。

有鑑於此，學者瓦爾多認為公共行政正處於一個「危機四伏且問題急迫的時代」，基於個人責任心的驅策，他邀請 33 位年輕學者齊聚紐約州的雪城大學明諾布魯克會議中心，以學術研討會的形式討論公共行政所面臨的問題，以及未來應發展的方向。研究成果於會後由馬里尼（Frank Marini）編成《邁向新公共行政：明諾布魯克觀點》（1971）；此即為「新公共行政」（New Public Administration, NPA）。

明諾布魯克觀點的主要特徵為：

(一) 趨向入世相關的公共行政

傳統的公共行政建立於技術理性，專業知識僅為一種手段或工具，侷限於不問蒼生的學術象牙塔。但今後公共行政應致力於研究動盪時代的相關問題，如分權、組織演化及參與觀念等與公眾生活相關的問題；並開發更多的學術相關領域；以及研究與行政實務者相關的課題，如設計計畫預算制度（PPBS）、如何分權化和具有參與管理精神等。

(二) 倡導後邏輯實證論

過去實證主義的行政學研究，侷限在資料的蒐集與統計分析的經驗性理論，所建構的理論不但是偏頗的，亦是脫離實際的，更忽略了行政理論建構所必須注意的政治和道德本質。但社會科學當時的發展有出現哲學復興之勢，如存在主義、現象學、批判理論等等，可作為公共行政的研究與教學基礎，故新公共行政應以「社會公正」為學術研究的主要價值，反對邏輯實證論的價值中立觀，行政學者與其他社會科學家應以其專業知識與良心從事價值判斷，促使社會公道的提升。

(三) 適應動盪環境

行政理論與實務應強調社會的複雜性與互賴性，坦誠地面對實際問題，讓民眾參與決策，鼓勵外界與政府的互動關係，提供行政機關與社會民眾進行「政策對話」，以解決問題。

(四) 建構新的組織型態

傳統的科層體制有穩定的能力，但已經不足以滿足當代社會之需求。故應補以「協和模式」（consociated model）的組織型態；這是以結構彈性的組織取代科層組織，強調組織與其環境系統相互交流，擴大參與。

(五) 發展受益者導向的公共組織

組織必須以服務對象為重心，目標應與受益者需求密切相關，故必須建立一個蘊含社會正義的受益者導向之公共組織。如同傅德瑞克森（Frederickson）所言，新公共行政的基本要旨是：經濟、效率和增進社會公平。

瓦爾多的生平

1913 年生於美國內部拉斯加州

1946 年任教於柏克萊大學；1948 年發表《行政國：美國公共行政的政治理論研究》

1968 年召集年輕學者舉行明諾布魯克會議，自詡為新公共行政

2000 年逝世

1942 年獲耶魯大學博士學位

1967～1979 年在紐約州雪城大學任教；其間發表《當代發展行政的面向》、《動盪時代的公共行政》、《公共行政的事業》等重要著作

1975 年感嘆行政學面臨認同危機

傳統公共行政與新公共行政的比較

傳統公共行政的活動只限於組織內部的管理，一味追求效率，而忽略公共行政的「公共性」。新公共行政則強調審時度勢，可視為「變化萬端的行政」。全鍾燮比較二者的核心假定差異如下：

傳統公共行政	新公共行政
政治與行政二分	政治與行政的相互關係
行政中立	倫理責任
效率與生產力	有效的問題解決
集權與控制	分權與參與
功能維持	功能與職責的重新設計
廣博的、理性的計畫	參與性的社會計畫
被動性的問題解決、變遷和學習	主動因應問題解決、變遷和學習
事實與價值二分	事實與價值的批判檢視
強調特殊利益團體的影響	強調多元和參與的民主
注重專家在政策分析中的角色	著重公民參與社區問題解決
垂直性的協調與權威關係	水平性的合作與人際的互動網路
在資源豐富下達成組織成長	在有限資源下追求卓越成就
資訊累積	資訊分享與網路交流

UNIT 5-3
黑堡宣言

美國自「新政」後的大政府現象自1970年代出現嚴重危機，隨著福利國家的政策失敗，全國瀰漫著一股反官僚、反權威、反政府與批判官僚的風氣，常任文官被視為政策失靈的替罪羊。如1981年美國總統雷根在就職演說中說到：「政府不是解決社會問題的工具，因為政府本身就是社會問題」。公共行政在治理過程中的地位日益低落，民眾對政府的改革充滿無力感。此時維吉尼亞州立大學教授萬斯來（Gary L. Wamsley）（宣言的首席作者）在1982年與同仁顧賽爾（Charles T. Goodsell）、羅爾（John A. Rohr）、懷特（Orion F. White）與沃夫（James F. Wolf）等四位教授交換意見後，以顧塞爾的《為官僚辯護》為楔子，以「腦力激盪」的方式對公共行政提出看法，接著在1983年發表〈公共行政與治理過程：轉變中的政治對話〉，即為「黑堡宣言」（Blacksburg Manifesto）。

黑堡宣言認為公共行政是憲政制度的一環，而非侷限於官僚的組織型式，欲落實新公共行政的理念，就必須恢復公共行政在「憲政制度」中的地位，以取得參與治理過程的正當性，故又稱為「制度背景的明諾布魯克觀點」。其主張可以歸納為四點：

❶ 行政人員是具有自我意識的公共利益受託者，而非完全毫無自主性地受制於制度結構的羈絆而「依法行政」。制度不合理時，依法行政只是「墨守成規」，不能實踐公共利益。因此制度雖會對行政人員的行動產生約束，但不應是全面性及絕對性的羈絆，行政人員與制度是相互影響的，此稱為「施為」（agency）觀點。所以行政人員應培養批判意識，致力於反省和實踐。

❷ 行政機關是一個具有專業能力來達成公共利益的制度性寶庫，其性質不同於追求私利企業組織，一味向企業學習未必會成功。

❸ 公共行政應成為憲政秩序下政府治理過程的正當參與者，是三權分立的「非戰區域」；憲法授予公共行政某些模糊的彈性和裁量權，使之能夠維繫憲政程序，避免憲政僵局造成公共利益的損失。所以公共行政和憲法上所列舉的其他部門一樣，形成「治理四權」──執政（總統及政務官）、立法、司法、行政（常務官）。

❹ 公共行政的權威在於政府治理過程中能涵蓋不同的利益，藉以促進公共利益的實現。公共利益的界定是一種「理想─過程取向」的途徑：

① 「理想取向」意指公共行政應提供表意機會平等的公共對話機制，讓所有政策利害關係人共享公共利益實質內涵的界定，避免弱勢或少數聲音，在多元主義的政治運作中遭到壓抑。

② 「過程取向」意指將關於公共利益的論述焦點置於公共對話的過程，而不是公共利益的具體內涵。換言之，公共利益是在具體的公共對話系絡中逐漸形成的，其實質內涵，可以隨著時空背景和參與者的需要，獲得更切合實際的調整。

這種對公共利益的界定方式，頗似當代「審議式民主」（Deliberative Democracy）的精神，可以避免專業宰制侵害民主原則。只不過，民意有時也會受到激情的影響，而未能做出理性的判斷，公共行政仍應在專業與民意之間取得平衡，過於偏向任何一方都不是好事。

新左派的發展

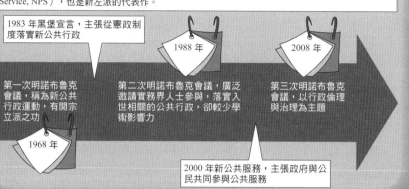

新公共行政以 1968 年的明諾布魯克會議為濫觴,在該次會議中,學者們相約 20 年後再見,於是 1988 年便有了第二次明諾布魯克會議;為維持這個學術界的傳統,雪城大學在 2008 年又召開了第 三次明諾布魯克會議。此外,還有黑堡宣言與丹哈特在 2000 年提出「新公共服務」(New Public Service, NPS),也是新左派的代表作。

1983 年黑堡宣言,主張從憲政制 度落實新公共行政

1988 年

2008 年

第一次明諾布魯克會 議,稱為新公共 行政運動,有開宗 立派之功

第二次明諾布魯克會議,廣泛 邀請實務界人士參與,落實入 世相關的公共行政,卻較少學 術影響力

第三次明諾布魯克 會議,以行政倫理 與治理為主題

1968 年

2000 年新公共服務,主張政府與公 民共同參與公共服務

明諾布魯克宣言與黑堡宣言的比較

比較項目	明諾布魯克宣言	黑堡宣言
時間	1968	1983
發起人	瓦爾多	萬斯來
地點	雪城大學明諾布魯克會議中心	維吉尼亞大學
研討方式	學術研討會	腦力激盪法
代表	傅德瑞克森、馬里尼等共 33 位學者	萬斯來、羅爾、顧賽爾、懷特、沃夫
主要論點	❶ 主張入世的公共行政 ❷ 倡導後邏輯實證論 ❸ 適應動盪的社會環境 ❹ 建構新型態組織(協合式組織) ❺ 發展以服務為中心的組織	❶ 行政人員為公共利益的受託者 ❷ 行政組織是達成公共利益的機構 ❸ 公共行政是憲政治理的正當參與者 ❹ 政府治理過程應代表多元利益 ❺ 與「新公共行政」理念上志同道合
共通點	公共利益、民主行政、關懷弱勢、行政人員是「主權受託者」	
重大影響	開宗立派,行政學取得獨立地位	強調憲政與民主行政

★「黑堡」的由來

一般地理上將「黑堡」(Blacksburg)譯為「布萊克斯堡」,是位於美國維吉尼 亞州蒙哥馬利縣境內的一個小城鎮。自 1970 年代維吉尼亞理工大學進駐後,方廣 為人知。黑堡宣言就是以該校地名而來的稱呼。

UNIT 5-4
新左派公共服務觀點下的文官與民眾

新左派學者主張，公共行政的要旨在提供人民可靠的公共服務，因此從公共服務的角度看待政府施政時，應著重三個面向的討論：一是「公共服務之脈絡」；二是「公共服務之人員」；最後是「公共服務之對象」。

(一) 公共服務之脈絡

新左派學者反對威爾遜將行政獨立於政治之外的觀點，認為此種觀點不僅悖離現實，更成為政務官與事務官互相推卸責任的藉口。因此他們主張「公共服務處於政治系絡之中」；其原因在於：

❶ 政府機關的決策者是由選舉產生或政治任命，所以公共服務的內容通常就是政治承諾的實現，不免帶有政治考量。

❷ 憲政體制的設計使行政部門必須與立法、司法等其他部門互動，其中的協商、遊說、妥協、結盟與利益交換等行為皆帶有政治影響。

❸ 戴伊（Dye）曾說，公共政策是利益團體競爭後的均衡，所以公共服務方案常是政治妥協後的產物。

❹ 基層公務員在執行公共服務時，常遭遇法令未明確規範的狀況，因而必須行使裁量權或運用協商溝通的技巧，使公共服務的執行實質上充滿政治內涵。

(二) 公共服務之人員

公共服務人員指的就是基層公務員，他們影響民眾對政府施政的認知與觀感，認定人民接受服務或遭受懲罰的資格，所以其角色非常重要。並且由於其面臨的現場狀況複雜，必須對個別情境進行判斷，必須具有裁量權，否則無法取得民眾的信任。讀者可想像社會

上的警察、社工、環保稽察人員等，他們都具有一定程度的裁量權，其行為也影響我們對政府的觀感與認知。新左派學者認為，如果基層公務員能以哈蒙（Harmon）所謂的「主動—社會的自我本質」（參見單元 1-10）作為本身定位的基礎，並與服務對象之間產生「我們關係」（we-relation）的同理心，則應可在治理過程中扮演積極的參與者角色。所以，公共服務人員應該以公共利益做為基本目標和準則，培養負責任的專業精神，提升本身的倫理修為，審慎回應人民的需求，才能扮演好「民眾受託人」（trustee）的角色。

(三) 公共服務之對象

公共服務之對象就是一般公眾，儘管對「公眾」一詞缺乏一致的界定（參見單元 1-5），但新左派學者多認為在公共行政的世界中，公眾應扮演「公民」的角色，也就是有能力與意願，基於公共利益，而投身於公共事務的人民。亞里斯多德（Aristotle）認為公民要有「實踐的智慧」，也就是達成良善社會的行動智慧，包括了「自主性」、「判斷力」以及「友愛的精神」。

新左派對公共服務人員角色的期許

新公共行政運動

社會公平的促進者	常任文官不應該因為行政中立而畫地自限,而應該去解決弱勢者所受的困苦與歧視,提升所有民眾的生活品質。
機關變遷的催生者	確保行政過程的公正性,設計制度以使發展機關具有社會敏覺心及社會責任感,例如主動進行民調或建立申訴制度等等。
代表性行政人	行政機關應走向代表性官僚體制,並重視被排除於政策制定過程的群體,如弱勢者或無利益團體代表者。
倡議性行政人	行政人員要站在其服務對象這邊,時刻反省機關的各項政策與方案,並鼓勵民眾參與決策過程。
非單一性行政人	行政人員往往需要扮演多重角色,例如:政策分析與規劃者、危機管理者、利益協調者……等等。只要是對公眾有益的角色,都應該去扮演。

黑堡宣言

執行並捍衛憲法	常任文官應對憲法及其揭櫫的憲政精神負責,而非盲目效忠於政治人物或盲目執行政策。
扮演人民受託者	常任文官是人民行使主權的受託者,於治理過程中扮演正當且重要的角色;不應屈服於政治壓力,而應考量長遠的公共利益。
扮演賢明少數	常任文官具備公共政策所需的專業知識與資訊,要能扮演睿智的「賢明少數」,以理性的態度說服政治人物與一般民眾,而非以專業宰制他們。
扮演多元利益的平衡軸	常任文官一方面必須回應環境,另一方面必須維持機關的觀點、公共利益以及憲政運作;因此必須在總統、國會、司法機關、利益機關之間,以其專業知識平衡各種衝突的需求。
扮演分析家與教育家	常任文官必須能為本身的決定提出說明與辯護,以增加政治首長、民意代表,乃至一般民眾對公共事務與公共利益的瞭解。

★我們關係

我們關係(we-relation)是一個社會學的用語,「我們」代表自身認定自己所屬的群體,對這個群體非常熟悉,所能感到安全自在。另一種相反的狀態是「他們關係」(they-relation),也就是自身不理解、難以預料的群體,自身會對「他們」感到懷疑、焦慮,甚至敵對。如果官員沒有同理心,會將民眾視為「他們」,也就是一群找麻煩的「刁民」,而自身則是擁有專業知識並自我維護的「專業群體」;那麼,政府距離真正的民意也就愈來愈遠了。

UNIT **5-5**
新右派的興起

英美等國在歷經了 1930 年代的二次大戰與經濟大恐慌之後，逐漸走向了事事干預的「萬能政府」，行政的規模與權力愈來愈大，而至 1960 年代「福利國家」時期達到高峰。爾後因政府債台高築、政策失敗，再加上 1970 年代初期的石油危機，終於使執政者改弦更張，走上了新右派的路。新右派強調市場機制、政府績效等偏向量化的指標，由於能充分反映時弊，成為近 30 年來英美等國的改革主流。以下分從政治思想、經濟思想與管理思想三個層面加以分析：

(一) 政治思想

就政治思想而言，新右派主要指：

❶ 新保守主義（Neo-Conservatism）

抱持「最小國家職權與最大個人自由」的政治主張，維護西方傳統強調個體自主性的價值觀，政府只提供必要的服務，鼓吹個人自主負責。此外，強調家庭、宗教與道德等傳統的重要性，主張自由市場的競爭機制，珍惜私有財產制度。美國總統雷根執政期間（1981～1988）不斷減稅，並縮減政府規模，可說是新保守主義的代表。

❷ 新自由主義（Neo-liberalism）

強調個人自主性與財產權，展現對自由市場的強烈偏好，認為在市場中極大化的自由權才是社會秩序與政策的仲裁者。國家的干預與徵稅，不只限制市場所能發揮的功能，更干預了私有財的累積，同時養成依賴性格，產生社會的失序與不公正。美國總統柯林頓執政期間（1993～2000）推動市場全球化，正是新自由主義的代表。

(二) 經濟思想

就經濟思想而言，新右派包括：

❶ 芝加哥學派

芝加哥大學是美國自由經濟思想的重鎮，傅利曼（M. Friedman）、海耶克（F. Hayek）、盧卡斯（R. E. Lucas Jr.）與布坎南（J. M. Buchanan）等自由派的諾貝爾經濟學家都與該校有關。而以傅利曼為首的芝加哥學派，主張資本主義、自由市場，關注政府失靈的問題，而嚴格限制政府的角色。

❷ 奧地利學派

以海耶克為首，強調自由市場，相信社會自發的秩序優於政府計畫的社會，社會主義的計畫型經濟也無法取代消費者需求變化的價格機能。

❸ 公共選擇論

以布坎南為首的公共選擇論，認為政府本身就是一個獨占者，由於官僚的自利性格，使他們在缺乏競爭的環境下，會形成過度浪費的現象。

❹ 供給面學派

深受雷根總統青睞的供給面經濟學由 1999 年諾貝爾經濟學獎得主孟岱爾（R. A. Mundell）為代表，此派認為稅率與生產力成反比，所以減低稅率是促進經濟的唯一有效方法。

(三) 管理思想

以新右派為基底的新公共管理，隨著政治與經濟思潮的改變而在公共行政中大行其道。史達林（G. Starling）將公共管理的內涵分為三大類：

❶ 方案管理：規劃、決策、評估、組織、領導與溝通。

❷ 資源管理：人力、財務與資訊等三大資源的管理。

❸ 政治管理：行政部門面對諸多參與者的不確定、多變性與矛盾性。

海耶克的生平

海耶克是新右派經濟思想的代表性人物，也是柴契爾夫人推動新公共管理改革的心靈導師。他曾說：「凡是獲得諾貝爾獎的人，必須宣誓不在自己的學歷以外對公共事務表示意見。」反觀臺灣社會，不僅電視名嘴似乎對任何議題都可以舌粲蓮花，某些學術桂冠的得主更任意地對非專業領域發表意見，導致許多扭曲的政策，實在令人感嘆「哲人日已遠，典型在夙昔」。海耶克傳奇的一生如下：

1899 年生於維也納學術世家；表哥為大哲學家維根斯坦

1931 年任教於倫敦經濟學院，爾後取得英國籍

1950～1962 年於芝加哥大學任教，從事哲學研究

1988 年撰《致命的自負—社會主義的謬誤》

1921 年和 1923 年分別獲得維也納大學法學博士和政治學博士

1931 年發表《價格與生產》；1944 年發表《通往奴役之路》，均為反對政府干預經濟的代表作

1974 年獲諾貝爾經濟學獎，成為首位獲得此獎的自由經濟學家

1991 年獲美國總統布希頒「總統自由獎章」；1992 年逝世

新右派所包含的政治、經濟與公共管理思想

新公共管理

政治管理
方案管理
資源管理

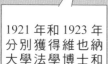

新右派

經濟思想

芝加哥學派
奧地利學派
公共選擇論
供給面學派

政治思想

新自由主義
新保守主義

UNIT 5-6
公共選擇論

公共選擇論（Public Choice Theory）號稱「政治學的經濟分析」或是「新政治經濟學」。根據布坎南（J. M. Buchanan）的說法，公共選擇論是經濟學在政治學中的應用，其主題包括國家理論、選舉規則、選民行為、政黨政治、官僚體制等等；爾後被歐斯壯引用為公共行政的「民主行政典範」的基礎。1979 年柴契爾夫人開始推動的新公共管理改革，更是從公共選擇論出發的具體實踐。

(一) 公共選擇論的產生背景

古典經濟學認為經由市場機能的運作，能達到社會資源的最適分配。唯自 1920 年代福利經濟學出現，開始注意到「公共財」與「市場失靈」的現象；1930 年代的「大蕭條」，更使主張政府干預的凱因斯學派取得經濟與政治的主導地位，凡與此相左者皆被視為異端。直到 1960 年代末期，美國出現「停滯性通貨膨脹」，再加上 1970 年代的石油危機，使經濟學家發現「政府失靈」的惡果比市場失靈更嚴重，實應思索針對政府經濟活動而建立一套行為規範，使政府的干預得以達到最適水準，公共選擇論便應運而生。

(二) 公共選擇論於行政學的應用

政治舞臺就是一個交易市場，可從供給和需求分析（圖示可見單元 1-10）。政治產品（公共政策）的需求者是廣大的選民和納稅人，供給者則是政治人物、官僚和黨派。公共政策是由「自利個人」所做的集體決定。公共選擇論認為，形成政府浪費與無效率的主因在於，政府本身是一個獨占者，再加上官員的自利性格，使政府成為一個為官員謀求自利的龐大機器。對於政府無效率的傾向，布坎南認為解決之道唯有制訂約束政府的制度，避免公務員以私害公，如引進市場機制、民營化、簽約外包、績效薪俸與績效獎金等都是重要的手段。相關的理論有：

❶ 尋租（rent-seeking）

「租」指的是高於正常所得的利潤；杜洛克（Tullock）指出，政府官員與民間的私利追求者，會彼此進行利益的交換；通常是民間人士承諾給予官員個人的好處，換取官員制訂種種保護特定人士的政策。如此一來，利益為這些私利追求者所享有，成本卻由納稅人分擔，形成「大眾悲劇」。例如有民代曾舉發某些私立大學喜好聘用教育部退休高官任教，而這些學校也常能順利通過教育部的評鑑審查或得到經費補助，是否即為一種「利益交換」？頗耐人尋味。

❷ 理性的無知（rational-ignorance）

黨斯（A. Downs）發現，理性自利的選民經常基於「機會成本」與「搭便車」的考量，而刻意在政治議題上保持冷漠。

❸ 官僚機構的運作

由於官僚的自利傾向，官僚機構往往呈現出下列運作法則：

①逐漸增強的保守主義：除非大幅度的變革，否則機關成立愈久就愈保守。

②層級節制法則：愈缺乏市場競爭的大型組織，愈趨向層級節制的控制。

③逐漸弱化的控制法則：愈是大型的組織，上級的控制能力愈低。

④帝國主義的擴張法則：行政機關通常都以擴大規模的方式進行革新工作。

⑤自我服務的忠誠法則：官僚只向掌控自己職務與升遷的機關表現出忠誠。

布坎南的生平

```
1919 年生於美
國田納西州

1962 年與杜洛克
合撰《同意的計
算》，探討投票
制度的問題

1979 年 發 表《自
由的限度》，探討
社會秩序與憲政

2013 年 逝 世，
被尊為「公共
選擇之父」
```

```
1948 年獲芝加哥
大學經濟學博士

1969 年在維吉尼亞理工學院
創建「公共選擇研究中心」

1986 年獲諾貝爾經
濟學獎
```

官僚人格理念型

「一個自利的個人不會因為穿上政府的制服，就從追求私利變成追求公益」。黨斯（Downs）假定官僚的動機可分成兩大類：一是基於自己的權力、財富、榮耀、便利、安全等「自利動機」，二是基於個人忠誠感、工作績效的自傲、滿足公共利益的慾望、對於特定計畫的承諾等「混合動機」；進而將官僚分成五大類：

自利

攀爬者（climbers）	只關心自己的權力、財富。
維護者（conservers）	希望變革愈小愈好，以維護既得利益。
狂熱者（zealots）	熱心推動自己所關心的計畫，以從中獲取權力。
倡導者（advocates）	關注在意的政策，以擴大自己在機關中的資源與地位。
政治家（statesmen）	透過權力的追求，實現具有公共利益取向的目標。

利他

★停滯性通貨膨脹（stagflation）

　　凱因斯學派認為失業率與通貨膨脹之間存在一種「抵換」關係；但停滯性通膨是指物價與失業率同時上升的現象，產生這種現象的原因主要是「預期心理」，即當政府為抑制通貨膨脹而採取緊縮貨幣政策，雖使失業率大幅提高，但社會大眾已事先預期通貨膨漲會持續下去，故將通膨因素考慮在未來的成本中，導致物價無法下降，失業率也居高不下。此外，在 1973 年到 1974 年間，因中東戰爭影響，全球物價受石油價格飆漲的壓力而大幅躍升，廠商因無法即時調整而進入衰退期，失業率大幅提高；這便是美國在 1970 年代所經歷的停滯性通膨。

UNIT **5-7**
交易成本理論與代理人理論

交易成本理論與代理人理論是新制度經濟學（New Institutional Economics, NIE）中相當核心的理論，這兩個理論都趨向將公共事務的執行交由民間辦理，以市場機制取代政府管制。以下從新右派的角度分別說明其觀點：

(一) 交易成本理論

交易成本（transaction cost）是買賣雙方交易過程中發生的成本，舉凡量度、訊息、議價、保障等都需要成本，而這種成本過去一直被古典經濟學忽略。交易成本觀念來自 1991 年諾貝爾經濟學獎得主寇斯（Coase）念大學時所寫的〈廠商的本質〉（1937），他認為市場機制如果是最好的資源配置機制，就不應該有廠商這種層級節制的組織存在。而廠商存在的原因，乃因市場中有「交易成本」，層級節制的組織是一種減少交易成本的工具。

寇斯在 1960 年發表〈社會成本的問題〉，認為造成市場失靈的外部性問題不一定要靠政府解決，只要市場上有明確、獨立且可自由移轉的財產權，就能使外部性的受害者得到合理賠償，解決市場失靈的問題。政府不用對市場進行管制，只要定出規則與制度，以降低市場中的交易成本，就能促進資源的有效運用。

(二) 代理人理論

代理人理論的全名是「委託人—代理人理論」（Principal-agent Theory），其假定委託人與代理人均為「自利而有限理性的個人」；當委託人尋找代理人，並授權其制定與委託人利益有關的決策時，便發生「委託—代理」關係。但委託人的授權並不保證代理人會替其獲利，反而會便宜了代理人而讓自己蒙受「代理損失」（Agency loss）。代理理論以委託人和代理人間的「契約」為分析單位，以制度安排來減少代理損失，維持有效的委託—代理關係。

依代理人理論，委託人與代理人之間的關係有兩種現象：

❶ 目標衝突

由於人人皆追求自利，委託人與代理人會有目標衝突；例如老闆（委託人）常希望員工賣力工作不加薪，員工（代理人）卻期待錢多事少責任輕。

❷ 資訊不對稱

實際負責執行任務的代理人通常擁有較完整的資訊，會藉資訊優勢來欺騙資訊居於劣勢的委託人；例如房仲業者（代理人）經常比顧客（委託人）更瞭解房屋的真實價格。

基於上述現象，代理人理論提到的兩個代理問題：

❶ 逆向選擇（adverse selection）

代理人刻意隱藏不利於自己的真實資訊，使委託人做出錯誤決策。

❷ 道德風險（moral hazard）

由於委託人無法時時刻刻觀察代理人的工作行為，代理人常有偷懶的機會，且試圖在工作中追求自我利益。

代理人理論認為克服代理問題之道，就是委託人與代理人簽訂契約，委託人提供代理人達成目標的誘因，如獎金或分紅，使雙方目標趨於一致。而政府作為納稅人的代理人，也和企業一樣會有代理損失，卻無法和公務員簽訂激勵誘因的契約；不如將公共服務交給企業執行，更能減少代理損失，擴張金錢價值。

交易成本觀念的實例說明

從交易成本看組織存在的原因	為何要有房仲業呢？如果每個想買賣房屋的人都得自己設法尋找交易對象，將是一件非常累的事；就算找到了交易對象，還要進行冗長的討價還價、房屋鑑定、相關法令的瞭解以及文書作業；交易完成之後，還要擔心房屋是否有狀況（如漏水、兇宅、如期交屋等），或買方的支票是否會跳票等問題。對不懂房市的人來說，所付出的交易成本將會非常高。因此當交易雙方覺得付給仲介的服務費低於自己進行交易所付出的交易成本時，房仲業者就會出現了。
政府降低交易成本的政策實例	我國房屋交易價格不透明，給了仲介業者哄抬價格的套利空間，一直為人詬病。因此內政部於 2012 年推出「不動產交易實價查詢服務網」，推動不動產交易與租賃實價登錄制度，讓交易價格資訊完全公開。如此一來，消費者便有了免費且具有公信力的交易價格資訊，壓縮房仲業的哄抬空間，房價就能較合理的呈現。這種政策就是在降低市場中的交易成本，效果比政府透過政策強行管制要好得多。

交易成本的類型

市場交易成本	❶ 準備簽約的成本（狹義的搜尋與訊息成本）
	❷ 完成簽約的成本（談判與決策成本）
	❸ 監督與執行契約義務的成本
	❹ 建立與維繫社會關係的成本
廠商內管理的交易成本	❶ 設立、維護或改變組織設計的成本，例如人事管理成本、訊息技術的投資等。
	❷ 組織運作的成本，可分為： ①訊息成本—決策、監督規則的執行、衡量員工表現的成本、代理成本、訊息管理成本等。 ②處理半成品所虛耗的時間成本、公司內部的運輸成本等。
政治交易成本	❶ 設立、維護、改變一個體系之正式與非正式組織的成本：包括法律架構、行政結構的設立，以及政黨和壓力團體的成本等。
	❷ 運行政治體制的成本：包括搜尋與訊息成本、決策成本、下達命令的成本、監督執行官方指示的成本等。

代理人理論

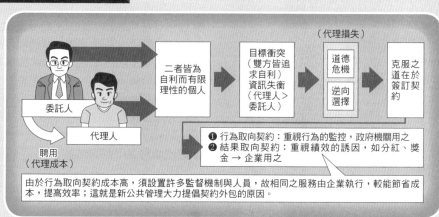

由於行為取向契約成本高，須設置許多監督機制與人員，故相同之服務由企業執行，較能節省成本，提高效率；這就是新公共管理大力提倡契約外包的原因。

UNIT 5-8
1980年代的新公共管理改革

(一) 改革之風吹起

基於新右派思想的新公共管理改革風潮，咸認為源起於 1979 年英國柴契爾夫人代表保守黨出任首相起，爾後此一風潮便擴及美國、澳洲、紐西蘭……等等以盎格魯・薩克遜民族為主的工業國家。這股風潮的形成原因可歸納為：

❶ 解決戰後協議的弊端

二次大戰後的英國，經濟上奉行凱因斯主義、政治上緊守福利國家與共識妥協，使利益團體成為政治要角，尤其工會動輒以罷工要脅政府投入大量資源進行勞工福利。以柴契爾夫人為首的保守黨強烈批評這種凱因斯主義、福利國家與集體主義；進而主張自由市場、個人責任與個人主義；他們認為非市場的國家力量會扭曲社會資源的有效配置，高稅率使「創造財富」的私部門被迫將資源移轉到「消費財富」的政府。唯有政府退出市場運作，讓市場機制解決經濟資源的配置問題。所以當她執政後，便採取海耶克等學者的「新古典經濟學」，擴大個人財產權與消費者選擇權，例如推動國營事業民營化、鼓勵政府採取企業經營模式、解除對私部門參與公共事務競標的管制，以及減少公共保險的支出等等。

❷ 經濟思潮的變遷

1970 年代的停滯性通貨膨脹，戳破了過去 30 年獨占鰲頭的凱因斯經濟學，取而代之的是偏好市場機制的新古典經濟學，尤其是其中的公共選擇論、交易成本論與代理人理論。這些理論扭轉了過去人們認為政府是「積極美德」的觀念，反而產生了「市場好、政府壞」的意識形態。

❸ 管理技術的演變

在知識經濟與全球化的時代，良好的管理知識是競爭力的來源。企業管理在資訊管理、品質管理與績效管理上累積許多知識，正好做為公部門借鏡的對象。

❹ 全球化的影響

由於跨國公司的興起，加上漸趨整合的經濟活動，以及通訊與媒體的全球化趨勢，全球化已成為不可逆的趨勢。在全球與地方壓力的交互運作下，各種政經活動漸趨趨國際化，無法以單一國家角度思考政策。所以國家必須加強在世界經濟體系中的競爭力，以致於必須改變政府的定位與功能，英國柴契爾首相與美國雷根總統乃選擇拋棄「福利國家」，走向「競爭國家」。

(二) 改革之風的影響

新公共管理在全球吹起政府改革之風，如民營化、分權化、精簡政府等等，可歸納出四大特色：

❶ 大量引進類似市場的機制

例如以契約取代管制，確保服務績效水準；或將民營化的契約公開給內部或外部市場競標。

❷ 強化管理與服務功能的組織分權化

由於資訊化、層級縮減、裁員縮編與管理功能的外部化等，使得公共組織從官僚體制走向扁平化與分權化的形態。

❸ 與改進服務品質的需求對話

品質為公共服務的核心，為了改進品質必須進行流程與組織的再造。

❹ 關注個別使用者的期望

消費者導向的公共服務，強調必須接近個別顧客，瞭解顧客心聲，即時回應顧客的願望與需求。

帶領 1980 年代新右派改革的政治領袖

執政者	柴契爾夫人	雷根
國籍與政黨	英國保守黨	美國共和黨
執政期間	1979～1990	1981～1988
意識形態	新自由主義	新保守主義
經濟財政	受新古典經濟學、公共選擇論與供給面經濟學影響，強調民營化、市場機制、控制貨幣、減稅。	以供給面經濟學為基礎，解除管制、推動減稅、刪減政府支出，落實市場經濟。
社會福利	縮減社會福利，導入市場機制，透過減稅創造誘因，以社區關懷、個人責任代替國家福利。	縮減福利政策，透過減稅創造誘因，主張以工作換取福利。
內政	新右派的改革理論。	權力下放各州，裁減聯邦文官。

支持新古典經濟學的諾貝爾經濟學家

自 1936 年凱因斯主張政府控制市場而成功挽救美國的經濟大恐慌後，凡與他相左的經濟思想，多被視為「異端邪說」。然而 1960 年代末期美國福利政策失敗，以及 1970 年代以阿戰爭引發的全球石油危機促使美國爆發停滯通膨，使這些自由派學者在 1970 年到 2000 年之間大放異彩，他們包括：

獲獎	學者	學派	代表主張
1974	海耶克 （F. A. Hayek）	奧地利學派	計畫性經濟是「到奴役之路」
1976	富利曼 （M. Friedman）	貨幣學派	長期而穩定的貨幣供給及自由開放的市場方可使經濟穩定。
1984	布坎南 （J. M. Buchanan）	公共選擇途徑 （公共選擇之父）	政府失靈比市場失靈更嚴重
1991	寇斯 （R. H. Coase）	財產權理論 法律經濟學	當交易成本降低與財產權明確，市場可以解決外部性問題。
1993	諾斯 （D. North）	新制度經濟學	政府只要降低市場交易成本，而非控制市場。
1995	盧卡斯 （R. E. Lucas, Jr.）	理性預期學派	由於消費者對通膨的理性預期，使政府干預經濟政策無效。
1999	孟岱爾 （R. A. Mundell）	供給面學派 （歐元之父）	透過降低稅率以促進投資，可刺激經濟繁榮。

UNIT 5-9
1990年代的政府再造

在 1980 年代的精簡政府浪潮後，新公共管理面臨了「空洞國家」（Hollow State）的窘境；意即政府過度精簡的結果，導致無法負起應有的公共責任。於是 1990 年代的執政者改弦更張，例如英國首相梅傑（Major）標舉強調政府服務品質的「公民憲章」；美國總統柯林頓則在 1993 年上任時，要求副總統高爾組織「國家績效評估委員會」，提出著名的「國家績效評估報告」（National Performance Review, NPR），這份報告以學者歐斯本（Osborne）與蓋伯勒（Gaebler）的《新政府運動》為藍圖，揭示「企業型政府」的主張，不僅主導了柯林頓時期的政府再造，更成為許多國家的仿效對象。

(一) 政府再造的策略

有別於傳統公共行政在大政府與官僚體制的前提下提升行政效率之「行政革新」；新右派的改革不但否定官僚體制，認為「缺乏消費者效益考量的生產者效率是沒有意義的」，更透過民營化與公私協力重新檢討政府的最適規模，因而不僅限於管理手段與技術的改革，故以「政府再造」（reinventing government）名之。新公共管理的政府再造致力於建立顧客導向的文化、精簡機關與人力、重視績效管理、權力下放給基層及社區、發展基層文官的能力，以及推動民營化的公私協力的手段。歐斯本與普拉斯崔克（Plastrick）在《解構科層體制》，歸納出五種策略，一般稱為 5C 策略：

❶ **核心策略**（core strategy）：公共組織的職能集中在領航，而非操槳；所以要簡併過多的業務，區分領航與操槳、管制與服務之職能。

❷ **效果策略**（consequence strategy）：建立公平、客觀及科學的績效管理及酬賞制度，使公部門重視績效成果而非投入過程。

❸ **顧客策略**（customer strategy）：以顧客導向的方式處理行政業務，以民營化提供顧客選擇權，並採取各項品質確保措施。

❹ **控制策略**（control strategy）：行政組織將決策權逐級下授以減少控制，包括：

①組織授能：組織的控制機制，如預算、人事及採購等，由中央機關下授至各級行政組織。

②成員授能：組織將決策權下授至基層人員，使其參與組織的重大決策。

③社區授能：政府將部分控制機制移轉到社區，使他們能解決自身問題。

❺ **文化策略**（culture strategy）：革新必先革心，改變行政人員的心思意念以及行為習慣，改變成員的工作內容、方法與態度，形塑成員的「贏家心態」。

(二) 政府再造的檢討

這波以新右派為基底的政府再造，已出現不少反省聲浪，例如顧賽爾提出「再發現政府」（1993）、丹哈特主張「新公共服務」（2000）；牛津大學的史塔克勒（Stuckler）與史丹佛大學的巴蘇（Basu）在 2013 年出版《失控的撙節》（The Body Economic: Why Austerity Kills）更是從實證研究說明政府撙節開支導致人民承受的惡果。凡此種種皆值得吾人重新省思是否受到美國文化霸權的過度影響，而應該尋找屬於我們自己的改革之路。

英國、美國與我國的政府再造

	英國	美國	我國
領袖	柴契爾夫人與梅傑	柯林頓	陳水扁與馬英九
核心	**柴契爾夫人：** 縮減政府規模與開支。 **梅傑：** 提升政府服務品質。	企業型政府 （Entrepreneurial Government）： 將企業精神注入 政府。	**陳水扁：** 民間能做的，政府不 做；地方政府能做的， 中央政府不做。 **馬英九：** 精實、彈性、效能。
代表計畫	**柴契爾夫人：** 續階計畫（The Next Steps, 1988）。 **梅傑：** 公民憲章（Citizens' Charter, 1991）	國家績效評估 （NPR, 1993）	四化策略 *
主要內容	① 續階計畫：以效率審 　查、市場測試與民營 　化等方式重組公部 　門。 ② 公民憲章：政府機關 　服務品質宣言。	① 清除官樣文章 ② 顧客至上 ③ 授能員工追求 　成果 ④ 撙節成本提高 　效能	行政院組織再造 **

＊ 註一：四化策略是指：
①去任務化：即「解除管制」；政府機關不再負責執行某些業務，以節約公帑。
②地方化：將中央機關的業務儘量交由地方政府辦理，使之更符合地域性及親近性。
③法人化：將原本由政府負責的業務，改以公共法人來辦理，打破以往「政府—民間團
　體」的二分法，以引進企業經營的精神，朝向更為專業、彈性、有效。
④委外化：將業務委託民間辦理，其具體的實施方法包括業務外包、民間投資經營、
　BOT、公營事業民營化等，以提高資源運用的效率。
＊＊ 註二：行政院組織再造 —— 新的行政院架構（依行政院組織法）

行政院所屬組織	數量	機關名稱
部	14	內政部、外交部、國防部、財政部、教育部、法務部、經濟部、交通部、勞動部、農業部、衛生福利部、環境部、文化部、數位發展部
委員會	9	國家發展委員會、國家科學及技術委員會、大陸委員會、金融監督管理委員會、海洋委員會、僑務委員會、國軍退除役官兵輔導委員會、原住民族委員會、客家委員會
獨立機關	3	中央選舉委員會、公平交易委員會、國家通訊傳播委員會（NCC）
行	1	中央銀行
院	1	故宮博物院
總處	2	行政院主計總處、行政院人事行政總處

UNIT **5-10** 企業型政府

企業型政府是美國柯林頓總統在1993年到1998年推動政府再造的主軸，直到今日，仍是許多國家改造政府的指南。其主要的意義及原則說明如下：

(一) 企業型政府的意義

企業型政府（Entrepreneurial Government）源自歐斯本（D. Osbome）與蓋伯勒（T. Gaebler）合著之《新政府運動》（1992），意指「將企業精神注入政府部門，達成生產力的極大化；政府應由一群富有企業精神的企業型官僚所控制，他們將人民視為顧客，用創新的方法來處理有限資源，達到最大的效率與效能」。

(二) 企業型政府的原則

美國1993年國家績效評估（National Performance Review, NPR）的負責人副總統高爾曾說：「公務員是一群被不良制度約束的好人」。所以企業型政府以引進市場機制，減少程序管制為基礎，《新政府運動》中提出企業型政府的十項原則為：

❶ **導航型政府**：政府的角色是領航而非操槳；對公共問題的解決係處於引導而非事必躬親的角色。

❷ **社區型政府**：政府將控制權由官僚組織轉移至社區民眾，使公民能參與、監督政府與公共事務。

❸ **競爭型政府**：政府應將競爭觀念注入其服務與產出，以取代傳統的獨占。

❹ **分權化政府**：增加員工權限，鼓勵參與式管理，使基層能即時滿足顧客需求。

❺ **前瞻性政府**：政府重視策略思考與危機管理，以事前預防取代事後補救。

❻ **任務導向政府**：成員應認同目標，以有效配置資源，取代過去的法規控制。

❼ **結果導向政府**：政府應對其施政結果負責，並以之作為評量的標準。

❽ **顧客導向政府**：將資源集中於對顧客的服務，建立即時回應系統並提供多樣的選擇。

❾ **企業型政府**：政府除節流外，亦應考量如何開源，以解決財政困境。

❿ **市場導向政府**：市場機能優於官僚體制，故應設法以市場方式解決問題。

(三) 企業型政府的反省

儘管世界各國學習企業型政府的深度與廣度不盡相同，但總括來說，大致都有：重視創新與績效評估、實施授權與課責、進行成本效益分析、強調法令鬆綁、回歸競爭機制與消費者選擇權，以及著重顧客導向等等共同特質。也正因為其新右派色彩鮮明，而產生某些值得檢討之處：

❶ 文官的心態常是「明哲保身」，沒有強烈的誘因驅使他們以客為尊。若缺乏配套的誘因去改變官僚結構，任何政府再造終將淪為口號。

❷ 論者認為透過績效獎金之類的誘因就能建立文官的積極開創行為；然而政府績效不一定是「人」的因素，往往是系統本身的結構問題，這種結構問題涉及許多政治與文化因素，故改革並非一蹴可及。

❸ 企業型政府過度向市場學習可能導致角色混淆；因為公部門的公權力特質與公共利益屬性，會使得許多管制事務無法類比企業而行。

企業型官僚與民主政治的緊張關係

貝隆（Bellone）與葛爾（Goerl）認為企業型官僚與民主政治呈現下列緊張關係：

企業家的特質	對立	民主政治的特質
① 經營的自主性 ② 強調個人遠見		① 接受外部課責 ② 鼓勵民眾參與 ③ 決策資訊公開 ④ 公共財監護者

克服之道

尊重公民的企業精神

企業型官僚必須謹慎運用政治權威、遵循民主政治原則、貫徹行政責任、促進公民教育和公民參與

再發現政府

新左派學者顧賽爾針對企業型政府十項原則提出反駁，謂之「再發現政府」的十項原則：

❶	民眾應透過選舉的代議士來監管政府，而非仰賴企業家。
❷	政府旨在服務公共利益，而非創造盈餘或養成企業家的自我性格。
❸	政府必須依據憲法和法律來運作，而非只植基於目標與任務的陳述。
❹	政府和企業可以是夥伴關係，但應建立資深與穩固的夥伴，而非低價競爭。
❺	政府應該彈性和創新，但亦須接受公開的課責。
❻	政府應要求績效結果，唯亦應尊重實踐績效的員工。
❼	政府機關中的管理行為必須符合機會平等和公開檢查。
❽	法規可以簡化，但不能侵犯「對等待遇」與「正當程序」的原則。
❾	放寬財務運用的限制是可接受的，但不是指減少對公帑運用的監管。
❿	公共問題處理可以有創意，但不應對既得利益者有求必順。

 知識補充站 ★企業精神與企業型官僚

❶ **企業家精神**：法國經濟學家賽伊（J. B. Say）首先界定企業家精神，乃是企業家以創新的方法運用資源，使其達到最大的生產力和效能的動力。杜拉克（P. Drucker）則說，只要組織中存有鼓勵企業精神的機制，任何人都可以成為企業家；反之，若組織中盡是誘發官僚行為的制度，任何企業家也會成為僵化的官僚。

❷ **企業型官僚**（bureaucratic entrepreneur）：泛指在公共部門內從事構思、設計和執行革新理念的成員。其實，就是具有企業精神與行動力的行政人員。而作為一位優秀的高級企業型文官，應有五種特徵：①善用組織內部的資源及力量實現公共目標；②專精某些社會關注的領域，成為政策代言人；③善用各種影響力以爭取成功；④善用民意力量塑造捨我其誰的專業形象，以取得民眾信心；⑤設法擴展專屬的公共政策範圍，以獲得更多資源。

UNIT 5-11
民營化

民營化（privatization）的觀念源自管理大師杜拉克（P. Drucker）所著《斷續的年代》（1969）一書，原指公營事業的民營化。從柴契爾夫人執政期間大力推動英國公營事業民營化，繼而風行全球。唯若將民營化僅限於公營事業，則顯太過狹隘，故現今多以薩維斯（Savas）的定義「在各類公共活動及資產所有權上，政府角色的縮減，而私部門角色的增加。」為代表，泛指減少政府干預，增加私有機制提供公共服務的功能，以滿足人民之需求，故亦常將民營化譯為「私有化」。不過，民營化之公共責任仍由政府承擔，政府的角色是減少，而非消失，所要者僅是民間所展現的績效，因此唯有政府的能力及效率，才能保證民營化的成功。

引進民間企業代為執行公共服務，有下列優點：

❶ **彈性增加、成本降低**：民營化通常是選擇已具備經驗的組織辦理，政府可省卻一筆開辦費，並藉著人事的精簡而撙節費用。同時政府站在督導地位，可隨時評鑑服務績效。此外，民營化也省卻官僚化的程序約束，人力資源運用更具彈性。

❷ **借重民間專才**：民間機構對某方面領域有專門的知識和經驗，例如臺北醫學大學接受政府委託經營萬芳醫院與雙和醫院。

❸ **服務對象受惠**：民間組織的草根性及人事彈性，比較符合地方需求，也較容易滿足民眾需求，更有居民參與的象徵意義。

❹ **選擇性增加**：消費者可依本身的能力與需求購買服務，增加選擇的空間。

❺ **整合資源網路**：公共服務業務交由民間機構辦理，政府督導、協調工作，使資源不重疊浪費，亦可藉此建立社會資源網路。

❻ **資訊透明化**：藉由公共服務民營化的競標過程，政府必須公開全部成本及決策的相關資訊，從而加強民眾對政府的監督能力。

❼ **運作健全化**：公共服務交由民間提供，政府的功能只限於監督，不再是生產者，可避免球員兼裁判。另一方面亦可削減官僚體制規模，並藉由招標作業使政府客觀分析各項成本與收益。

❽ **帶來示範效果**：當公共服務缺乏競爭壓力時，政府機關便不思積極提升效能。但藉由某些公共服務的民營化，將可對政府形成壓力，例如高鐵出現後，台鐵也不得不改進其服務品質。

但是民營化不是公共服務的萬靈丹，例如我國 BOT 就有許多失敗經驗，2013 年臺北市雙子星開發案就是一例；通常論及民營化的限制包括：

①許多公共服務的提供往往為不完全競爭市場，即使民營化也可能產生自然獨占，其他廠商不易進入市場，也就無法產生競爭性，遑論品質的提升。

②民營化可能造成行政倫理的問題，如官商勾結，圖利少數人；或是廠商以提高價格或錦上添花的服務，形成對消費者的差別待遇。

③企業營運的保密程度遠高於政府，使政府與民間的監督力量不足，課責也變得更模糊。

④民營化的範圍多僅能限於例行性的、事務性的服務提供；涉及主權行使、公共管制、國家安全等性質的業務，也不適合民營化。

民營化的類型

薩維斯（Savas）認為民營化有撤資、委託及替代三種類型：

政府主動進行	撤資	出售	政府出售公營事業股權。
		無償移轉	政府將公營事業贈予新的經營者。
		清理結算	政府將經營不善的公營事業，以削減預算、關閉及出售資產等方式退出市場。
	委託	特許權	政府提供經營權給業者，但政府保留「價格之核准權」，而費用由使用者付費。如公車、有線電視。
		抵用券	由政府發給符合資格的民眾，以指定消費某類貨品，如食物、房租。如消費券、早餐券、糧票等。
		補助	由政府透過免稅、低利貸款、直接補助，形成「誘因」。如購買節能家電可獲 2,000 元補助金。
		契約外包	政府將部分貨品或服務委請民間提供辦理。
		強制	由政府以命令方式要求私部門支付強制性之服務。如失業保險金。
政府被市場所迫	替代	功能不足	當政府不能滿足社會，而企業意識到此種需求，提供生產或服務以滿足社會大眾。如：警力不足時便有保全業出現。
		退離	因私人企業規模及市場占有率逐漸擴張，公部門縮減規模及資源之投入。
		解除管制	修法以允許企業參與原本由公部門獨占之市場。

BOT 的意義

BOT 是「興建─營運─移轉」（Build-Operate-Transfer），為常見的民營化方式，分成三個部分：

興建（Build）	由民間企業負責出資興建某種原本屬於公共財的建設。
營運（Operate）	政府不負擔建設費用或僅出資一小部分，故政府以契約和該企業約定，在該公共設施興建完成後，可由該企業營運一定之時間以賺取報償。
移轉（Transfer）	由於該建設的本質仍屬公共財，故在契約期滿後，企業必須將該建設交還政府經營。

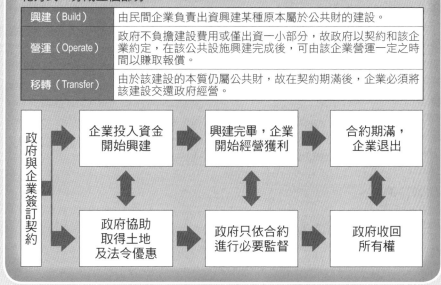

UNIT **5-12**
非營利組織

(一) 非營利組織的意涵

非營利組織（Nonprofit Organization, NPO）是「法律禁止將剩餘收入或利潤分配給領導者與員工，而運用於其未來服務或資助對象的組織」；又稱為「第三部門」（政府是第一部門、企業是第二部門）。NPO 的基本特徵包括：①是正式的組織，具有法人資格；②是民間的組織；③不能進行利益的分配；④能自己治理而不受外在團體控制；⑤是志願性的團體；⑥通常具有公共利益的屬性；⑦收入依賴募款能力而非績效；⑧強調服務及行動取向；⑨通常是扁平式的組織，較少層級節制；⑩低度的手段理性，但高度團結一致。

(二) 非營利組織的類型

將 NPO 分類的方法相當多，比特（Bitter）與瑞得（Rahdert）的分類可說是單純而有效的，他們將 NPO 分成兩種：

❶ 公益型的非營利組織

如慈善組織、教育文化組織、科學組織、宗教組織、社會福利組織及私人基金會、政治團體等，大多具有公益性質，是我們一般所說的 NPO。

❷ 互益型的非營利組織

如俱樂部、合作社、工會及商業團體等組織；雖然這些組織多為自身會員謀取利益，很多都是「利益團體」，但它們多不從事營利行為或利潤分配，所以仍屬於 NPO。

(三) 非營利組織的理論基礎

❶ 志願服務理論

志願服務論者相信利他主義，即個人可以從服務他人中獲得快樂，所以由於志願工作者係本著自由意志與積極奉獻的精神，以及社會責任感的激勵，並非來自有形的金錢或物質報償。

❷ 社群主義

社群主義論者期望在利他主義的引導下，建立共同體成員之間的信賴關係，培養其社群意識，故反對個人主義和利己主義，不同意任由市場機制做為社會資源的分配手段；而社群主義需要非營利組織的存在才能實踐。

❸ 市場失靈與政府失靈

古典經濟學家相信自由市場是社會資源分配最有效率的方式，但 1930 年代的大蕭條，使主張政府干預的凱因斯學派獨領風騷 30 年。至 1960 年代末期，政府干預的反功能紛紛浮現，人們發現政府失靈比市場失靈更可怕。於是人們期待既不追求利潤，也無需向選票低頭的 NPO 能擔負更多的公共服務。所以當市場與政府盡皆失靈時，NPO 便可趁勢興起以彌補人們生活的缺口。

❹ 第三者政府論（third party government theory）

該理論由薩拉蒙（L. M. Salamon）提出，他對前述的市場失靈與政府失靈論調表示懷疑；因為 NPO 比政府機關更彈性、更熱忱、更有創意，所以美國人對 NPO 的信賴遠高於市場和政府，成為人民選擇公共服務提供者的優先選項，唯有「志願服務失靈」時，人民才讓政府替代 NPO。

我國民法對非營利組織的歸類

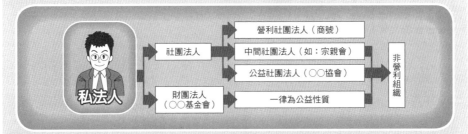

財團法人與社團法人的區別

根據我國民法，財團法人和社團法人的差異如下：

	社團法人	財團法人
組成主體	多數人之集合體	財產之集合體
成立基礎	社員總會	捐助章程
存在目的	公益或營利	公益
設立行為	公益法人需經許可	需經許可
章程變更	社員總會之決議	聲請法院必要之處分
解　散	隨時依社員決議解散	目的不能達到始能解散
性　質	自律法人	他律法人

非營利組織的功能

	功能	說明	舉例
❶	倡導創新與改革	NPO 往往實際促成社會態度變遷，並提倡相關政策和法規的修正。	董氏基金會促成煙害防制法
❷	維護社會價值	NPO 可提供人們教育及再社會化的機會，有助於維護民主理念及各種正面價值觀。	法鼓山文教基金會提倡「心六倫」
❸	提供社會服務	NPO 可以對政府當前無法實現的福利服務職責加以補充。	華山創世基金會對遊民的照顧
❹	提供參與管道	NPO 提供了一個鼓勵人民參與公共事務的管道，有助於提升公民意識與利他主義。	參加慈濟志工
❺	監督市場運作	NPO 能以中立客觀角度監督市場運作，提供消費者較完整之市場訊息。	消費者文教基金會監督市場商品
❻	支持少數族群	NPO 沒有退票壓力，可以為少數弱勢族群或特定區域代言，以爭取公平對待。	日日春關懷協會為公娼爭取權益

知識補充站　★志願服務失靈（voluntary failure）

薩拉蒙說 NPO 也常無法滿足社會資源的有效運用，即「失靈」，其原因有四：
❶慈善的不足：NPO 無法提供足夠的集體性財貨去滿足社會的全部需求。
❷慈善的特殊主義：NPO 會偏向某種特別的受惠對象，造成服務資源不夠普及、重複的服務或差別待遇的情形。
❸慈善的父權主義：NPO 的服務對象及目標的訂定，常受捐助者所左右。
❹慈善的業餘性：NPO 經費募集不易，往往只提供低薪或無給職，較難吸引專業人才，易導致服務缺乏專業性。

UNIT **5-13**
社會企業

社會企業這種介於第二部門（私人企業）與第三部門（非營利組織）之間的組織型態，在改變孟加拉銀行制度的葛拉敏銀行（Grameen Bank）成功，並獲得諾貝爾和平獎的光環加持下，已成為新的關注焦點。2013 年時英國已有七萬間社會企業，對其經濟貢獻達 187 億英鎊，共僱用了將近 100 萬名員工；社會企業的生產總值約 240 億英鎊，已在英國年度 GDP 中占了 1.5%。行政院曾將民國 103 年定為「社會企業元年」，可見近年在歐美蔚為風潮的社會企業（social enterprise）也已受到我國政府重視。

(一) 社會企業的發展背景

當 1980 年代新右派思潮興起後，非營利組織的公益屬性使其成為治理過程中，政府與企業以外的「第三部門」。但是，非營利組織的經濟來源多是被動的仰賴外部資源贊助，近年在全球經濟不景氣、政府預算緊縮、民眾或企業的實質收入相對減少下，捐款日漸萎縮，致使非營利組織的經營愈來愈困難，勢必得擺脫過度依賴外部資源的困境，創造自給自足的經濟價值。因此非營利組織的角色儘管仍被期待作為公益慈善活動的承載者，唯隨著時代社會的變遷，也勢必得追求經營效率的提升，以有效地運用有限資源。當前非營利組織朝向「社會企業」轉型，即為最常運用的手段。

(二) 社會企業的意義

社會企業著重實用性，在學術上沒有也不需要明確的操作性定義。因為社會企業的組織型態會隨各國政經文化的差異而有不同的發展方向。例如歐洲社會企業主要是從原有的合作社組織變革而來，同時也被用來解決大量失業的問題；美國的社會企業則源於國家對非營利組織的補助銳減，再加上創業精神育成的社會基礎設施日益建構完整，使非營利組織轉而從事商業活動以進行交叉補貼。

緣此，鄭勝分等學者提出以「社會企業精神」（social entrepreneurship）作為定義社會企業的關鍵。其意義不僅在於自給自足的商業經營模式，更重要的是此種商業經營必須奠基於市場失靈（market failure）的前提，亦即其所提供的財貨與就業機會，是能回應弱勢的需求，化解社會與經濟雙重目標失衡的困境。

(三) 社會企業的形成

從社會企業的形成而言，可將其分成兩類：

❶ 由非營利組織師法企業而來

此為非營利組織商業化，主張非營利組織在政府補助降低與社會捐贈不穩定的時代，為減輕財務壓力，必須透過經濟活動創造收益，再以交叉補貼的方式維持組織正常營運，進而達成其社會目的。例如我國的喜憨兒社會福利基金會，設立喜憨兒烘焙屋與烘焙餐廳。

❷ 由企業社會責任而來

「企業社會責任」（Corporate Social Responsibility, CSR）是一種誘因，透過企業進行公益活動，除可經投入公益或慈善活動享有稅賦減免外，亦可藉此建立良好的社會形象，有利於提升市場競爭力，成為貢獻於社會公益的企業，例如我國以投入身障就業議題聞名的「若水國際股份有限公司」。

社會企業在公共治理中的角色

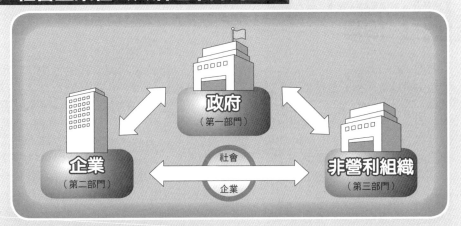

社會企業的實例

企業名稱	介紹
葛拉敏銀行（Grameen Bank）	由 2006 年諾貝爾和平獎得主尤努斯（M. Yunus）所創立之「鄉村銀行」，以融資窮人並扶助創業而消滅貧窮為目的。該銀行以微型貸款協助窮人創業，縱使借款人沒有擔保品亦能獲得貸款，因獲利並非主要目標。鄉村銀行回收投資並不分配予股東，而是再投入社會工作擴大經營規模，產生更大效益。
2021 社會企業	臺灣在 2009 年「莫拉克風災」後，由一群長期參與莫拉克重建的在地青年與關心重建的民間企業界人士共同組成，以重建台 20、21 線的災區為名，即小林村等重災區，透過建立「老梅經濟圈」，打造在地就業並支持地方重建。
若水國際股份有限公司	我國以投入身障就業議題聞名的，其本身為一企業，但主要業務則是一種公益目的，即以幫助身障者開闢就業職場，激發潛能，創造價值為主要營業內容。

社會企業發展的疑慮

然而，源於歐美的社會企業經營模式，到了我國會不會產生「水土不服」的問題，仍值得深思。綜合丘昌泰、空有垣與陳定銘等學者的看法，社會企業在我國發展可能面臨的困境如下：

疑慮	原因
概念模糊	社會企業在現實中可以有許多不同形式，很難防止企業利用其名義來規避營業所得稅或取得公股行庫融資，出現「營利的偽裝」（for-profit in disguise）。
目標錯置	非營利組織的商業活動雖可能紓解財務困境，但也可能與組織的公益目標衝突，扭曲員工的態度，令盈利活動支配公益領域。
成員認同	實證研究顯示，通常非營利組織的捐贈者及志願服務者對於商業化活動的興趣較低。
社會認同	非營利組織商業化經營，對營利組織產生「不公平競爭」的爭議，因為是否該給予社會企業租稅減免等優惠，在美國也產生爭議，如聯邦中小企業局就主張應基於公平原則對其營收課稅。
弄巧反拙	實證研究顯示，非營利組織從事商業活動對捐款收入有負面的影響，商業收入的增加會造成捐款收入的減少。

UNIT 5-14
治理

　　治理（governance）的觀念現今被廣泛運用於社會科學的各種領域。就字面意義而言，"governance" 原意是引導、領航的意思；在政治上，過去治理所指的就是統治；但 1980 年代新公共管理興起後，治理的定義就產生了改變。

(一) 治理的意義

　　根據聯合國全球治理委員會的說法，治理乃是「各種公共及私人機構，管理共同事務的諸多方式之總稱。它是調和相互衝突的利益，並採取聯合行動的持續性過程，包括有權迫使人們服從的正式機構與制度，以及由各種人們所同意或認為符合其利益的非正式體制安排」。換言之，治理是一種「持續互動的協調過程」，排除了任何單一機構獨斷獨行或權威宰制，強調眾多參與者的共同規劃、共同行動，藉資源互補而能達成參與者的共同目標，滿足各自的利益。

(二) 治理的形成

　　治理的基礎就是「網絡」（network），這是一種具有共同目標的眾多行動者間，基於資源的相互依賴所形成的穩定互動形式。在水平的網絡關係中，所有公、私、志願部門的行動者均具有合理的目標與利益取向，並擁有相等之治理能力。即便公部門行動者擁有獨特的權力，例如高權、合法行使暴力之權，但其他私部門行動者亦擁有其特殊、不可取代的權力來源，例如專業知識或民眾的信任。

(三) 治理的實踐 —— 公私協力

　　公私協力係將民間「創業精神」及「成本效益分析」帶入公共服務之中；在公民參與和共同責任的自覺下，與政府共同從事公共事務執行和公共建設，形成「責任網絡」關係。我國「促進民間參與公共建設法」中規範的各種民間參與方式，如 BOT、ROT、OT、BTO……等等，都是公私協力的方式。此外，許多政策也都藉著民間組織的參與而能落實；例如家庭托育政策需要社區保母協會參與，九二一地震與八八風災的救災與重建，也都需要慈濟、鴻海等許多民間團體與企業共襄盛舉。上述種種都顯示「政府有限、民力無窮」的事實，也就是治理所強調的「共同規劃、共同行動」的過程。

(四) 治理的類型

　　在公共行政中，常論述的治理類型有三種：

❶ **全球治理**：在全球化的系絡下，內政問題與國際問題經常相互影響，導致主權國家政府弱化，政府間組織、非政府組織和其他行為體與政府並存，必須以經濟自由、政治多元的價值觀進行國際協調與合作。

❷ **電子治理**：在資訊化的系絡下，政府必須應用資訊科技以提升績效。其中包括透過資訊科技蒐集民意、擴大民眾參與的「e 民主」；運用資通科技傳輸公共服務的「e 服務」；以及應用數位工具進行組織內部事務的各種管理的「e 管理」。

❸ **跨域治理**：在後現代化的系絡下，為滿足多元而複雜的需求，政府必須打破一切僵化的界限，藉由組織內部單位整合，以及公部門、企業及非營利組織的結合，透過協力、社區參與、公私合夥或契約等聯合方式，解決複雜的問題。

治理的轉型

治理結構的轉變

治理結構的演進可分為科層、市場、網絡（社群）三個階段，儘管這三種結構一直同時存在，但 1980 年後顯然以市場與網絡為主。

❶	科層治理以政府的官僚體制為治理核心，就是 1970 年代以前的「統治」。
❷	市場治理以市場機制為治理核心，1980 年代新右派認為政府壞、市場好，掀起民營化風潮即為市場治理。
❸	網絡治理以網絡關係為核心，1990 年代以後，為因應「空洞國家」危機而形成公私協力關係即為網絡治理。

新興治理模式浮現

學者彼得斯（G. Peters）認為當代政府有四種新治理模式可茲運用：市場模式、參與模式、彈性模式和解制（解除管制）模式。內涵如下表：

	市場模式治理	參與模式治理	彈性模式治理	解制模式治理
意識形態基礎	公共選擇論與代理人理論	新左派思想的公民授能與自主管理	永業文官的反功能	新右派的反政府、反官僚思想
對官僚體制缺點的主要診斷	獨占	層級節制	常業化的僱用	過多的內部管理
組織結構的重新安排	分權化；引進市場與競爭	建立平坦式組織	建立彈性組織	肯定官僚體制必要性；結構並非關鍵
人事管理	績效薪俸；運用企業管理技術	重視參與及對話；實施全面品質管理；建立團隊	臨時僱用的人事制度	對企業型官僚賦予最大的管理自由
決策制定	重視市場誘因；視民眾為顧客	重視協議機制與基層官僚的參與	實驗性的應變式決策	由企業型官僚取代政治人物
代表觀念	民營化	公民參與	虛擬組織（Adhocracy）	《新政府運動》主張的企業型政府
公共利益	降低施政成本；提高人民選擇權	員工授能；公民投入並產生實質影響	降低成本；提升創新能力	企業精神的創新與行動力

UNIT 5-15
民主行政

圖解行政學

由於新公共行政運動的激盪，使行政學重新思索價值辯證的課題，沒有走上極端的工具主義。其後的黑堡宣言則重新詮釋了公共行政參與治理過程的正當性，使「民主行政」（Democratic Administration）成為行政學討論的熱點。

一般來說，民主政治與專業效率經常是矛盾的，代表高度專業效率與技術理性的科層體制，不太可能與民主政治相調和，因此許多學者以「兩難困局」來形容此二者之間的顧此失彼、難以相容的條件。然而，新左派的學者認為，當代公共行政必須使科層體制更具人性化、更負責任，並與民主政治發生密切契合。亦即公共行政的核心在於回應人民需求，講求過程的正當性，重視公道的分配，避免權力濫用、貪污與無能——此即「民主行政」的主張。

(一) 新左派學者對民主行政的看法

全鍾燮認為政府機關欲走向民主行政，應具備六項特色：

❶ **公共利益的表達**：每天與民眾接觸的是眾多的基層公務員，因此公共行政應在日常工作當中，承擔體現民眾最大利益的責任。

❷ **代表性**：行政機關的人力組成應能反映社會團體的人口結構，此即「代表性官僚體制」。因為公共行政不僅透過功績制追求專業與效率，也要反映社會各種不同價值與期待。故唯有透過不同背景的人力組成，才能將不同的價值觀融入政府的決策與執行當中。

❸ **開放性**：政府機關在政策上通常擁有較多的專業資訊，傳統公共行政強調「保密性」，使外界無從得知公共行政的資訊。但民主行政要求公共行政擁有專業資訊時，更應重視開誠佈公，開放民眾從各種管道獲取資訊。

❹ **超越派閥黨團**：政府機關應追求公共利益，不可為某一黨派或利益團體而徇私，而將成本化整為零轉嫁給一般民眾。

❺ **嚴防專業主義傷害民主**：公共行政依賴專業的公務人力以追求效率，但這些專家往往成為「自我界定的菁英」、「技術官僚新階級」，只從本身的專業角度看待問題，將一切社會問題都化約為技術問題，不願與民眾對話，使政策遠離民意。

❻ **參與**：政府的決策與執行應儘量讓基層官員及多元利害關係人參與，使組織的權力分散於基層，並增加民眾的認同與順服，或設計出更多元的解決方案。

(二) 新右派學者對民主行政的看法

新右派學者歐斯壯從權力分立出發，要求政府機關從根本上釋出權力。他提出民主行政的八項命題：

❶ 執行和運用公權力的人容易腐化。

❷ 決策制定能力應分配給不同社群，而每個人的決策能力都要受到他人限制。

❸ 讓權力相互對立和制衡，以免圖謀私利或危害他人。

❹ 公共財的提供會隨決策者不同而異，因此公共行政包含在政治領域中。

❺ 不同的組織可用來提供不同的財貨與勞務，可透過多元的方式予以協調。

❻ 單一權力中心降低了回應不同公民偏好與應付不同環境的能力。

❼ 以「最低成本」作為效率最大化的依據，無法使公部門達到最佳效率。

❽ 多元的、重疊的、不同層級的管轄權，是提升人類福祉的必要條件。

民主行政與公民參與

戈登（Gordon）認為民主行政的行動必須依循「公民參與」、「代表性科層制」、「科層回應力」、「科層責任」、「倫理道德」及「行政效能」等六項綱領。而公民參與係指人民基於自主權意識、公共性或公民資格的體認，或對公共利益與公共責任的重視，直接參與或涉入公共事務的決策與執行等活動。2013 年洪仲丘案引發的公民運動，迫使軍審法修法，使軍法審判與執行產生重大變革，即是明顯的例子。安絲汀（Arnstein）依公民參與的影響力程度，建立「公民參與階梯」的分析模式：

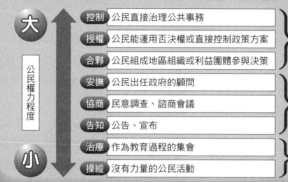

控制	公民直接治理公共事務	
授權	公民能運用否決權或直接控制政策方案	公民權力程度階段
合夥	公民組成地區組織或利益團體參與決策	
安撫	公民出任政府的顧問	
協商	民意調查、諮商會議	象徵程度階段
告知	公告、宣布	
治療	作為教育過程的集會	公民非參與階段
操縱	沒有力量的公民活動	

（大⟷小：公民權力程度）

民主行政的不同觀點

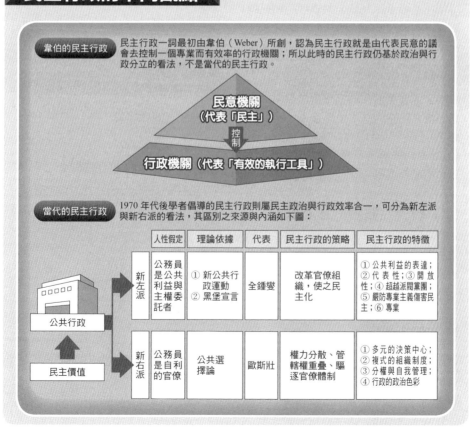

韋伯的民主行政　民主行政一詞最初由韋伯（Weber）所創，認為民主行政就是由代表民意的議會去控制一個專業而有效率的行政機關；所以此時的民主行政仍基於政治與行政分立的看法，不是當代的民主行政。

民意機關
（代表「民主」）

↓控制

行政機關（代表「有效的執行工具」）

當代的民主行政　1970 年代後學者倡導的民主行政則屬民主政治與行政效率合一，可分為新左派與新右派的看法，其區別之來源與內涵如下圖：

公共行政 → 民主價值

		人性假定	理論依據	代表	民主行政的策略	民主行政的特徵
	新左派	公務員是公共利益與主權委託者	① 新公共行政運動 ② 黑堡宣言	全鍾燮	改革官僚組織，使之民主化	① 公共利益的表達；② 代表性；③ 開放性；④ 超越派閥黨團；⑤ 嚴防專業主義傷害民主；⑥ 專業
	新右派	公務員是自利的官僚	公共選擇論	歐斯壯	權力分散、管轄權重疊、驅逐官僚體制	① 多元的決策中心；② 複式的組織制度；③ 分權與自我管理；④ 行政的政治色彩

093

UNIT **5-16** 新公共服務

20世紀末在英美等國獨領風騷，進而擴及全球的新公共管理改革風潮，在21世紀逐漸受到檢討與反省，其中最具代表性的行政學理論建構莫過於丹哈特夫妻（Robert B. Denhardt & Janet V. Denhardt）在2000年起倡導的「新公共服務」（New Public Service, NPS）。他們認為公共行政應強調政府與民眾的信任、合作、公共利益、服務、共享等理念，而非市場的「供應者—消費者」之間的關係，可說是新左派思想近期十分具有影響力的論述。

(一) 新公共服務的基本信念

新左派學者認為新公共管理「領航型政府」的流行妨礙了公民意識的成長，使人民與政府的關係愈來愈像消費者與廠商的關係，使公共利益與私人利益日漸模糊。丹哈特主張政府的職能「既非操槳、亦非領航，而是提供服務」，所以新公共服務的基本信念是：
❶ 提升政府公共服務的尊嚴與價值。
❷ 重視公民、公民權利與公共利益等價值內涵的實踐。

(二) 新公共服務的核心概念

丹哈特將新公共服務的核心概念歸納為七點：
❶ **服務公民而非顧客**
人民是公民而非顧客，政府必須感受公民的需求，並對公共利益負責。
❷ **服務而非領航**
行政人員要運用以共享價值為基礎的領導，並藉由分享與對話，尋求解決社會問題的共識。
❸ **重視公民資格更勝於企業精神**
行政人員應讓公民涉入政府的決策，

做到真正的參與及審議式的決策過程；因此公共利益是由行政人員與公民共同創造。
❹ **重視人性價值更勝於生產力**
政府必須重視公共服務夥伴的人性價值、榮譽感及自我成就的重要性，而非單純量化的生產力計算。
❺ **課責並非易事**
政府的課責是多面向的，除了依法行政外，還必須恪守憲法精神、尊重社會價值、政治規範、專業標準與公民需求等。所以必須透過資訊公開、多元對話、公民授權等途徑，明確其內在課責性，以保障公民權益。
❻ **策略思考與民主行政**
公民與公共行政人員有共同的責任來促進公民社群的建立，使治理更具有正當性。
❼ **追求公共利益**
政府應著重提升公民資格與維護公共利益的責任，並與公民共同追求公共利益。

(三) 新公共服務的實踐

丹哈特的新公共服務頗具理想色彩，惟其核心在於公民精神的發揚，因此教育公共行政人員在公共服務中堅定公共利益與公民參與的信仰，扮演促進公民參與的積極角色，就顯得十分重要。此外，政府也應該編列預算並配置資源，以協助並鼓勵社區居民參與日常生活的公共事務。然而，最重要的還是透過教育制度從小灌輸人民關懷、參與公共事務的知識與能力，才能培養真正的社會公民。

新公共服務的理論基礎

丹哈特的新公共服務源自四個理論基礎，分別是：民主的公民資格、社群與公民社會、組織人文主義與新公共行政，以及後現代的公共行政。

公民應積極參與治理過程，並將公共利益置於自我利益之上，以體現公共精神的實踐。

公民社會是一群具有社群意識的公民組成，可形成各種制衡政府機關的意見；例如洪仲丘案，公民社會的力量促成軍審法速修速審。

民主的
公民資格

社群與
公民社會

組織人文
主義與新
公共行政

後現代的
公共行政

組織應注意基層觀點，建立人性化的組織；而新公共行政提倡民主行政，要求行政人員尊重人民意見，並重視公平正義等規範價值。

強調「對話」，認為政府應建立與公民的對話機制來解決問題，避免專業宰制。

傳統公共行政、新公共管理與新公共服務之差異

丹哈特認為他提出的新公共服務具有獨特性，本文摘錄其中要點如下：

	傳統公共行政	新公共管理	新公共服務
知識基礎	政治理論	經濟理論	民主理論
公共利益	經由政治過程界定，並在法律中展現	個人利益之整合	共享價值與對話的結果
接受公共服務者	委託人或選民	顧客	公民
課責途徑	層級節制	市場導向	多元課責途徑
組織結構	官僚組織	分權化	內外共同領導
激勵基礎	薪資、福利、文官的工作保障	企業精神，在意識形態上縮減政府規模	公共服務，要求貢獻社會

 ★新公共服務的困境

　　新公共服務的理想色彩，正是他的問題所在；公民教育經常是「言者諄諄，聽者邈邈」，尤其我國的公民行動往往是偶發性的、衝動性的，難以支持長遠的改革。公務員在官僚文化與依法行政的框架下，大多也難有所作為；就算有，也是以新公共管理的方法去改善服務品質，追求績效提升，而不是花許多時間去建立「公民社會」。晚近更有學者認為，新公共服務僅是新公共行政與批判理論、後現代主義的混合，稱不上什麼創新的思維。

第 6 章
組織設計理論與實務

●●●●●●●●●●●●●●●●●●●●●●●●● 章節體系架構 ▼

UNIT **6-1**
組織的基本概念

圖解行政學

組織（Organization）一詞源自希臘文「Organon」，原意為工具或手段，是指用來幫助達成目標的機械設計。以前組織是用來描述生物學上的組合狀態或形成組合的活動。直到 1873 年左右才被哲學家史賓賽（H. Spencer）用來指涉「已組合的系統或社會」，比較接近現代的定義。而當代組織精確完整的定義，則首推巴納德在《主管人員的職能》一書中，將正式組織界定為「兩個人或兩個人以上所形成的有意識的協調活動體系」。

(一) 關於組織理論的研究

組織理論不是單一的理論，關於組織的研究是多學科性的，一直以來也缺乏專屬於公共組織的研究。國內學者常以四種不同的面向來解釋組織：

❶ 靜態意義的組織 ── 奠基於傳統理論時期的研究

組織如同一個機器，是權責分配的關係或層級節制體系，強調權力的運用及命令服從關係，可以用組織結構圖表現。這種觀點下的組織包含四項要素：目的、全體人員的同意、人員的適當配置，及權責的合理分配。

❷ 動態意義的組織 ── 奠基於修正理論時期的研究

這是從組織人員的交互行為說明組織的意義，人群關係學派、激勵、領導等組織研究的主要理論均與此有關。

❸ 生態意義的組織 ── 奠基於整合理論時期的研究

組織是一個有機體，不斷的依環境變化做適當的修正與改變，所以不會有一套「放諸四海皆準」的組織原則，管理者必須隨時依情況的需要調整組織。

❹ 心態意義的組織 ── 關於組織氣候與組織文化的研究

若從心理或精神的觀點來解釋組織，強調組織是成員感情交流與思想溝通所形成的一種團體意識，使眾人協同一致以完成共同目的。

(二) 關於組織的定義

由於研究途徑不同，組織的意義也就莫衷一是，吳瓊恩教授將其歸納為三種：

❶ 理性系統的定義

從工具理性出發，組織是一種由一群人組合起來，為達成特定目標，建立互動模式，進而有意識地協調與精心結構的社會實體。

❷ 自然系統的定義

站在情感的角度，組織是參與者為維持其共同利益，投入集體的活動中，以非正式的結構，而確保其存在目的之集合體；這種定義可解釋「非正式組織」。

❸ 環境影響的定義

以外環境對組織的影響而言，使用「有機體」的隱喻，認為組織是結合參與者所形成相互依賴的系統，而與環境不斷交換資源與資訊。

(三) 組織的要素

我國行政學鼻祖張金鑑教授從宏觀的角度認為有「目的」、「物質」、「精神」、「機緣」（有利環境）等四要素。麥克法蘭（McFarland）以組織內部結構的角度提出了五個基本要素：縱向的層級、橫向的部門、職位的任務與責任、直線與幕僚單位，以及變態結構（暫時性、非經常性的結構）。

正式組織的表現方式 —— 組織圖

組織圖（organization chart）可用以顯示出組織結構的概要，表現組織結構的各種基本正式關係，用以消除呈報關係或職位的重複以及不平衡。透過組織圖的分析，可以瞭解各階層的管理活動、溝通各方面的意見，或作為人事管理的陞遷圖表。基本上，組織圖可以下列數種方式呈現：

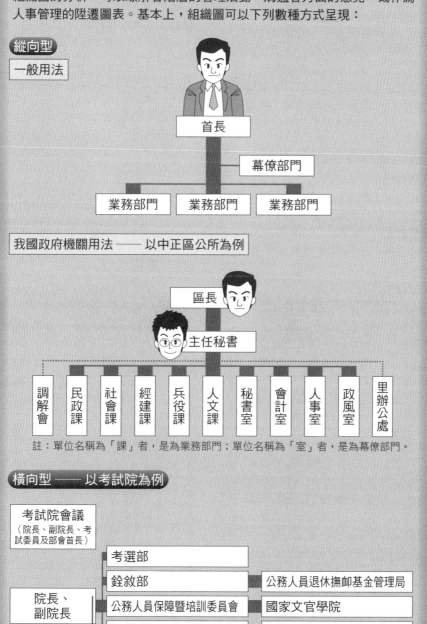

縱向型

一般用法

首長

幕僚部門

業務部門　業務部門　業務部門

我國政府機關用法 —— 以中正區公所為例

區長

主任秘書

調解會　民政課　社會課　經建課　兵役課　人文課　秘書室　會計室　人事室　政風室　里辦公處

註：單位名稱為「課」者，是為業務部門；單位名稱為「室」者，是為幕僚部門。

橫向型 —— 以考試院為例

考試院會議
（院長、副院長、考試委員及部會首長）

院長、副院長

考選部

銓敘部　　　　　　　　公務人員退休撫卹基金管理局

公務人員保障暨培訓委員會　國家文官學院

秘書長、副秘書長　　　考選處、銓敘處、保訓綜規處…

UNIT **6-2**
組織結構的形成

圖解行政學

(一) 組織結構的意義

結構（structure）指「已建立的關係模式」；組織結構即「機關組織各部門及各層級之間所建立的一種相互關係的模式」。組織結構是正式組織的表現，可以用組織圖再加上工作說明書表示。組織結構也象徵正式的法規、政策、程序、控制、報酬的安排及其他引導成員行為的設計。

組織結構可由三個面向觀察：

❶ 複雜性

組織分工愈細、上下層級愈多，則複雜程度愈高，愈難協調。

❷ 正式化

組織內的規定和管制愈多，愈正式化。

❸ 集權化

決策權愈集中於高階層者，愈集權；集權化的程度低，則為分權。

當上述三種面向的程度都偏高時，代表組織為「機械性結構」，例如科層體制即為典型之機械結構。反之，當三種面向程度都偏低時，即為有機性結構。

(二) 平行分化

平行分化（Horizontal differentiation）亦稱「分部化」，也就是組織的分工──將組織劃分成各種不同的部門；此為組織水平擴張的必要過程，也是組織結構建構的首要步驟。古立克認為組織應按照四個原則分工：目的（purpose）、工作程序（process）、服務對象（person）與地區（place），是為著名之「4P 原則」。

❶ 按目的或功能分化

將同一性質的工作置於同一部門之下，由該部門全權負責該功能之執行。

例如：人事部門、採購部門等名稱皆屬之。

❷ 按工作程序或設備分化

基於經濟及技術的考慮，按工作程序或設備之不同為基礎而劃分部門；此種方式在工廠較常見，如汽車廠的鈑噴、內裝、檢測等部門。

❸ 按服務對象分化

組織根據所服務的人群為基礎來設置部門；例如百貨公司分男裝部、女裝部、童裝部等。

❹ 按地區分化

組織按地區為基礎而設置單位，如外交部設置亞太司、北美司、非洲司等。

(三) 垂直分化

垂直分化（Vertical differentiation）即依據組織的垂直面向進行分化，以建立組織的層級節制體系，並確定組織的層級數目，造成了組織的「金字塔」（pyramid）型態。在正式組織中，層級體系代表基本的溝通及權力結構，即指揮命令系統；同時也顯示個人的陞遷路徑。而其分化的標準是：個人對組織活動的權力與責任的程度以及控制幅度。

控制幅度（span of control）是一個主管直接指揮監督的部屬數目。在人數不變的前提下，如果控幅小，組織的階層數就會增加，形成「高架式」的組織結構，使溝通困難、士氣低落，官僚體制通常即如此。若控幅大，則造成「扁平式」的組織結構，雖可消除高架式的缺失，卻違反了精簡控制幅度的原則。因此控制幅度並非一成不變，而應視各種條件予以權變裁奪。

分工的必要性

 分工 ➡ 熟練 ➡ 專業 ➡ 生產效率

各種分部化方式的優缺點

	優點	缺點
目的分部化	專業分工、合乎邏輯、提升效率、事權專一、權責分明	本位主義濃厚、難以適應複雜環境與新問題、無法培養通才
工作程序分部化	強調技術、適用於大量生產	本位主義濃厚、易破壞整體領導、適用的組織有限
服務對象分部化	顧客導向、簡化作業程序、能培養通才	分工粗略、犧牲效率與專業、容易各自為政或受到壓力團體控制
地區分部化	因地制宜、即刻解決問題、培養通才	地域觀念、各自為政、易受地方利益影響或抱持

由於各種分部化方式都有優缺點，故實務上經常混用多種方式；一般行政機關是以目的分部化為基礎，再搭配其他方式。

控制幅度與組織型態

控幅小 ➡ 層級多 ➡ 易形成高架式結構 ➡ △ ➡ 多為機械式組織

控幅大 ➡ 層級少 ➡ 易形成扁平式結構 ➡ ▽ ➡ 多為有機式組織

決定控制幅度的權變因素

早期學者認為控制幅度有最佳解，但現代多認為應以權變的角度視之，如紐曼（Newman）認為應從六個面向判斷：

在監督工作上所花費的時間：監督愈耗時，控幅宜小。
例如：小學生比大學生需要導師監督，所以一個小學導師的班級學生數宜少。

幕僚的協助：當首長的幕僚能力愈強時，控幅可放大。
例如：主管的秘書很能幹時，主管可以管理更多部屬。

所監督工作的複雜性與重要性：工作愈複雜或重要時，控幅宜小。
例如：生產飛機的工廠，比生產電視的工廠更需要監督者。

影響控制幅度大小的因素

權責劃分的程度：權責劃分的愈清楚時，控幅可放大。
例如：主管能授權員工並課予責任時，可以管理更多部屬。

工作的反覆性：愈是重複的工作，控幅可放大。例如：生產線的領班可以管理較多的工人。

部屬的能力：部屬能力高時，控幅可放大。
例如：學生懂得自律或學習能力很強時，老師的班級學生人數就可以增加。

UNIT **6-3**
組織設計的形態

圖解行政學

　　除了設計成金字塔形態的官僚體制外，常見的組織設計形態還有矩陣組織與事業部門制；此二者皆為彌補官僚體制過度僵化的缺點而常見的設計方式。此外，由於資訊科技發達，虛擬組織的形態也愈來愈常見。

(一) 矩陣組織

❶ 矩陣組織的意義

　　為了因應科技與環境的變遷、打破部門的本位主義，以及應付可能出現危機，矩陣組織（matrix organization）在二次大戰後出現，即一般所稱的專案團隊或專案組織（project organization），指若干部門間為解決某項特殊問題所採取的團隊組合。其採取「組織二元論」──將「功能性」與「專案性」兩種次級組織系統交織而成，可兼顧依功能分部化及產品分部化的優點。

❷ 矩陣組織的特性

　　①臨時性的動態組織：矩陣組織的人員自各功能部門調來，完成特定工作之後人員仍歸建原來部門，一旦完成任務，組織即予裁撤。

　　②開放性的團體：人員可隨專案性質、進度及規模增減，並無一定數額；且人員之間的互動頻繁、地位平等。

　　③為特殊目的而成立：矩陣組織主要處理原組織結構難以有效完成的某項目的，因此必須將有關的專家及人員加以組合，為特殊目的而工作。

❸ 矩陣組織的評價

　　矩陣的形態雖然有彈性、靈活、經濟、任務明確等優點，但對人員來說，卻容易產生「雙重忠貞」的問題，即當原部門主管的命令與專案主管的命令衝突時，將無所適從；同時，原部門對於專案團隊長期借調人員與設備，也多感不耐。

(二) 事業部門制

　　事業部門制（Divisionalization）又稱分部式結構（Divisional Structure）或分部化形式（Divisionalized Form），在 1920 年代由通用汽車公司總裁史隆（Sloan）設計，目的在於培育有自治能力的部門，並由分部經理人負績效責任，執掌所有策略性及作業性決策。事業部門制的主要型態特徵包括：

❶ 集權式的政策、分權式的管理

　　總管理處負責企業整體規劃、協調與整合，各事業部門被授予經營自主權。

❷ 利潤與責任中心

　　各事業部即為一獲取利潤的中心，其績效視獲利能力而定，故事業部內員工必須發揮團隊精神。

❸ 產品與服務中心

　　各事業部有其獨立的產品或服務項目，亦各有其行銷與服務對象，彼此不致衝突。

❹ 優秀的幕僚群

　　總管理處能培養出優秀的幕僚以協助決策。

　　這種結構的優點在於使各部門專注於最終的績效結果，由分部經理人負該部門業務的完全責任，也使總部的幕僚人員能專注在長期性的策略規劃上；還能從分部經理人中培養未來的高階主管。但容易造成人事龐雜或內部惡性競爭，則必須注意。

(三) 網絡式組織

　　指一群不以正式指揮鏈進行協調與合作的組織，成員間沒有正式的權威關係，而是依互惠原則建立合作默契，簽訂共同研發或執行合約，並透過資訊系統連結，以達成相互結合的體系。網絡的核心組織只專注本身獨特的長處，而透過委外或聯盟的方式，以最有效率與效能的方式，將產品或服務提供給組織的顧客。近年興起的 Uber、Foodpanda 等均屬之，他們都是由一個小規模的核心部門以資訊網路連結各種不同的顧客與供應者；就政府機關而言，國家文官學院本身沒有老師，而是隨時與不同的學者專家簽約提供各種課程，亦屬之。

矩陣組織的設計

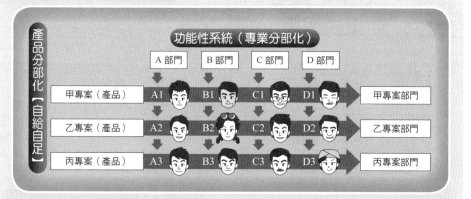

事業部門制的設計

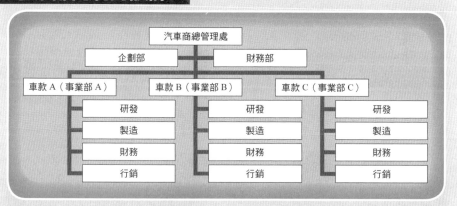

網絡式組織的設計

1980 年代以前，組織是朝向韋伯理想中的官僚體制設計的。但 1980 年代因生產過剩而走向消費者社會，在資訊科技的協助下，強調彈性與專精的網絡組織原則剛好相反，從集權走向分權、從層級節制走向扁平，從法令控制走向社會控制與分享願景的「思想控制」，從精細的內部分工走向易於外包的流程分工，從機械式的功能部門走向有機式的團隊組合。

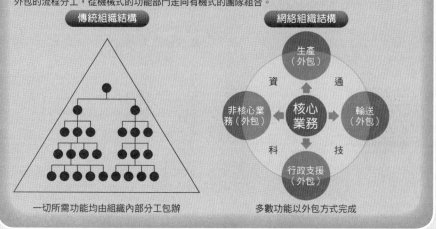

非正式組織

(一) 非正式組織的意義

非正式組織的研究源自霍桑實驗,而巴納德認為正式組織是「有意識的協調行動的體系」,有固定的結構型態,即層級節制的體系;非正式組織則是「無意識、不定型的,是自然因素使人們結合在一起的組織」。因此,人與人之間相同因素愈多,愈容易形成非正式組織,人們常以「六同關係」來形容這種人際關係。

(二) 非正式組織的特性

❶ **自然而然的形成**:非正式組織是人們自願結合而成的,所以它是順乎自然的,沒有人去故意安排設計。

❷ **交互行為密切**:非正式組織是由人們在組織中的交互行為有彼此瞭解與認同下,產生感情以後自然結合而成的團體。

❸ **重視情感交流**:非正式組織中的人員,彼此情感比較親密,心理上包含著同情與相互認同,因而以團體的情感為依據,故其行為缺乏客觀的標準。

❹ **社會距離較短**:在非正式組織中,人員由於相同背景而結合,較不重視階級地位,彼此的距離就縮短了。

❺ **民主的決策**:非正式組織的成員是自由結合的,較能在平等的原則下交往;決策通常都是大家同意後產生的。

❻ **以影響力來領導**:非正式組織中的領導主要是靠影響力,也就是令人心悅誠服的力量。

❼ **具有團體壓力**:非正式組織雖是自由結合,但霍桑實驗與巴納德均認為團體仍有其公認的「行為規範,存於每一個成員的心中」。

❽ **凝聚力強**:非正式組織的存在主要是由於人員之間有一種認同感,把大家緊密的團結在一起。

❾ **成員間產生重疊性**:正式組織中往往有許多非正式組織,一個人只能隸屬於一個正式部門,卻可以加入數個小團體,因此其成員也就表現出重疊性。

(三) 個人參加非正式組織的原因

個人會在組織中尋找適合自己的小團體,除了可彼此協助外,更有下列考量:

❶ **尋求保護與發展**:人們結合成團體、相互援引,退可保護彼此的既得利益,進可謀求更上層樓的發展。

❷ **尋求友誼與認同**:結交與自己志同道合的朋友,獲得「愛與歸屬感」的滿足。

(四) 非正式組織對正式組織的影響

霍桑實驗以「小團體拘束力」看待非正式組織對正式組織的影響,但巴納德卻認為非正式組織具有傳遞資訊、維護尊嚴、擴大認同等使正式組織趨向穩定的功能。可見非正式組織同時具有優點與缺點。其優點包括:維護文化價值、提供社會滿足感、增加溝通效率、產生社會控制作用、伸縮性強、分擔主管工作壓力、降低離職率、矯正管理錯誤,並作為員工發洩情緒的管道等。但其缺點則包括:抗拒變遷、與正式職位產生角色衝突、成為傳播謠言管道、過度順從而抹殺成員個性,以及容易造成徇私不公等。

六同關係

形成非正式組織的契機 —— 六同關係

同學關係：我是臺大畢業生，主管也是臺大畢業。

同鄉關係：我和主管都來自花蓮。

同宗關係：我和主管有遠親關係，或剛好為少見的同姓。

同好關係：我喜歡打桌球，主管也喜歡打桌球。

同事關係：一個機關中，同一個部門的人感情較好。

同個性：我是比較內斂的人，主管也是內斂的性格。

非正式組織的衡量方法

正式組織可以用組織結構圖表示，那非正式組織呢？以下介紹衡量非正式組織的兩種方法：

社交測量法

墨里諾（J. L. Mereno）在 1930 年以小團體成員間相互吸引的關係，設計出「社交測量法」。組織中獲得最多人所喜歡的工作者，可能對組織產生較大之影響。將調查結果繪製成圖表，即構成非正式組織的「社交測量圖」。

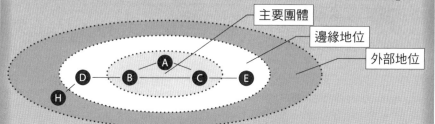

戴維斯（Davis）的「組織交互作用圖」（Interaction Chart）

以工作人員相互實際接觸的關係來繪製成圖形，以表示出工作人員與誰的接觸次數最多、時間最長；將這種關係表現在正式的組織圖上，有助於管理者對非正式溝通路線的瞭解，以設計更健全的溝通制度。以右圖為例，日常接觸行為顯然以發生於「小美」和「張秘書」最為頻繁，故以此二人為非正式溝通的中心。

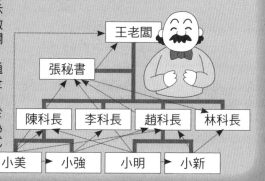

UNIT **6-5** 組織的類型

(一) 以組織型態加以分類──敏茲柏格（Mintzberg）

❶ **機械官僚制度**：以韋伯的科層體制為設計的基本原理，講究專業分工，集權式經營。這種結構適用於生產或效率導向的組織，不適用於變化劇烈的環境。

❷ **分部化形式**：即史隆所創設的事業部門制，授權各分部獨立運作，分部經理人負績效責任。這種結構同樣較適於穩定的環境。

❸ **專業化官僚制度**：雖有制度化的結構設計下，但賦予專家有自主權，適合處理任務複雜但較穩定的環境。其特色為平坦、分權，強調訓練與專業規範；如大學、醫院等組織。

❹ **簡單結構**：由一個主持人、一群專業幕僚與行政人員組成，著重溝通快速與應變敏捷，臺灣許多小型企業即如此。

❺ **臨時性任務編組**（adhocracy）：管理學者邊尼斯（W. Bennis）以"adhocracy"一詞描述專案團隊的結構，其成員來自各方，任務完成即歸建或解散，且隨時可和其他團隊組合或分解，形成沒有特定結構的「虛擬組織」。電影拍攝即是如此，如李安「少年Pi」製作團隊中有來自各方的演員、專家與特效公司，拍攝時未必一起工作，拍攝後旋即解散。

(二) 以組織的社會功能加以分類──帕深思（Parsons）

❶ **達成經濟生產目標**：動員資源、適應環境以追求生存；如一般企業。

❷ **達成政治目標**：以權力的產生與分配為重點，達成社會價值；如政府機關。

❸ **整合性的組織**：協調衝突，指引人群方向；如政黨、利益團體、法院等。

❹ **模式維持型的組織**：解決價值衝突，具有教育及文化功能；如學校、教會等。

(三) 以組織成員的順從方式加以分類──艾桑尼（Etzioni）

❶ **強制型組織**：由於管理者與被管理者間的目標與價值均相矛盾，管理者偏好運用「強制性權力」，會透過威脅、鎮壓等方式控制部屬；如監獄屬之。

❷ **功利型組織**：由於部屬重視物質報償，會對組織抱持計較的心態，重視權利與義務的均衡，即巴納德謂之「貢獻與滿足平衡」。管理者偏好運用「獎酬型權力」以獲取部屬的努力及溫和的參與，一般企業多屬此類。

❸ **規範型組織**：部屬抱著對組織承諾的態度，主管會運用「規範型權力」，給予部屬「榮譽的報償」，如獎狀、頭銜等等。組織的人際關係親密，重視價值規範，非營利組織或宗教團體常如是。

(四) 以組織的主要受惠對象加以分類──布勞（Blau）與史考特（Scott）

❶ **互利組織**：以組織內全體人員為組織的服務對象，如俱樂部、工會、協會、政黨等；基於相同利益、興趣或政見而成立，故比較民主、層級化程度較小。

❷ **服務組織**：謀求某特定對象的利益，如學校或醫院。這種組織強調專業，服務者與受惠者的目標一致，但受惠者專業程度較低，不能完全瞭解本身利益。

❸ **企業組織**：以組織的擁有者或股東為受惠對象，謀求最低成本、最大利潤，目標單純、反應靈敏，但較缺乏社會責任。

❹ **公益組織**：以全民為服務對象，並擁有公權力，以政府機關屬之。

敏茲伯格的組織類型

敏茲伯格是當代組織理論的大師，他對於組織結構設計的看法如下：

組織結構配置的基本原型

組織的人員可分成五種：❶負責基本工作的「作業核心」（作業員）；
❷位居「策略層峰」的高階經理層；❸負責承上啟下的「中線階層」（中
階管理者）；❹負責工作與技術標準化的「技術官僚」；與❺負責間接支
援的「支援幕僚」。再加上「組織文化」（或稱意識形態），共六個部分
構成組織的基本型態如下：

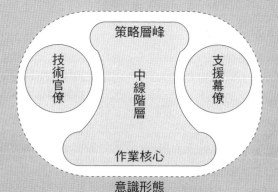

組織的協調機制

組織型態	意義	主要協調機制	組織的核心	權力的劃分
創業型組織	結構簡單、彈性、幕僚人數少，強力的直接領導	直接監督	策略層峰	集權
機械型組織	正式的、集權的科層體制，具有工具性、封閉性，即「機械官僚制」	標準作業程序	技術官僚	有限的水平分權（策略層峰和技術官僚擁有權力）
多角化組織	採取「分部化形式」的多角化經營，以「事業部」面對多樣化的市場	產出的標準化	中線主管	有限的垂直分權（部門經理人擁有權力）
專業型組織	如醫院、會計師事務所，大學院校等，較少監督者，充分授權，即「專業化官僚制度」	技術的標準化	作業核心	水平分權（權力集中在作業核心）
創新型組織	採用易變的、民主的、團隊的方式，即「臨時性任務編組」	彼此調適	支援幕僚	選擇性分權（決策權分散至各種團隊）
使命型組織	以組織文化（意識形態）取代程序控制，日式組織或非營利組織為典範	規範（價值）的標準化	意識形態	分權
政治型組織	探討組織中等各種權謀、衝突、私人利益的追求	無	無	多樣化

UNIT **6-6**
我國行政組織的設計

依據「中央行政機關組織基準法」，我國中央行政機關分為四級：一級機關是「院」，二級機關是「部」或「委員會」，三級機關是「署」或「局」，四級機關是「分署」或「分局」。一至三級機關之組織需國會以法律定之；四級機關則以行政命令定立。

此外，除了一般的行政機關外，該法的特色在於兩種新的政府組織設計，一為「行政法人」，另一為「獨立機關」。茲簡單介紹如下：

(一) 行政法人

行政法人的概念源自 1988 年英國柴契爾夫人任首相時推動的「續階計畫」（The Next Steps）；她將英國中央政府機關的執行部門獨立出去，聘請民間專家經營，專注於經營績效的追求；這種機關稱為「政署」（Executive Agency）。爾後這些政署會逐漸民營化，以縮小政府的規模；若不能民營化者，則成為「非機關化公法人」，此即後來「行政法人」的啟蒙。後來其他各國紛紛效仿，將不太需要行使公權力的行政機關轉型成行政法人，以縮減政府規模，並提升經營績效。

依我國「行政法人法」第 2 條，所謂行政法人，指國家及地方自治團體以外，由中央目的事業主管機關，為執行特定公共事務，依法律設立之公法人。至於「特定公共事務」須符合下列規定：①具有專業需求或須強化成本效益及經營效能者；②不適合由政府機關推動，亦不宜交由民間辦理者；③所涉公權力行使程度較低者。

總括來說，設置行政法人的優點包括：

❶ 由政府依法設立，原則上自負盈虧，但可視情況由政府配撥部分預算，使其具有經營的穩定性；同時又以企業方式經營，人員除原有之公務員移撥者外，不具公務員身分，又不受政府機關人事與法規約束，故可保有一定程度之彈性。

❷ 人事與預算均依本身組織法規之規範，可基於特定任務特性量身訂做。如近年我國國立大學教授研究經費的使用方式常與僵化的預算法規不符，如我國仿效日本將國立大學改為行政法人，或可解決部分違法問題。另外從首長到員工都可自行對外招募，依本身需要聘用人才並訂定工作與待遇契約，不必死守人事法規。

❸ 行政法人可以透過相關績效評鑑機制及內部、外部適當監督機制，以強化經營責任及成本效益。目前我國「行政法人法」規範，由主管機關邀集相關機關代表、學者專家與社會公正人士成立績效評鑑委員會，共同監督其績效。

❹ 部分公共服務之執行由行政機關轉移至行政法人，藉由決策與業務執行權限的分離，可以避免球員兼裁判的爭議，並開放公共服務的多元參與。

(二) 獨立機關

獨立機關是一種政府機關的設計，學理上稱為「獨立性管制委員會」；負責提供監理性、管制性、裁決性或調查性之公共任務，採合議制（委員會），委員來自民間專業人士，由行政院長提名、國會同意後任命，屬於政務官，有一定任職，不受行政院或其他機關指揮監督。所以其相較於行政法人，獨立機關在人事與預算上均與政府機關無異，也執行公權力，惟不受行政首長指揮，獨立行使職權。

我國行政機關的組織名稱

除了海巡、國防、警察、檢察、調查，及外交部駐外單位以外，行政院各機關部門的命名原則如下：

	機關名稱	內部一級單位		內部二級單位
		業務單位	幕僚單位	
一級機關	院（行政院）	處	處／室	科
二級機關	部	司	處／室	科
	委員會	處	處／室	科
三級機關	署、局	組	處／室	科
四級機關	分署、分局	科	處／室	×

行政法人的組織

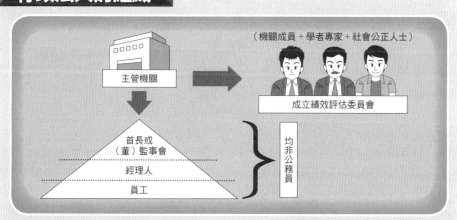

我國三大獨立機關

我國相當於二級機關的三個獨立機關，分別為：國家通訊傳播委員會（NCC），中央選舉委員會以及公平交易委員會。他們的組織概況如下：

	通傳會	中選會	公平會
組織	委員 7 人，任期四年，得連任	委員 9～11 人，任期四年，得連任一次	委員 7 人，任期四年，得連任
產生方式	行政院長提名，經立法院同意後任命。主任委員及副主任委員由委員互選產生後任命之	主任委員、副主任委員及委員均由行政院長提名經立法院同意後任命	主任委員、副主任委員及委員均由行政院長提名經立法院同意後任命
獨立性	❶ 同一黨籍者不得超過委員總額 1/2 ❷ 適用公務員服務法「禁止旋轉門」條款	❶ 委員中同一黨籍者，不得超過委員總數 1/3 ❷ 委員需超出黨派之外，任職期間不得參加政黨活動，依法獨立行使職權	❶ 同一黨籍者不得超過委員總額 1/2 ❷ 委員需超出黨派之外，任職期間不得參加政黨活動，依法獨立行使職權

UNIT **6-7** 組織發展

組織發展（Organization Development, OD）興起於 1940 年代，對組織而言，就像是一門規約與診斷的「組織大夫」，因此組織發展與及組織變革（Organization Change）在概念上是相通的。

(一) 組織發展的意義

組織發展是以行為科學的干預技術，促使組織成員形成團隊，共同參與組織變革。美國南加大管理學家班尼斯（W. Bennis）認為，組織發展乃是對組織變遷的一種反應，是一個複雜的教育策略；其目的在改變組織的信仰、態度、價值觀念和結構，以求適應最新的挑戰及組織本身的高度變動。所以，組織發展涉及三個要素：①是科學性的知識，以行為科學為基礎；②目的在維持與更新組織，並增進個人與組織的效能；③對象是人為的組織制度及人際關係。

(二) 組織發展的興起

組織發展的興起源自李文（Kurt Lewin）發展的「實驗室訓練」與「調查研究與回輸方法」的應用。

❶ 實驗室訓練

李文在 1946 年於康乃迪克州進行兩週的種族衝突觀察實驗，過程中他意外的發現，如果讓成員以參與團隊運作的方式改變自己的行為，會比傳統的教導訓誡更有效果。這種類似心理學集體治療的訓練方式，稱為 T-Group Training，或稱為實驗室訓練或敏感性訓練（Sensitivity training），它是使參與訓練的人員在一種無結構的安排下，彼此在交互影響中學習，利用團隊討論以達成行為改變的目的。

❷ 調查研究與回饋方法

行動研究（action research）也稱為「實作研究」，主要指「調查研究與回饋方法」，這是指態度研究與資訊回饋在工廠訓練的應用；組織成員與社會科學家同心協力地去蒐集組織如何運作的資料，分析問題形成的原因，設計並執行解決方案。在活動執行之後，必須蒐集進一步的資料並評估實施的成效。接著，繼續進行資料蒐集與實施行動的循環過程。

(三) 組織發展的干預技術

組織發展的干預技術可分為四大類：

❶ 人際過程的干預技術

若組織所面臨的問題是與機關中人員與其互動過程有關的問題，則可以人際過程的干預技術來解決，如敏感性訓練、團隊建立等方法。

❷ 技術結構的干預技術

組織若面臨分工及協調方面的問題，或生產及人與工作之間如何配合的問題，則可以採用這類干預技術，如矩陣組織、工作設計、工作豐富化、工作擴大化、彈性工作時間等。

❸ 人力資源的干預技術

用以吸引人才、發展員工生涯，管理員工壓力等，如目標設定、酬償制度、生涯規劃與發展等方法。

❹ 策略方面的干預技術

為應付迅速變化及具有高度競爭的環境，包括組織應決定生產何種產品與服務，應從事何種市場競爭，如何獲得有力的競爭條件，以及何種價值觀念可以引導組織發展等。

李文的生平

1890 年生於德國，1914 年
獲得柏林大學哲學博士，
成為完形心理學派著名心
理學家

二戰期間，於愛荷華州進行婦
女採購實驗，發現個人與群體
互動關係，以此為基礎提出組
織變革理論

1947 年在睡夢中去世

1933 年因逃避納粹迫害而移民
美國，以「力場分析」的觀念
解釋組織變革

1946 年與麥克葛瑞格在
麻省理工學院成立「群
體動態研究中心」

「群體動態研究中心」
在李文去世後遷至密
西根大學

行動研究的運作方式

問題的確定

與當事人討論

資料蒐集與初步診斷

資料回饋與組織

共同診斷行動計畫

行動後的資料蒐集與評估

行動

干預技術

組織發展的干預技術，是指一套由變革推動者與被服務對象針對問題本質所選擇應用，
藉以調整或改變被服務系統的關係，增進組織效能的活動技術。其內容大致如下：

	干預技術的類型																			
	人際過程							技術結構					人力資源				策略干預			
	敏感性訓練法	過程諮商法	第三者干預法	團體建立法	調查回饋法	組織面對面會議法	團體間關係法	規範的途徑	分化與整合法	正式結構法	併行結構法	工作生活品質法	工作設計法	目標設定法	酬償制度法	生涯規劃與發展	壓力管理法	開放系統規劃法	轉換式的組織發展法	文化變革法	策略變革法	自我設計的組織法
影響個人	V											V	V	V	V	V	V					
影響團體	V	V	V	V	V			V				V	V	V	V	V		V				V
影響組織				V	V	V	V		V	V	V			V			V					

UNIT **6-8** 組織變革

(一) 組織變革的意義

所謂組織變革,是指組織受外在環境的衝擊,並配合內在環境需要,而調整其內部的若干狀況,以維持本身的均衡,進而達到組織生存與發展目的的調整過程。也就是為了滿足組織與個人目的,應用技術使組織從一種狀態轉換為另一種狀態的過程。

(二) 李文的力場分析論

「力場分析」(force-field analysis)是組織變革理論之父李文(Kurt Lewin)所提出的;他認為組織中有兩種力量會影響變革的發生:一為驅策力(driving forces),即發動變革並使其繼續變革的推動力量;另一為抑制力(restraining forces),即維持現狀的力量,也就是抗拒或阻擾驅策力的力量。所以組織變革就是指維持系統穩定的力量受到改變,也就是變革推動者設法增強驅策力以推動變革。

(三) 組織變革的過程

李文認為組織變革過程包括三個步驟:

❶ 解凍(unfreezing)—— 創造誘因及準備變革

降低維持現狀的力量,呈現挑戰性的問題,讓人員認知到組織變革的需要,具體方法有:

①打破墨守成規的現象:讓組織成員感到有變革的需要。

②引起內疚與焦慮:呈現現況與理想間的差距,讓組織成員認知到此種差距,因為感到內疚與焦慮而去縮短此一差距。

③創造心理上的安全感:使成員相信變革不會對其帶來不良後果,感到自身尚有價值以產生心理上的安全感。

❷ 變遷(moving)—— 認知重建

幫助成員發展新的行為、價值及態度,以不同的角度及方式處理問題。方法包括:

①開始由他人的角度來看待事務。

②詳察環境中的新資訊,依實際的變革需要來進行變革。

❸ 復凍(refreezing)—— 重新趨向穩定

將組織變遷予以結構化,使組織固定在新的均衡狀態。包括:

①個人的再凍結:變革後以全新的方法做事,使其符合個人的自我理解過程。

②關係的再凍結:幫助成員和其他人一起採用新方法完成任務。

(四) 組織生命週期論

組織生命週期論是研究組織發展與變革的另一種看法,是將組織視為處於開放系統與自然系統環境下的有機體,如同生物般是會成長的,而以生命週期來解釋組織活動的特性及其動態演進情形。葛瑞納(Greiner)發現,組織每一階段的成長動力來自於為解決前一階段產生的問題。第一階段是經由創新而成長;第二階段是經由領導而成長;第三階段是經由授權而成長;第四階段是經由協調而成長;第五階段是經由合作而成長。

李文的力場分析論

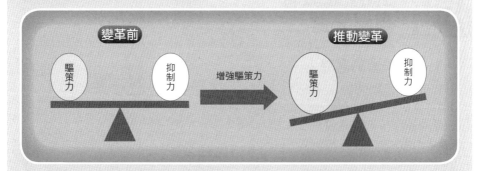

增強驅策力的方法

❶	增加組織成員對變革計畫的參與。
❷	增加對組織成員的溝通,消除其疑懼及誤解。
❸	增加組織成員對變革計畫的認同與支持。
❹	經由教育與訓練方式,減少組織成員的抗拒行為。
❺	採取物質與精神獎勵方式,鼓勵組織成員執行變革計畫。
❻	增加組織成員對變革推動者與管理者的信任。
❼	採取組織成員諮詢方式,聽取其意見。
❽	實施變革計畫時應循序漸進,行動勿太激烈。
❾	組織變革的績效標準應合理可行。

葛瑞納的組織成長階段

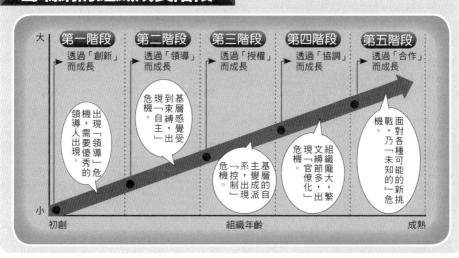

UNIT **6-9**
組織學習

(一) 組織學習的意義

最早將學習觀念引進組織理論的人是賽蒙，他認為組織學習就是組織適應環境變化的過程。但這種看法較為被動，現今多使用阿吉瑞斯（Argyris）與熊恩（Schon）的看法，認為組織學習是當組織實際成果與預期成果有差距時，組織對此種誤失進行集體探究、主動偵察與矯正的過程。

(二) 妨礙組織學習的因素

聖吉（Senge）認為組織中常見七種學習障礙：

❶ 本位主義的思考

專業分工使員工將自己的責任侷限在工作範圍內，難以對組織整體互動所產生的結果有責任感。

❷ 歸罪於外的態度

這是本位主義的副產品，使成員爭功諉過，看不見組織整體運作的結果。

❸ 缺乏整體思考的主動積極

在處理動態而複雜的問題時，必須從全局思考，模擬可能的反功能。如我國的全民健保、教育改革等都是立意良善的政策，但因欠缺整體思考，導致問題層出不窮，為人詬病。

❹ 專注於個別事件

此為人類原始的習性，因為原始人不會關心宇宙如何運行，而是想著當下如何果腹。然而當代人類的主要威脅，往往是由緩慢的變化累積所引起的；如氣候變遷、恐怖攻擊、制度腐化等。

❺ 煮青蛙的比喻

青蛙內部感應生存威脅的器官，只能感應出環境中激烈的變化，所以將青蛙放在溫水中慢慢加熱，就會將青蛙煮熟。若我們對緩慢的改變習而不察，很

容易導致生存危機。

❻ 從經驗中學習的錯覺

當行動的後果超出了一定的時空範圍，就難以直接從經驗中學習。許多重要決定的後果，對整個系統的影響，延伸長達數十年。如政府對大學畢業生22K的就業補助，雖然短期內降低失業率，卻導致薪資結構崩壞，優秀人才外流，影響國家未來發展。

❼ 管理團隊的迷思

管理團隊常為了維持團結和諧的假象而壓抑不同意見。

(三) 學習型組織

聖吉提出「學習型組織」這種理念型，他認為要建立一個學習型的組織，必須具備五項修練的能力：

❶ 系統思考：強調掌握整體系絡的眼光，而非局部、枝節的分析。

❷ 自我超越：成員必須透過學習與反省，不斷超越自我。

❸ 改善心智模式：「心智模式」是一個人詮釋世界與採取行動的起點；個人應檢視內心看待世界的圖像，進行嚴謹的反思和探究。

❹ 建立共享願景：組織必須建立未來的共同願景，使人人願意追求這個理想而主動奉獻。

❺ 團隊學習：團隊是組織學習的基本單位，因為團隊能透過「對話」發覺並除去學習的障礙，例如防衛心態、惡性競爭等。各種修練都由培養「對話」能力開始，使每個人都可以發表己見，以發掘出個人不同的洞見，進入「共同思考」。

組織學習的類型

阿吉瑞斯與熊恩將組織學習分為「單回饋圈的學習」與「雙回饋圈的學習」，簡稱「單圈學習」與「雙圈學習」：

單圈學習（single-loop learning）

單圈學習係「工具性學習」，藉由改變行動方法以達成既定目標，但組織的信念與價值不變。單圈學習適合例行重複的工作，且部門的目標是清楚並被廣泛接受的。換言之，單圈學習只是讓組織做同樣的事情做得更好。若以單圈學習為唯一的學習方式，組織成員只被允許尋求以更有效率的方式去達成組織目標，而非去挑戰組織目標。

雙圈學習（double-loop learning）

雙圈學習強調重新檢視組織的價值、信念策略與假定；策略與假定可能與價值的改變同時發生，也可能是價值改變的結果。雙圈學習指的是對計畫目標的存疑，並質疑計畫是否值得追求，因而必須對於基本的組織任務、目標與策略進行重新檢討。

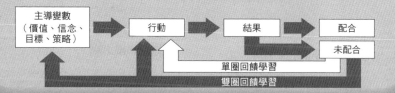

從個人自我防衛到形成組織防衛

阿吉瑞斯認為個人學習無法轉換成為集體學習的原因，在於組織官僚體制的層級節制束縛與「個人自我防衛」的心理天性。個人自我防衛從追求「自我形象」的完整出發，若自我形象或「自我形象的外延」（如自己的意見、看法等）受到攻擊，個體就會自然啟動防衛機制，如「拒絕面對真相」、「害怕別人知道自己的想法」與「缺乏信心或強詞奪理」等。一旦組織中有人開始執行自我防衛，就會逐漸擴散至其他成員，結果團隊中充滿擅於避免真正學習的人，此即「熟練的無能」。而如此一來，人人自我防衛的結果，就變成了組織防衛。

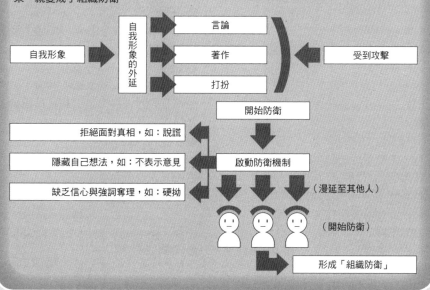

UNIT 6-10
組織文化

組織文化是由特定的組織或團體發展出來的一種基本行為假定，用來適應外在環境，並解決內部整合的問題。若這組假定有效，將透過社會化的過程傳給新進人員，使他們的思考、認知及感覺有所遵循。組織文化的研究途徑視組織是符號象徵的實體，故組織文化具有潛意識成分，任何一個組織文化都是獨特的。

(一) 組織文化的層次

席恩（E. Schein）將組織文化的構成區分為三個層次：

❶ 基本假定

指組織成員對環境以及組織本身所持有的一種信念、觀點、思想和感覺，而將某些事物視為理所當然。此乃人員受組織社會化的影響，在長期的潛移默化中累積而來。其包含五個面向：

①與環境的對待關係：將組織與其環境的關係看成是和諧穩定，或是衝突變動？此涉及組織的最終任務、目標、手段、表現的評量標準等。

②對事實與真理的看法：事實與真理的判別標準是「外部物理性真實」（客觀的實證科學）還是「社會性真實」（團體的共識）？此涉及組織對資訊的取捨。

③對人性本質的假定：人是性善還是性惡？主動還是被動？此涉及組織對員工工作動機的看法及管理方式的選擇。

④對人類活動與人群關係的假定：人類活動的意義何在？人是被命定的還是可以創造的？人際之間是互助的還是競爭的？此涉及組織中的權力與認同關係。

⑤對時間本質的假定：何謂「長遠」的未來？歷史是否有價值？此涉及組織對於計畫時間的定位，與行動時間的調和。

⑥對空間本質的假定：人際之間的親疏遠近該如何拿捏？此涉及組織中空間的安排，與職位權力的設計。

❷ 價值觀念

指個人或團體所偏好的事物、行為方式或目標的選擇；不同的價值觀念將會影響組織的管理方法、制度以及決策。

❸ 器物與創造物

①言辭的創造物：如象徵符號、歷史典故、流傳迷思、特定語言等。

②行為的創造物：如儀式、慶典等。

③物品的創造物：如建物風格、器具型式或色彩、人員服裝等。

(二) 日本式的組織文化

威廉大內（W. Ouchi）著《Z理論：美國企業如何迎接日本的挑戰》，提出日本管理文化的特徵如下：

❶ 長期僱用

以「組織效命」為核心價值，員工在組織中有安全感並承諾效命。

❷ 緩慢升遷

以員工生涯取向為核心價值，以多功能角色的歷練擴大員工的工作經驗及生涯路徑。

❸ 參與及共識的決策

以團體合作為核心價值，透過相互溝通的方式取得共識。

❹ 人人負責的團體決策

以信任與相互支持為核心價值，強調團體忠誠。

❺ 全局取向

以平等與全人觀為核心價值，員工平等合作以完成工作。

席恩的組織文化層次

器物與創造物層次
可見的組織結構和過程、技藝、行為模式等。

 例如 人事規章中有許多獎勵辦法，提供優渥的績效獎金等等。

價值觀念層次
可在物理環境中檢驗；但必須透過社會共識的過程來查驗。

 例如 認為激勵措施比懲罰更能提升員工的工作熱情與績效。

基本假定層次
習而不察、隱而未現的深層價值觀。

 例如 相信人性本善。

Z 理論的組織文化

日本的「派系」文化

中國的「家族」文化

Z型組織（日式管理）

自我引導的工作團隊

- 以工作技能與任務分配決定角色
- 員工對工作負責以盡其義務
- 領導與管理權責共享

組織文化的類型

奎恩（Quinn）和麥克葛雷斯（McGrath）將組織文化分類如下：

	說明
層級的組織文化	組織趨向集權且重視內部的整合工作，人員行為受法規約制，強調組織的穩定性、行為的可預測性、協調合作與責任感等價值。
理性的組織文化	強調權力整合，集中力量應付競爭對手。這是典型的績效取向文化，強調利潤、效率、生產力與成本控制。
共識的組織文化	組織以授權、分權的方式，維繫內部的穩定，故強調人員參與、共識達成、團隊合作，以及友善信任。
發展的組織文化	組織一面透過分權以解決問題，一面培養危機的意識；並以願景和領袖的個人魅力來維持工作士氣。

（組織對環境的確認程度）

高

| 層級的組織文化 Hierarchical Culture | 理性的組織文化 Rational Culture |

低 ——————————————— 高

（行動的迫切程度）

| 共識的組織文化 Consensual Culture | 發展的組織文化 Developmental Culture |

低

UNIT **6-11**
組織氣候

(一) 組織氣候的意義

在組織行為的研究中，有一種類似於組織文化的討論，稱為組織氣候（Organizational Climate）；其源於黎特文（G. Litwin）與史春格（R. Stringer, Jr.）以行為科學研究組織成員的行為動機及其行為，進而形成「組織氣候尺度」。意思就是「在特定環境中，個人直接或間接地對於這一環境的察覺（perception）」；也可以說是組織的「氛圍」或是「氣氛」。但由於行為科學強調客觀的經驗證據，因此組織氣候的研究者往往必須定出衡量組織氣候的面向或尺度，至進行觀察與測量，這也是它與組織文化的高度抽象性的不同之處。

(二) 組織氣候的研究

❶ 李克特

李克特（R. Likert）用「領導過程」、「激勵力量」、「溝通過程」、「互動與影響過程」、「決策過程」、「目標設定或命令」以及「控制、考核過程」等七項組織氣候的衡量尺度，將組織分為：系統一（System 1）、系統二（System 2）、系統三（System 3）及系統四（System 4）的組織。以系統四的組織最好，系統一的組織最差。

❷ 白萊克與毛頓

白萊克（R. Blake）及毛頓（J. Mouton）於 1964 年發表《管理格道》（The Managerial Grid），提出「管理格道論」的組織型態。他們以「關心員工」與「關心工作」兩項變數來衡量組織氣候，產生了 81 種（9 X 9）不同的組織氣候或管理型態，其中最具代表性的五種如下：

① 無為型：座標值為（1, 1），此種組織氣候代表主管同時對工作與對員工皆漠不關心，管理者但求無過；此種組織績效頗差。

② 懷柔型：座標值為（1, 9），此種組織氣候顯示主管對員工非常關心，反而對工作不甚關心；此時管理者重視人群關係而非工作目的之達成，所以焦點只在設法滿足部屬的需要，不注重業績的呈現。

③ 業績中心型：座標值為（9, 1），此種組織氣候與懷柔型相反，主管對工作績效頗為苛求，對員工需求卻毫不在乎。此時管理者通常專斷集權，逼迫員工達到最高的生產量，卻不顧及員工的尊嚴及價值，故常易引起員工反感及抵制，反而對目標的達成不見得有利。

④ 中庸型：座標值為（5, 5），此種組織氣候顯示主管希望能在產量與員工需求之間取得妥協，一方面體恤員工，一方面又達成工作目標，故又稱「平衡型」；但由於兩方面都未盡全力，所以可能兩邊都不討好。惟大多數的管理者皆採取此種管理方式，在不同的要求中取得妥協，故此型態又稱為「組織人型」。

⑤ 理想型：座標值為（9, 9），此種組織氣候顯示主管克服不同需求的矛盾，同時將關心產量與關心員工整合到最高水準，是一種團隊合作的方式，可獲得高產量與高品質的結果，故又稱為理想型的管理方式。

李克特的組織氣候類型

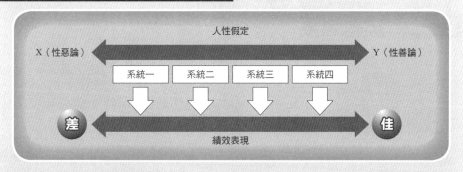

管理格道圖

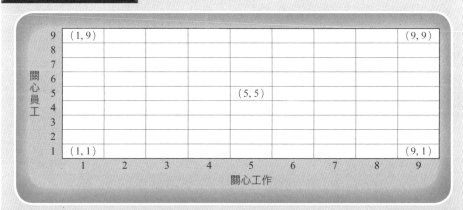

組織文化與組織氣候的區別

組織文化與組織氣候均為組織成員認識其所處環境的方式，所以均會影響組織成員的行為，也都是組織成員行動的基礎。它們二者均是透過組織社會化的過程與符號互動而使成員習得；也都具有多元面向，即組織中同時有多元氣候與多元文化存在，就像我們常說的「次文化」。但二者的差異頗為重要，表列如下：

	組織文化		組織氣候
概念	組織共同的信仰、價值觀、根本假定。	⟷	為組織文化之表象或一部分，是可以刻意營造的一種氣氛。
	透過歷史途徑傳達，是解釋例行公事與獎懲制度所蘊涵的基本價值與規範。	⟷	透過例行公事與獎懲制度所傳達。
	意涵範圍較廣、持續性強。	⟷	意涵範圍較窄、持續性弱。
方法論	以人類學為科學傳統。	⟷	以心理學為科學傳統。
	以定質研究途徑為主，採定性詮釋。	⟷	以律則化、定量的方法從事研究，採實證觀點。
管理面	難以駕馭。	⟷	較易控制、塑造與管理。
	成員早已習焉不察。	⟷	組織對例行公事與獎懲制度的管理。
舉例	成員抱持服務精神而尊重顧客（顧客導向的文化）	⟷	組織規定成員必須笑臉迎人

UNIT 6-12
組織病象

組織病象就如同我們說「組織生病了」！一個官僚組織常見的疾病包括：

(一) 帕金森定理

帕金森定理（Parkinson's Law）是由英國政治學家帕金森於 1958 年提出，他發現一個人工作過多，往往是自己工作無效率所致。就像一個老人家可以為了處理瑣事花上一天。組織也是一樣，往往將一件簡單的事複雜化，那是因為成員之間互相增加工作所致。他說組織中常見的問題包括：

❶ 行政首長均喜好增加部屬，此即組織中常見的所謂「建立王國」現象。

❷ 首長喜用能力比自己差的部屬，以免顯示自身無能，故成員素質會愈來愈低。

❸ 開會時間與議題重要性呈反比；此即阿吉瑞斯所說的「儀式性會議」——愈重要的會議，大家愈不願發言，只等待首長裁示。

❹ 機關內部的「委員會」與委員的人數必愈來愈多，但組織效能愈來愈低。

❺ 機關內部的行政效率日趨低落，但建築及辦公設備卻日趨壯麗豪華。

❻ 由於未用完的預算必須繳回公庫，機關必然儘量花錢，以消化預算。

(二) 寡頭鐵律

寡頭鐵律（Iron Law of Oligarchy）是德國政治學者密契爾（R. Michels）研究德國政黨發現，因一人統治過於勞累，而民主政治人多口雜，往往議而不決、決而不行、行而無果；所以組織最終會走向少數人統治。亦即組織愈大，權力愈集中於少數領導人。

(三) 莫菲定理

莫菲（Murphy）是美國空軍實驗室的工程師，他發現「會出錯的事一定出錯」，而且總在「最糟的時機出錯」，又往往是「為禍最大的問題出錯」。「若事事都順利，那一定忽略了什麼問題」。雖然莫菲定理（Murphy's Law）很像在「唱衰」，卻也提醒我們居安思危、做好危機管理。

(四) 邁爾斯定理（Miles' Law）

曾任美國聯邦預算管理局要職的邁爾斯，曾預言一名前部屬前往其他機關任職後會反過來攻擊預算管理局，因為「職位決定了立場」。就像有些議員對行政機關咄咄逼人，有朝一日自己當上行政首長時又會維護機關立場。此外，他還認為組織中充滿權責不對稱，夾在中間的中階主管是最尷尬的。

(五) 不稀罕效應

不稀罕效應（Bend It Over, Here It Comes Again, BOHICA）源自 IBM 實施 TQM 的失敗經驗，由於組織文化容易產生「反革新情結」，使成員對革新計畫產生消極抵制態度，遂將革新計畫視為「舊酒新瓶」的管理技倆，只要刻意忽視，革新計畫最後必會無疾而終。

(六) 彼得原則

美國管理學家彼得於 1960 年提出彼得原則（The Peter Principle），他從統計中發現組織成員常升到他能力所不能勝任的職位。例如一個好的業務員，不見得能成為好的行銷經理。這是由於不同的職位，需要不同的知識技能；彼得原則提醒我們，不斷進修訓練的重要性。

過度官僚化的結果

學者認為，一個官僚組織對人性造成的斲傷包括：異化、物化、過度順從與無回應力。

病象	意義
異化（alienation）	又稱為「疏離感」，包括： ❶ 無力感：在組織高度分工和嚴密監控下，個人對自己行為後果的掌控能力降低，進而迷信外力，如風水、命運、貴人等。 ❷ 無意義感：個人對其工作不覺得有任何積極性的意義與目的。 ❸ 無規範感：覺得可以為達目的而不擇手段。 ❹ 孤立感：在結構功能的分化下，人際間很難形成有意義的社會關係；因此欠缺團體認同感或無法建立較為穩固的社會關係。 ❺ 自我孤絕感：覺得工作本身不具有任何內在的意義，無法經由工作的內在意義或榮譽來肯定自己，而須藉由追求外物（如：加薪、官位）來肯定自己。
物化（reification）	原意是「人失去萬物主宰的本性，反而受到人為的創造物所奴役」。用在公共行政，則指政府機關落得以效率、數字、法令等有形的、單向度的標準來衡量整體工作，忽略社會的多元性、複雜性，更忘卻公共利益的追求。
過度順從	人員在組織中由於缺乏安全感，便盲目遵守法令，壓抑自己的創造力；這是官僚體制中的目標錯置（displacement of goals）造成的。
無回應力	在高度控制的情形下，成員往往不會分辨「例行性」與「例外」之間的差異，此種不辨輕重緩急的結果，自然難以滿足顧客需求。

物化　過度順從

進入　官僚機構　→　官僚化歷程　→　變成僵化的行政工具

異化　無回應力

UNIT **6-13** 組織喻象

美國組織理論學者摩根（Gareth Morgan）於 1986 年發表《組織意象》（Images of Organization），提倡以「隱喻」（metaphor）的方式詮釋組織。這種方式常用於哲學研究中，例如老子說的「上善若水」，即是以水為意象，用以形容難以言喻的「道」。摩根認為使用隱喻或意象形容組織，就像「瞎子摸象」，以下八種隱喻都能真實的反映一部分的組織樣貌：

(一) 組織是「機器」

將組織視為一個穩定而講究效率的機器，會依照既定法則運作的封閉系統。傳統理論時期學者（泰勒、韋伯、費堯）的看法即如是。

(二) 組織是「有機體」

將組織視為會因應環境而自我調適的生物，整合理論時期的學者即如是。

(三) 組織是「大腦」

將組織視為溝通和決策系統，能進行控制與學習；賽蒙或聖吉的研究即為顯例。摩根亦由此種隱喻出發，提出「全像圖組織」的概念，認為組織應像大腦一樣，能快速地自我重組以應付許多變化，就像當一個人的眼睛被矇上後，大腦能在短短數分鐘內將感應能力集中在聽覺上，因而發展出更敏銳的聽力。其組織設計原則為：

❶ 功能的重疊性：讓各部門增加額外的功能，並參與整體運作。

❷ 必要的多樣性：組織應該和環境一樣複雜多元，以適應環境。例如企業欲發展海外市場時，經常會聘用銷售地區的人才進入總部。

❸ 學習如何學習：組織要能發現環境的改變，發展質疑的能力與雙圈學習的技術。

❹ 最低限度的關鍵規定：組織應有適度的規範，但也不要過多、過嚴。

(四) 組織是「創造的社會實體」

認為組織文化是組織的靈魂，而組織文化又與社會文化息息相關，所以組織是社會的產物。例如日本文化蘊涵強烈的集體性，所以日本企業重視團隊運作。

(五) 組織是「政治體系」

這種隱喻著重觀察組織中的利益、衝突與權力；組織就像政體一樣，採用某種「統治」體制以作為在成員中建立和維持秩序的手段。政治隱喻可將組織管理方式歸納為：一元主義（獨裁領導）、多元主義（民主參與的管理）與激進主義（勞資對立的狀況）。

(六) 組織是「心靈囚籠」

組織往往約束了成員的思考方式，組織的學術研究也受限於行為科學等理性知識的發展，而忽略使用隱喻等哲學方式。

(七) 組織是「變遷邏輯的展現」

組織是一種自我創生的體系，管理者必須與矛盾共處並學習管理變遷。

(八) 組織是「宰制工具」

組織對員工帶來許多職業災害及不人性的對待，對環境造成污染，也對社會帶來許多可怕的影響，如塑化劑、過期原料、化工食品等，企業生產這些有毒食品使國人健康遭到重大傷害。

各種分析喻象的優缺點和舉例

喻像	優點	缺點	舉例說明
機器	當任務明確、環境穩定、機器良好，以例行性與精確性為重點時，可以得到良好結果。	難以適應變動環境、容易出現衝突且喪失人性。	每個人每天在組織中做著相同的事。
有機體	強調環境與組織的關係，重視生存、創新與權變，對組織發展理論有重要貢獻。	太強調競爭而忽略合作，忽略內部衝突的存在。	穩定的環境，可以用標準作業程序運作；不安的環境，就要運用各種臨時性團隊。
大腦	有助理解策略管理、組織學習和自我組織的過程，並超越有限理性。	強調自我組織易和權力與控制產生矛盾。	員工會一起思考，創造出更多的新知識。
創造的社會實體	重視人性、符號與變遷的管理，並說明組織是以共享的意義為基礎。	文化不易理解，且文化支配人性但並不代表人性。	美國人重視英雄主義，企業給薪與績效獎金很高，但解僱也很風行。日本企業雖然沒有很高的薪水與獎金，但也較少解僱員工。
政治體系	有助打破組織理性、機械或有機體的迷思，並使我們理解組織中的權力遊戲。	會使組織充滿懷疑、犬儒主義等分析，將一切行為視為別有政治意涵。	老闆「獨裁」，工會制度就像「代議民主」，自我組織的團隊則以「直接民主」的方式運作。
心靈囚籠	鼓勵人們發掘潛意識與無意識，促進批判性分析，找出變革的阻礙。	對組織意識形態的理解，也許難以影響基本結構變遷。	組織會要求員工以組織的方式思考問題，例如政府機關會要求公務員辦事一定要先思考「是否合法」。
變遷邏輯的展現	有助於理解變遷的深層結構與系統邏輯。	太過抽象、太過理論。	例如不起眼的蜜蜂，若是從環境中消失，將會影響整個生態環境。所以「變化」是牽一髮動全身的，生產線上一個員工請假，可能導致整條生產線癱瘓。
宰制工具	注意卓越組織的黑暗面，關注於非預期後果與弱勢受害者。	無法造成革命性的改變以突破宰制的枷鎖。	老闆常把員工操到爆肝，也不願多請一點員工或提供更好的福利。而員工抱怨得到的回覆是「你不做，還有一堆人搶著做」。

UNIT *6-14*
公共組織的設計原理

　　儘管就組織理論而言，公共行政所接受的內涵幾乎全來自於一般的管理學思想，可說沒有專門為政府機關設計的「公共組織理論」，但美國行政學大師羅聖朋歸納出的公共行政三大研究途徑，可作為公共組織設計的指南。

(一) 管理途徑 —— 追求效率

　　管理途徑認為公共行政著重於效率的追求，這種觀點可謂源自威爾遜、古德諾等最初的「政治行政分立論」，故又稱為「威爾遜學派」。在古立克宣稱「政府革新的首要之務在追求效率」下成為美國公共組織的基礎。而這種追求效率的觀點可分成兩階段：

❶ **傳統公共管理**

　　追求經濟、效率、效能等金錢價值，依循韋伯的官僚體制原理設計組織，因而形成「對事不對人」的去人性化組織，一切運作方式均以理性為依據。

❷ **新公共管理**

　　1980 年後，上述官僚型模的設計已無法滿足社會需求，反而形成官僚的無效率現象，因而在新右派理念下，公共組織除了成本與效率，還要重視「顧客」，因此公共組織的設計也像企業一樣重視競爭、重視績效，運作上應該分權，並儘量撙節開支。

　　當代管理途徑以新公共管理為指導原則，引進許多企業管理理論，如目標管理、全面品質管理、策略管理、績效管理……等等，試圖將公部門塑造成一個「顧客導向」、「成果導向」的。

(二) 政治途徑 —— 民主回應

　　政治途徑講究民主政治的基本要求 —— 回應民意，因此公共組織的目的不在於效率的追求，而應重視「代表性」、「回應性」、與「課責性」；換言之，政府應建立符合社會人口母體結構的「代表性官僚體制」，並回應人民的需求，強調公務員的行政倫理與責任。至於公共組織的決策，則難免政治妥協，故以漸進式的決策與預算分配為基調。

　　此外，政治途徑強調公共組織與企業的不同，如艾伯比（P. Appleby）所言，政府機關和其他所有組織的區別在於：❶影響與考量的範圍極廣；❷更高的公共責任；及❸政治特徵明顯。因此公共組織乃以政治權力為其運作核心，以公共利益為其追求目標，呈現多元主義、自主性、重視與立法機關的關係，並強調地方分權。

　　由於 1930 年代羅斯福總統推動「新政」（New Deal）的手段堪為代表，故公共行政的政治途徑又稱「羅斯福學派」。

(三) 法律途徑 —— 權利保障

　　1787 年美國制憲會議時，麥迪遜（James Madison）懼怕聯邦政府的權力太大，認為應以法律抑制政府權力。所以法律途徑反映公共行政中的「麥迪遜學派」。他們重視政府組織的依法建構、國家定位、主權本質、民主制度等崇高而抽象的原則。

　　法律途徑強調行政程序的合法性，以執行公法為主的行政機關，需要獨立的地位，並儘量採取委員會的形式，以保障人民權利。我國公平交易委員會、消費者保護委員會、國家通訊傳播委員會等公共組織，都是以保障人民權利為主的公共組織。此外，環保稽查、衛生稽查等政府業務，也都反映了公共組織具有執法性的特色。

公共組織的管理、政治與法律途徑的比較

	管理		政治	法律
	傳統的管理	新公共管理		
追求的價值	經濟、效率、效能	成本、效能、回應顧客需求	代表性、回應性、課責性	合憲、正當程序、實質權利、平等與公正
結構設計	理念型官僚體制	競爭、形同廠商	組織多元論	裁決與抗辯
對個人的觀點	對事不對人的案例、理性的行為者	顧客	團體成員	個別成員、階級成員、合理人格
預算理性	理性的（成本與利益的計算）	重視績效、市場取向	漸進的（利潤和成本的分配）	權利基金
決策理性	理性——廣博的	分權、節省開支	漸進調適	先例的漸進主義
政府功能的特色	行政部門	行政部門	立法部門	司法部門

管理途徑與政治途徑在效率、分權與回應性上的比較

	傳統公共管理	新公共管理	政治途徑
效率的觀點	以科層化追求效率	精簡組織與法規	不重視
分權的觀點	注意控制幅度與專業分工	減少層級、授能基層	職權重疊的設計
回應及參與	不重視	顧客導向	代表性官僚組織

公共組織設計的另一種研究途徑

國內知名公共行政學者吳瓊恩教授曾提出另一種公共組織的研究方法，將公共組織的觀察視角分為：管理、政治、文化與社會建構等四大途徑。

	管理途徑	政治途徑	文化途徑	社會建構途徑
出現背景	政治與行政二分。	政治與行政不能二分，公共組織要與環境互動。	1970 年後，關於組織文化研究的興起。	政治與行政不能二分，強調公共性的復興。
內容要點	以效率、效能和經濟為核心，行政研究從管理基礎開始，有效率即是好，無效率即是壞。	行政是政治過程，公共組織臣屬於政治，要顧及利益團體競爭的平衡，以代表、回應、課責為主要價值。	組織文化即組織成員所共享的基本假定與信念；透過學習以重新創造自我，是一種超越理性的管理。	行政學是哲學，公共組織應促進公民社會，而不是市場與消費者社會。
組織結構	層級節制	代表性官僚組織	趨向平坦結構	網絡式公共組織

第 7 章
組織管理理論與實務

●●●●●●●●●●●●●●●●●●●●●● 章節體系架構

UNIT **7-1**
領導的本質

(一) 領導的意義

領導（leadership）乃是某一種特定情境下，某人行使各種影響力，以影響他人或團體行為，使其有效達成目標的過程。所以領導是一個發揮「影響力」的過程，而且是領導者和被領導者「互動」的過程；而這個過程的目的在實現某種特定的目標。

(二) 領導與管理

領導與管理（management）的差異，在於下列幾點：

❶ 管理主要是「權威」（authority）的運用，特別是韋伯所說的「法理權威」，其以法令為基礎；領導則以「影響力」（influence）的運用為主，強調讓追隨者「心悅誠服」地改變自身行為。

❷ 管理一定是上級對下級的權力運用，是由上而下的；領導則不限於上級對下級的領導，也可能是下級對上級行使影響力而產生實質的領導，此種狀況稱為「相互領導」。在電影「獵殺U571」中，美國潛艦的老士官長就憑其經驗與智慧，每每指正菜鳥艦長的領導行為。

❸ 管理比較屬於功能性的、技術性的，其責任落於組織中各層級的主管；領導則著重願景的建立、組織文化與價值的培養，通常以組織最高首長為觀察對象，但亦有可能是組織中任何一個具有領袖魅力與領導才能的人。

(三) 領導權力的基礎

賽蒙曾將領導的基礎分為：信任（confidence）、認同（identification）、制裁（sanction）、合法（legitimacy）等四種權威。另外綜合傅蘭琪（Wendell L. French）等多位學者的看法，領導權力的基礎包括：

❶ **獎賞權力**
員工認為接受領導可獲得獎勵，同時領導者所給予的獎勵能與被領導者的期望相當。

❷ **強制權力**
被領導者瞭解若不接受領導將受懲罰，為避免懲罰只好接受。

❸ **合法權力**
依組織規定、團體規範或社會文化倫理關係，某些人透過文化價值、社會結構或是上級授權，而具有領導他人的「正當性」；如部屬接受上司領導、學生接受老師領導、子女接受父母領導。

❹ **參照權力（歸屬權力）**
某人在學識、能力、做人處事等各方面表現優異，使他人產生敬仰、認同，願意以之為學習榜樣，而接受其影響，故能成為領導者。

❺ **專家權力**
在專業化的時代，專家常被稱為「自然領袖」，甚至比法定職權更能產生影響力。

❻ **資訊權力**
指領導者擁有或能接近具有價值的資訊，而其他人想分享其資訊時，就會產生領導作用。

❼ **關聯權力**
某人與組織內具有權勢者有所關聯，這種人被稱為為「連針人」（linking-pin person），他人基於尊重、巴結、不願得罪，而接受其影響力；如首長秘書、司機、夫人等均屬之。

權力的來源與類型

羅賓斯（Robbins）認為「依賴關係」（Dependency）是產生權力的要件，亦即「當 B 愈依賴 A 時，A 對 B 的權力也愈大」。而依賴關係與供給來源的多寡成反比，此即「物以稀為貴」的道理。當一個人所擁有的資源具有重要性、稀少性與不可替代性時，他人的依賴程度就會加深，因而能享有權力、領導他人。

艾桑尼（Etzioni）將權力在組織中的運用分為三種：

強制性權力 （Coercive power）	強迫某人服從另一人的願望。例如監獄中獄警對囚犯的控制。
功利性權力 （Utilitarian power）	權力的行使係依據成員績效進行獎賞。例如企業中的員工為提高薪水而服從上司的命令。
規範性權力 （Normative power）	以成員的共同信仰為基礎，從而達到對成員行為進行控制的權力。例如宗教組織中的信徒，服膺宗教組織的戒律與規範。

領導者與管理者的差異

綜合多位學者的看法，領導者與管理者的差異如下：

	管理者	領導者
發生地點	正式組織	正式組織或非正式組織
目標取向	非人情化、事後回應、依實際需要設定目標、強調組織文化與歷史的影響。	重視個人遠見、具前瞻性、依個人積極理念形塑目標、強調變遷。
工作取向	視工作為執行過程，激發成員互動與創意，估算得失、減少衝突、談判、議價、獎懲。	以新途徑解決積弊，針對議題提出新選擇，像是藝術家。
人際關係取向	接近人群、不喜孤獨、關心工作完成的方法、善盡監督之責。	情緒化、注重直覺、關心工作對成員的意義，使成員滿意工作成果。
關注焦點	關注組織的物質資源及運用，包括資金、人力、技能。	將焦點放在組織願景、關注組織的精神與情感的資源，重視組織的價值觀、成員對組織的投入及關注。

領導的必要性

組織中是否一定要有領導者呢？有兩種說法認為組織在某種情形下會使領導行為失去作用：

領導替代 （Leadership substitute）	意指領導者與領導行為在組織中變得沒有必要或多此一舉的情形。例如一個高凝聚力的團體不需要關係導向的領導者，一個能及時提供工作回饋的組織也不需要指導型的領導者。這種情形通常發生在一個成員個個經驗豐富、學識淵博、能獨當一面且凝聚力強的團體中。
領導中和 （Leadership neutralizer）	意指組織中出現某些妨礙領導者發揮影響力或使其努力無法獲致成果的事物，又稱為「領導抵銷」。例如領導者與被領導者間的距離過遠，或是文化上的偏見（如男性有時不願意接受女性領導者的領導）。

UNIT **7-2**
傳統的領導理論

圖解行政學

在 1970 年代以前的領導研究，演進的情形大約如下：

(一) 特質論的研究

俗話說「英雄造時勢」，領導者是天生的！如項羽的「力拔山兮」、劉邦的「知人善任」、曹操被評為「治世能臣、亂世奸雄」等等，都是個人特質的敘述。這是領導研究的第一個問題，也是 1940 年代以前領導研究的焦點。

戴維斯（Davis）認為領導者應有的特質包括：智慧、社會的成熟性與廣博性、內在的動機與成就欲，以及人群關係的態度等。史杜迪爾（R. Stogdill）認為領導人的特質有五大類：❶ 能力（智力、語文、敏捷、創造、判斷）；❷ 成就（學術、知識、體能）；❸ 責任（可靠、自發、毅力、進取、自信、企圖心）；❹ 參與（活動力、適應力、社交、合作、幽默）；❺ 地位（社經地位、知名度）。

這種研究隨著行為科學的興起而逐漸沒落，因為隨著時代與環境改變，新特質不斷浮現；而這些特質和領導效能之間的關係，也缺乏科學驗證。

(二) 行為論的研究

在 1940 年代至 1970 年代之間，領導研究者將焦點置於領導者所表現的行為上，相信領導者是可以培養的。代表性的研究有：

❶ 俄亥俄州立大學的兩構面理論（1945）

由史杜迪爾（R. Stogdill）率領的美國俄亥俄州立大學以問卷調查實際的領導行為，提出兩種影響領導行為的因素，分別是：①創制型的行為：領導者透過對部屬的地位、角色與工作方式，設法訂定規章程序，以設定其工作標準；②關懷型的行為：領導者對部屬給予尊重、信任、支持等關懷的程度。

依據上述行為的程度，他們將領導行為匯集成 ── 「高關懷高創制」、「高關懷低創制」、「低關懷高創制」與「低關懷低創制」等四種；詳見右頁圖示。

❷ 密西根大學的兩構面理論（1947）

由李克特（Likert）率領的密西根大學調查研究中心也透過問卷研究將領導型態分為：「以工作為中心」（生產導向）的領導，及「以員工為中心」（員工導向）的領導；而領導者必為二者之一。

❸ 李文等人的三面向理論（1953）

李文（Lewin）、懷特（White）與李比特（Lippitt）從實驗室研究中，將領導型態歸納為獨裁、民主及放任三種：

①獨裁式領導：又稱權威式領導，決策權集中於首長，以權威推動工作，部屬處於被動地位。

②民主式領導：首長在理性的指導及一定的規範下，與部屬相互尊重，距離接近，關係密切。主要政策係由群體討論與決定，領導者採取鼓勵與協助，使部屬進行自發性的努力。

③放任式領導：首長不把持、操縱權力，一切運作聽其自然。組織中缺少明確運作的規範與制度，行事由部屬自行摸索。

❹ 管理格道（1964）

白萊克（Blake）與毛頓（Mouton）提出「管理格道」（Managerial Grid），請見「單元 6-11 組織氣候」。

俄亥俄州立大學的研究成果

該校研究團隊透過創制型與關懷型的領導行為，排列出四種領導方式：

關懷	高	高關懷低創制	高關懷高創制
	低	低關懷低創制	低關懷高創制
		低	高
		創制	

高關懷高創制 —— 整合型領導	領導者兼顧工作目標的達成與部屬的滿足感，使組織工作績效與滿足感均高。
高關懷低創制 —— 福利型領導	領導者在意部屬滿足卻忽略組織目標，績效會較差。
低關懷低創制 —— 虛弱型領導	不關懷部屬亦不重視制度，組織中人人不滿。
低關懷高創制 —— 戰鬥型領導	強調工作規定但不關心部屬，易引起不滿，使離職率高、例行性工作的滿足感最低。

李文的三面向理論相關說明

李文以實驗方式，將許多小學男童分為三組，分別以獨裁、民主、放任三種領導方式觀察他們的反應，而得出此三種領導行為之特質與結果如下：

	獨裁領導	民主領導	放任領導
領導行為特質	❶ 首長壟斷決策權。 ❷ 部屬在奉命前，對政策一無所知；執行若有困難，亦無辯解權力。 ❸ 部屬若不能貫徹命令，首長常予以處罰。 ❹ 領導者與部屬雙方距離甚遠。 ❺ 獎懲隨首長主觀好惡為之，缺乏客觀標準。	❶ 上下之間彼此溝通，分享決策權力。 ❷ 授權部屬，加強責任感。 ❸ 尊重部屬人格，關心其生活及需要。 ❹ 決策與執行過程均對部屬坦誠公開。 ❺ 獎懲依據客觀事實及標準。	❶ 首長很少主動接觸部屬。 ❷ 工作者個人或群體有完全之決策權。 ❸ 領導者僅負責提供部屬所需之資訊，工作之進行幾乎全賴部屬個人自行負責。
領導結果	❶ 通常此種領導方式效果最差，僅適合用以應付緊急事件或領導被動消極及懶惰的部屬。 ❷ 雖可在短期內提高產量，品質卻不佳。	❶ 可鼓勵部屬自動自發、發揮潛能，但不適合領導被動、消極及懶惰的部屬。 ❷ 當領導方式從獨裁突然變成民主時，部屬需要較長的時間適應。	通常此種領導方式的效果並不好，但卻特別適用於學有專精、能力極強、主動積極的部屬。

領導行為連續構面（1958）

坦能堡（Tannenbaum）與史密特（Schmidt）在〈如何選擇一個領導模式〉文中提出領導行為連續構面（連續性行為的領導風格），亦相當著名：
❶ 以上司為中心的領導（權威式）：領導者採取權威方式，一手掌握決策，使用權威範圍極廣，屬員只能聽命行事。
❷ 以員工為中心的領導（民主式）：領導者係採取民主和參與的領導方式，與屬員共享決策權，屬員的自由範圍極廣。
由上述兩種領導行為構面所產生的領導方式有：

權威 ↕ 民主	告知（tell）	領導者決策，並宣布執行。
	販售（sell）	領導者推銷他的決策。
	提出（present）	領導者提出意見，然後請求發問。
	建議（suggest）	領導者提供廣泛的決策，請部屬修正。
	諮詢（consult）	領導者提出問題，廣徵意見後決策。
	要求（ask）	在領導者允許的範圍內，請團體參與決策。
	分享（participate）	在組織限定範圍內，領導者允許部屬決策。

UNIT **7-3**
權變領導的研究

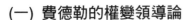

　　學者認為沒有絕對有效的領導方式或領導者特徵，需視情境而定；有經驗的領袖也不見得比沒經驗的領袖更有領導效能，因為情境不同時，有無經驗並無多大差異。由此特性而言，領導模式實應隨著某些情境變數而改變，這就是1960 年代後期興起的權變領導研究。

(一) 費德勒的權變領導論

　　費德勒（F. E. Fiedler）率先提出權變領導理論（contingency leadership theory）的學者，他以「最難共事同仁量表」（Least preferred Co-worker Scale, LPC）觀察領導人性格，LPC 分數高者為「關係導向」領導人，分數低者為「任務導向」領導人。領導者採取何種領導方式，需視「領導者與部屬間的關係」、「任務結構」（指工作例行性的程度）與「職位權力」（指領導者的獎懲權）等三項變數綜合研判而定。

　　他認為領導型態必須與情境密切配合。當領導情境屬於極度有利或極度不利時，宜採取任務導向（強調工作績效）的領導。如果領導情境處於有利與不利之間，則最好採取關係導向（關懷員工）的領導型態。但若領導者個性偏向某種領導型態而難以改變的話，就應改變領導情境。

(二) 赫賽與布蘭查的情境領導論

　　赫賽（P. Hersey）與布蘭查（K. H. Blanchard）認為領導者應採何種領導方式，取決於部屬的「人格成熟度」，即他們的「工作能力」與「工作意願」。

　　他們認為管理者的領導風格有四：

❶ 教導式領導

　　由領導者決定任務並發號施令；屬高工作─低關係導向。

❷ 推銷式領導

　　領導者兼顧指導與支持部屬；屬高工作─高關係導向。

❸ 參與式領導

　　領導者的主要任務在促進意見交流、共同決策；屬低工作─高關係導向。

❹ 授權式領導

　　領導者無為而治；屬低工作─低關係導向。

　　當部屬是低度成熟時（工作能力與意願俱缺），宜採取教導式的領導；當部屬是中下的成熟度時（工作能力與意願稍高或有意願但無能力），宜採取推銷式的領導型態；如果部屬是中上成熟度時（工作能力與意願偏高或有能力但無意願），宜採用參與式的領導型態；如果部屬是高度成熟的（工作能力與意願皆極高），宜採取授權式的領導型態。

(三) 豪斯的途徑目標論

　　豪斯（R. J. House）的途徑目標理論（Path Goal Theory）認為，領導者的功能為協助員工達成目標、為部屬減少工作的障礙，以增加部屬工作滿足感。

　　他認為領導者是輔助者，影響領導效能的情境因素包括：「部屬特性」─能力高低、內控人格或外控人格、需求與動機；及「工作環境特性」─工作的例行性與複雜性、工作團體的發展、組織的情形等。如果部屬在模糊或不明確的情境工作，採取指導性的領導可使部屬獲得較高滿足感；至於在例行、明確的情境下，則以採取支持性與參與性（授權）的領導方式較為有效。

費德勒的 LPC 量表與權變領導論

LPC 量表 LPC 量表是請受測者先寫下他最討厭的同事，然後對該同事進行 15 題左右的評價，例如：

冷漠的	1	2	3	4	5	6	7	8	熱情的

當受測者對討厭同事等人格評價愈高時，代表受測者比較有人情味，在領導行為上愈傾向關係取向；反之分數愈低愈代表在領導行為上傾向工作取向。

領導方式的選擇

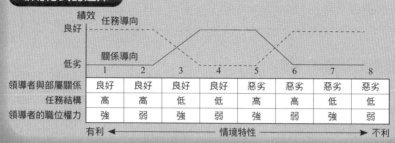

領導者與部屬關係	良好	良好	良好	良好	惡劣	惡劣	惡劣	惡劣
任務結構	高	高	低	低	高	高	低	低
領導者的職位權力	強	弱	強	弱	強	弱	強	弱

有利 ◄──────── 情境特性 ────────► 不利

赫賽與布蘭查的情境領導論

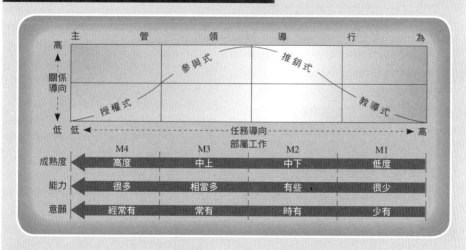

豪斯的途徑目標論

領導方式			
❶ 指導（教導）			
❷ 支持（推銷）	部屬特性	使員工瞭解領導者可以協助他們減少工作障礙，達成目標	員工的工作滿足感得以提升
❸ 參與			
❹ 成就取向（授權）	工作環境特性		

UNIT **7-4** 轉換型領導

領導行為的研究，自 1980 年代進入了「新途徑時期」，各種不同的領導理論如雨後春筍般出現。柏恩斯（James M. Burns）於《領導》（1978）一書中提出的「轉換型領導」（Transformational Leadership）可謂其中的佼佼者。

(一) 轉換型領導的意義

柏恩斯將領導視為一種「領導者與部屬之間相互影響關係的演進過程」；此間領導者與部屬的工作動機與合作意願均得以提升，進而透過人際互動以促進組織的變革。而「轉換型領導」基於人性的 Y 理論，認為領導者透過激勵與引導，能喚醒成員自發的意識與自信心，心悅誠服的認同組織目標。所以轉換型領導的重點在於從價值面、人性面、文化面、社會面來討論領導的現象，透過領導的作用，建立人員對組織目標的共識與承諾；基於共識承諾，領導者創造人員信念和行為轉換之有利條件。

(二) 轉換型領導的根基

轉換型領導有兩個起源：交易領導與魅力領導。

❶ 交易領導（transactional leadership）

交易領導的觀念可源自巴納德「貢獻與滿足的平衡」，也就是以「交換」過程為基礎的領導關係，領導者提供酬賞來換取員工的努力。唯轉換型領導強調「內滋型報酬」（intrinsic reward）的重要性，當領導者將組織的共同願景轉換為成員心中願意奉獻心力的目標時，成員自然會為了這種內在報酬而努力工作。

❷ 魅力領導（charismatic leadership）

魅力領導的基礎在韋伯所說的「超人權威」，也就是領導者以自身魅力來影響追隨者。一個有魅力的領導者能經由溝通，將追隨者的目標與組織目標相結合。所以作為一個有魅力的領導者就像有遠見的老船長，能贏得水手們的信賴、景仰與服從。

❸ 轉換型領導行為的產生

轉換型領導者不僅是有吸引員工的魅力而已，他懂得運用魅力轉換員工的價值觀與組織文化，使員工重視組織利益超越自我利益，在共享願景的領導下，鼓勵員工朝向超越性的目標努力。所以作為一個轉換型領導者，他應有下列特質：

①創造前瞻遠景：領導者個人魅力在於其能創造組織遠景，藉遠景凝聚內部向心力和信任感，使人員努力，有可期待的目標。

②啟發自覺意識：領導者能洞察人員不同的長處和潛能，體察人員的個性能力與組織的變革需要，培養部屬自我覺醒、自我管理的能力。

③掌握人性需求：領導者能滿足員工低層次需求，更能引導員工朝向更高層次需求發展。

④鼓舞學習動機：領導者本身要有追求新知的強烈慾望，還要培養部屬不斷學習新知的習慣。

⑤樹立個人價值：領導者需樹立誠信、正義、公平等價值信念，並親身力行。

⑥樂在工作：領導者需展現工作熱情，並將激起所有成員的熱忱。

轉換型領導

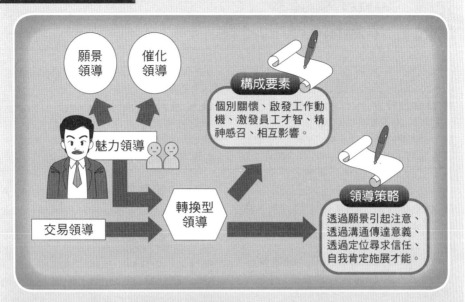

願景領導　催化領導

魅力領導

交易領導

轉換型領導

構成要素

個別關懷、啟發工作動機、激發員工才智、精神感召、相互影響。

領導策略

透過願景引起注意、透過溝通傳達意義、透過定位尋求信任、自我肯定施展才能。

其他著名的領導新途徑

領導途徑	提出者	意義
服務型領導／僕人型領導（servant leadership）	葛立夫（Greenleaf）著《僕人即領導者》（1970）	領導者應先被視為僕人，如同「聖經」所言的領導者應具備三項特質：僕人、管家、牧羊犬。所以領導者應具有僕人的特質與風格，以服務與愛的態度來領導，取代傳統的權威觀念。
建構式領導（constructivist leadership）	藍伯特（Lambert）著《建構式領導者》（1995）	強調領導者與成員的交互作用及互賴關係，領導可視為組織內相互影響與多元指導的歷程，領導將出現在每個層級、團隊與每一個人身上，所以領導不能跳脫他們所處的社會系統與團體動力，「責任分享」與「授權賦能」將更能促進績效。故建構領導講求合作，權力屬於所有的參與者。
催化型領導（facilitative leadership）	高曼（Goldman）等人著《催化型領導的十個步驟》（1994）	認為領導是一種增強組織全體成員調適、解決問題的共同能力，進而提升績效的行為。領導者應發揮催化的功能，引導部屬自己解決問題，故領導者應儘量對部屬授權，並適時加以催化，使其能充分達成分層負責的理想，並鼓勵組織成員共同合作，培養共事的默契以及集體做決定的能力。
願景式領導（visionary leadership）	形成於 1980 年代，納奴斯（Nanus）以《願景領導》一書（1992）正式定名	領導者為組織打造一個比現況更好，且現實性、可靠性、吸引力三者兼具之未來願景的能力。所以願景式領導者應具備三大特質：❶對他人解釋願景的能力；❷以身作則的能力；❸落實願景的能力。

UNIT **7-5**
卓越領導者的才能

圖解行政學

做為優秀的領導者，需要具備哪些才能呢？凱茲（Katz）提出三種必備才能：

❶ **技術性技能**：對其所管轄的業務有一定程度的瞭解與處理能力。

❷ **人際間技能**：此為「待人」，即與他人建立愉悅而有效的溝通、協調、互動模式以及人際關係；也就是要有良好的情緒商數（Emotion Quotient, EQ）。

❸ **概念化技能**：指具備宏觀視野，能從事形而上、抽象化與策略性思維的能力。

除了凱茲，米茲柏格（H. Mintzberg）在《管理工作的性質》（1973）中歸納出領導者所應扮演的十種角色，可區分為三大類，堪稱此間的經典：

(一) 人際角色（interpersonal roles）

❶ **頭臉人物**（fingurehead）：作為象徵性意義，在法律上或形式上代表組織從事特定活動，如會見賓客、主持宴會、代表簽約、剪綵、赴宴、致詞等，以確立對內之法定權威及加強對外之網路連結。

❷ **領導人**（leader）：從事聘用、指揮、激勵、教導員工等活動，以建立團隊。

❸ **聯絡人**（liaison）：從事組織內外個人或團體的接觸聯繫，以便建立團隊與對外連絡網絡，有助於獲取必要的資訊與協助。

(二) 資訊角色（informational roles）

❶ **監理者**（monitor）：負責從組織內外蒐集資訊，特別是組織外部，即環境變化的訊息；這些資訊往往攸關組織的生存發展。

❷ **傳播者**（disseminator）：從事傳播遞送資訊給組織內成員的活動，擁有暢通的溝通網路，適時適量的資訊傳遞，是有效管理的重要基礎。

❸ **發言人**（spokesperson）：代表組織對外傳播遞送資訊，在面對外界時，肩負取得善意、消弭疑慮的重責大任，以塑造組織的正面形象。

(三) 決策角色（decisional roles）

是領導者最重要的責任，包括以下四個角色：

❶ **企業家**（entrepreneur）：從事發掘機會、化解危機、因應環境變遷、促進組織變革等作為，以期為組織創造永續經營、長遠發展的生機。

❷ **干擾處理者**（disturbance handler）：負責處理各種有損組織績效或有礙組織發展的干擾；並針對突發問題，尋求解決之道。

❸ **資源配置者**（resources allocator）：由於組織的資源有限，因此領導者必須設法有效地配置組織的人力、財力、物力、時間、資訊等資源。

❹ **談判者**（negotiator）：代表組織與相關人士，如政府、供應商、顧客、工會代表等，進行溝通、協調、議價、談判等活動，為組織爭取利益。

此外，道爾頓（Dalton）與湯普森（Thompson）也指出組織高階人員的四個主要功能為：

❶ **提供方向**：為組織指引方向，並據以指導其他成員的行動。

❷ **運用權力**：要嫻熟權力的運用，以便能影響他人的決定，朝向組織的目標。

❸ **作為組織代表**：高階管理人應建立組織內外的網絡關係，以便蒐集或分享資訊和資源。

❹ **支援關鍵人物**：對於能為組織帶來貢獻的關鍵人物，要認真的選拔與支持，提供歷練的機會。

凱茲理論的擴充

		診斷 （尋求解決問題的對策）	溝通 （具有收發資訊的能力） 慎思 （同「診斷」）
概念	概念	概念	
人際	人際	人際	
技術	技術	技術	
提出者	凱茲（Katz）	葛瑞芬（Griffin）	赫瑞傑（Hellriegel）與 史羅康（Slocum）

公部門的領導者應有的才能

吳瓊恩教授認為一位政府首長不能只是具有高度專業的「技術官僚」，更要具備策略思考、抽象思考與完美人格；大致包括下列數項：

UNIT **7-6**
決策理論概述

賽蒙認為決策的理性程度是指依「成本—效益」高低進行分析的程度，不只是衡量組織效率的關鍵，也是研究行政行為的核心。行政機關常見的決策模式依理性程度由低至高排列如下：

(一) 政治性決策（political decision-making）

認為大多數的政策或計畫，是菁英或高層以各自利益為考量，相互折衝妥協後制訂出來的，沒有理性分析可言。

(二) 漸進途徑（incremental approach）

林布隆（L.E.Lindblom）發表〈漸進調適的科學〉（1959），他認為社會科學是漸進調適的科學，決策追求的僅是過去活動的微調修正；也稱為「枝節途徑」（branch approach）。其要點為：❶同時考慮目標與手段；必要時，可修改目標以迎合手段；❷只尋求微調現況的方案與少數替選方案；❸對每一方案僅考慮少數可能後果；❹決策者不斷重新界定問題；❺無最佳方案，只有符合實際需要的方案。

(三) 垃圾桶決策途徑（garbage-can decision-making approach）

柯漢（M. Cohen）、馬屈（J. March）及歐爾森（J. Olsen）三人發表〈組織選擇的垃圾桶模式〉（1972）。他們認為組織處於「有組織的混亂狀態」（organized anarchies），具有三項特質：❶ 有問題的偏好：決策參與者對於問題與目標無法明確界定，偏好之間出現相互衝突之處。
❷ 不明確的技藝：決策參與者僅能片面掌握他所從事的工作性質與內容，對

於他的工作如何與組織的整體工作相互配合則無法全面的認識。因此只能以嘗試錯誤的方式，從經驗中學習處理事務的技巧。
❸ 流動性的參與：決策者的參與亦因時、因地而異，顯示出流動性的參與。

所以組織決策只是決策過程中不經意產出的結果。組織是一個由「問題」、「解決問題的替選方案」、「參與者」以及「選擇機會」混合而成的垃圾桶，當問題正好碰到解決方案、解決方案又能符合參與者的利益，且決策者有機會發現問題與解決方案時，決策於焉誕生。

(四) 混合掃描途徑（mixed-scanning approach）

艾塞尼（A. Etzioni）發表〈混合掃描：決策的第三個途徑〉（1967），將「理性廣博」與「漸進」途徑綜合而成為混合掃描決策途徑。他主張決策者可將問題分為高層次與低層次處理，高層次部分採取理性廣博途徑定下基本的決策方向，低層次部分則以漸進途徑制定詳細的執行辦法，以使決策實際可行。

(五) 滿意途徑（satisfying approach）

賽蒙認為人是有限理性的行政人（administrative man），只追求「滿意的」決策，而不是「最佳的」決策。

(六) 理性廣博途徑（rational-comprehensive approach）

古典經濟學家假定個人為追求最大經濟利益的「經濟人」，所以決策者能夠依據充分完整的資訊，對問題作周詳理性的考慮而制定最佳的決策，也被稱為「根本途徑」（root approach）。

決策理性的排序

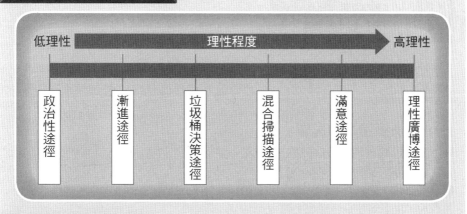

低理性　　　　　　　　理性程度　　　　　　　　高理性

政治性途徑

漸進途徑

垃圾桶決策途徑

混合掃描途徑

滿意途徑

理性廣博途徑

垃圾桶決策

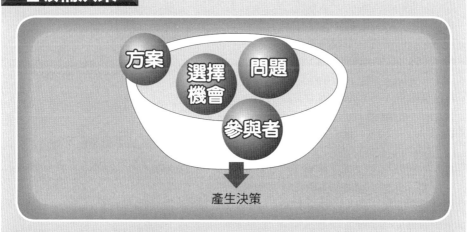

方案

選擇機會

問題

參與者

產生決策

混合掃描途徑

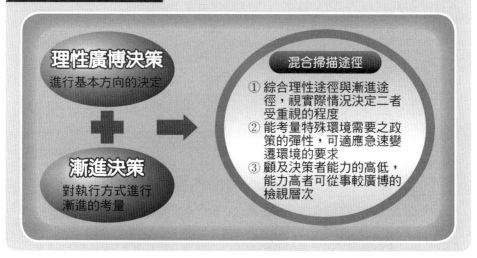

理性廣博決策
進行基本方向的決定

漸進決策
對執行方式進行漸進的考量

混合掃描途徑

① 綜合理性途徑與漸進途徑，視實際情況決定二者受重視的程度
② 能考量特殊環境需要之政策的彈性，可適應急速變遷環境的要求
③ 顧及決策者能力的高低，能力高者可從事較廣博的檢視層次

UNIT **7-7** 個人決策

管理者在做決策時，往往受到下列因素影響：

(一) 受決策情形的影響

❶ 與決策的相對重要性有關，愈重要的問題就會花更多的時間與心力。

❷ 與時間壓力有關，能用來決策的時間愈短，決策的品質往往愈不穩定。

❸ 受組織中的上級的約束、下級的影響，或同層級之限制。

❹ 受例行法規制度與程序約束，或是行之已久的慣例、潛規則所影響。

❺ 受沈澱成本（sunk-cost）的影響。沈澱成本是決策前已投入的成本，決策者無法回收也不願拋棄，因而影響決策；例如核四的續建，就受高額的沈澱成本影響。

❻ 受現存組織或制度的影響，例如行政、立法、司法等影響政策合法化的其他機關，它們的結構、工作程序及與其他組織的關係，都會影響決策者。

(二) 受決策環境的影響

❶ 確定性情境

「確定性情境」是指任何決策行動的後果皆為已知，亦即任一方案實施後，所需付出的成本及可獲得的利益均可完全確定。通常只發生於採購、公共建設等比較單純的備選方案中。在此種情境下的政策方案評比技術可採取量化的計算方法，如「成本利益分析法」、「償付矩陣法」或「線性規劃法」等等。

❷ 風險性情境

「風險性情境」是指決策者面臨數種可能發生的變化，例如常見的氣象預報中關於「降雨機率」的情形，就代表風險性情境。決策者必須設法預測各種情況發生的機率，再依其機率來選擇備選方案；也就是以各種情形發生的機率乘以方案的利益來計算「期望值」。決策者可用「決策樹法」、「最可能發生情況決策法」、「平均期望值決策法」及「期望水準或績效標準決策法」等等方式進行決策。

❸ 不確定情境

「不確定情境」是指在環境無法掌握的狀況下，決策者只能依據個人價值觀、個性、對效用的看法等因素進行判斷，進而選擇方案。較常使用的決策原則為：

①悲觀原則：假定決策者態度保守，認為最不利的情況總會發生，所以預先做最壞的打算。決策時他會將各替選方案在最糟的情境下所產生的最低利潤挑出比較，選擇其中利潤最大的方案；此時稱為「小中取大原則」。又或者將各方案的最大成本挑出比較，選擇其中成本最小的方案；此時稱為「大中取小原則」。

②樂觀原則：假定決策者態度積極，認為最有利的情況總發生，決策時會將各替選方案在最有利的情境下所產生的最高利潤挑出比較，選擇其中利潤最大的方案；此時稱為「大中取大原則」。又或者將各方案產生的最小成本挑出比較，選擇其中成本最小的方案；此時稱為「小中取小原則」。

③主觀機率原則：決策者會主觀地賦予每個情境發生的機率，例如有三種可能情況，就各 1/3；以此計算獲利或付出代價的結果。

④遺憾最少原則：以「機會成本」的觀念為核心，認為決策者進行決策時，會儘量選擇一個令他遺憾最少（機會成本最低）的方案。

悲觀原則

茲以追求利潤的決策為例,依「小中取大」原則例示:

單位:百萬元

方案 \ 情境 獲利	景氣好 機率:?%	景氣尚可 機率:?%	景氣不佳 機率:?%
甲案	12	14	18
乙案	16	16	16
丙案	11	15	17

說明:無論景氣如何變化,在甲、乙、丙三案中,選取最小的利潤(甲:12、乙:16、丙:11),再從中選出最大的一個,就是乙案的16;所以最後乙案被選出。

樂觀原則

茲以追求利潤的決策為例,繼續採用上述例子,依「大中取大」原則例示:

單位:百萬元

方案 \ 情境 獲利	景氣好 機率:?%	景氣尚可 機率:?%	景氣不佳 機率:?%
甲案	12	14	18
乙案	16	16	16
丙案	11	15	17

說明:無論景氣如何變化,在甲、乙、丙三案中,選取最大的利潤(甲:18、乙:16、丙:17),再從中選出最大的一個,就是甲案的18;所以最後甲案被選出。

主觀機率原則

以追求利潤的決策為例,繼續採用前例,依「主觀機率」原則說明如下:
甲: $(12 + 14 + 18) \div 3 = 14.67$
乙:16
丙: $(11 + 15 + 17) \div 3 = 14.33$

結果:乙案勝出。

遺憾最少原則

以追求利潤的決策為例,繼續採用前例,依「遺憾最少」原則說明如下:
在景氣好時乙案獲利最佳、在景氣尚可時也以乙案最佳、景氣不佳時則以甲案最佳,故分別以乙案、乙案、甲案為基準計算。

	景氣好	景氣尚可	景氣不佳	最大遺憾
甲案	$16 - 12 = 4$	$16 - 14 = 2$	$18 - 18 = 0$	4
乙案	$16 - 16 = 0$	$16 - 16 = 0$	$18 - 16 = 2$	2
丙案	$16 - 11 = 5$	$16 - 15 = 1$	$18 - 17 = 1$	5

結果:發現選擇乙案的最大遺憾最小,故選乙案。

UNIT **7-8**
提升個人決策理性之道

圖解行政學

「理性」這個詞有許多不同的定義，就決策而言，通常是指「以最有效率的方法達成目的」或「能追求決策者利益的極大化」。經濟學家假定人類決策時都是「完全理性」的，如此價格機制才能發揮效果，讓每個人在市場中自由、公平地追求自己的利益。因此，認為人類完全理性的看法又稱為「經濟人」的假定。

決策者以理性思考來解決問題，意指採取有系統的邏輯程序來解決所面對的問題，用邏輯的、分析的思考技術，也是一種「直線式的思考」，例如採取目標管理、策略管理等技術。惟理性的思考常常只能運用在可量化的、問題結構清晰的情境上，真正的行政決策經常是在渾沌的、多變的情境中進行。因此作為一個決策者，除了需要有數量分析的能力之外，也要具備豐富的經驗、敏銳的判斷力與創造力。行政學家林鍾沂教授認為，領導者應培養下列六種能力，才能做出優異的決策：

(一) 自我指涉與自我超越的能力

自我指涉著重於體會外在的變化，使自身具備御變的自主性，可在變化環境中，形塑自我認同，使環境成為自我認同的延伸。自我超越則在於不斷學習，透過集中精力、培養耐心，客觀的觀察環境，是學習型人格的精神基礎。

(二) 進行系統思考的能力

系統性的思考能力在於能觀察因果的互動關係，而不是直線式的因果關係；能察覺一系列的變化過程，而非片段的、一樁樁的個別事件。

(三) 非均衡思考的能力

決策者必須尋找組織發展的關鍵點，對於關鍵突破點（break-points）的到來相當敏銳，並事先做好應變的措施。

(四) 前瞻的思維能力

決策者不能只看眼前的和自我的利益，莫根（Morgan）決策者應該能向前看，尋找問題和機會，再找出重構問題的新方法；進而把握、形成和發展這些機會以便執行；最後，要跳脫自我中心，從他人或外在環境的觀點來看組織的內部問題。

(五) 超越物化的思考能力

物化的思考是一種過度客觀化的思考方式，把組織中的法規、制度規範、慣例，視為客觀存在的事實，最後受制於這些既成的規約。超越物化的思考必須經常注意具體情境的特殊性，必要時打破常規或逆向思考，容忍曖昧或錯誤，以便學習新的觀點。

(六) 瞭解未來發展趨勢，建立社會責任意識

決策者必須時時關注未來發展趨勢，在各種獨特的事件中理解可能的未來意義，善於捕捉機會、未雨綢繆。而決策者必須建立社會責任意識，不僅是出於高尚的道德理由，更是在相互依賴的社會中，必須將這種高度的社會責任意識整合至決策者思考個人與其社會環境之間的關係上。否則正如同時下之「大統長基」或「日月光」等企業一般，最終仍遭社會唾棄，付出龐大代價。

人類決策的理性

個人決策可能是理性的或非理性的。就理性而言，「目的理性」是指個人能在眾多目的中分辨其價值而依序排列；「工具理性」是指能在既定目的之下，以效益最高的手段達成目的。至於非理性的部分，則是個人經常出現的情形；「慣性」決策依賴的是習慣，也就是在熟悉的情境下，不斷重複例行性的行為，例如每天早上在自己的臥室起床，會在尚未完全清醒的情形下完成盥洗；而「感性」決策則是一種未考慮個人利益或效率的「衝動」，就像在危險的環境中，救難人員會本能的冒生命危險營救他人。

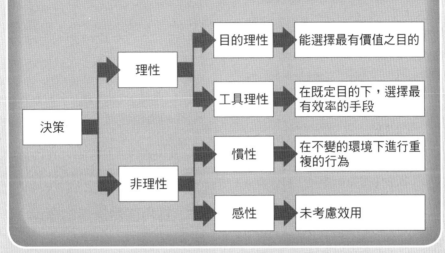

- 理性
  - 目的理性 → 能選擇最有價值之目的
  - 工具理性 → 在既定目的下，選擇最有效率的手段
- 決策
- 非理性
  - 慣性 → 在不變的環境下進行重複的行為
  - 感性 → 未考慮效用

 **★渾沌思考**

　　自 1970 年代後，關於非線性、不確定性與隨機性等自然科學的新思考方式在物理學中興起，這種非均衡思考模式可以渾沌理論（Chaos Theory）為代表。

　　理性科學觀視世界為線性、穩定、平衡的關係，而將無秩序、不規則的現象視為「異例」；然而諾貝爾化學獎得主普里高津（Prigogine）卻認為許多現象是非均衡的、渾沌的、因果之間不成比例的。他認為系統是一種不穩定的耗散結構（dissipative structure），內部次級系統間存在不穩定的非線性關係，且會自環境中吸取能量，隨時與外部交會而產生新形態；所以組織基本上是一種「穩定 → 崩潰 → 重組」的循環更新過程。

　　凱爾（Kiel）將渾沌理論視為一種非均衡的世界觀，他將人類的自然科學發展分為三個階段：

牛頓的物理學觀		有限的權變觀		非均衡理論
系統是規律的、不變的、機械式的、可逆轉的、可控制的。		系統是穩定的、平衡的，雖然會為適應環境而作有限改變，但仍趨向均衡。		系統是自發的、充滿能量的有機體，變化是混亂的、無規則的、未可預知的。

UNIT **7-9**
團體決策

由於首長一人決策往往思慮有限，因此重要決策也往往出自多人討論，以下分別介紹團體決策常用的方法及可能的問題：

(一) 專業人士的團體決策

❶ 腦力激盪法（Brainstorming）

腦力激盪法是透過一群專家有系統的互動，產生想法、目標及策略，包含以下幾項條件：①邀請專家與會；②區分「意見激發」與「意見評估」兩個不同階段，否則在意見激發階段，過早出現的批評與辯論，可能妨礙廣泛的團體討論；③在意見激發階段，與會者暢所欲言；④當第一階段的意見激發已經窮盡時，才可以進行第二階段的意見批評與辯論；⑤最後必須將各種意見列出優先順序，並且把它們整合成一項提案。通常腦力激盪常用在決策的初期，須容忍模糊和曖昧的情況，因此會中人人皆可大膽的想像、彼此激盪，甚至突破常規；行政學中著名的黑堡宣言就是本法的產物。

❷ 具名團體技術（Nominal group technique）

本法的目的在整合個人思考與團體互動，其步驟包括：①寫下自己的意見；②每個成員輪流報告，並分別記錄在黑板上；③討論與評估所記錄的意見；④成員默默給各項意見打分數，積分最高的意見，即為決策。

❸ 德菲法（Delphi technique）

為德國數學家林斯東（Linstone）首創，美國著名智庫藍德公司（RAND）於 1964 年採用，其以主辦單位郵寄問卷的方式取代面對面的會議，以免發生團體盲思（groupthink）情形；該法強調五項基本原則：

①匿名：參與的專家以個別身分發表意見，主辦單位不公開他們的身分。

②複述原則：主辦單位蒐集問卷、整理意見後公布周知，再反覆進行數回合，准許參與者在參酌他人意見後修正自己的判斷。

③控制性回饋：參與者回答預先設計的問卷，並對初步的判斷論證做衡量。

④統計性團體回答：主辦單位對所有參與者的意見進行綜合判斷，分析其「中數」、「離勢」及「次數分配」。

⑤專家共識原則：最終形成專家共識，得出結果。

(二) 採用團體決策的弊病

❶ 團體盲思（groupthink）

詹尼士（Janis）提出團體盲思的概念，乃指某團體因具有高度凝聚力，造成從眾性（conformity），強調團結一致的重要性；這種社會壓力使團體成員順從多數人的意見，而壓抑個人獨立思考與判斷能力，使團體產生錯誤決策。

❷ 團體偏移（groupshift）

團體偏移可視為一種團體迷思的特例，是一種風險移轉（risky shift）的心理現象。團體在討論各種替代方案時，最後的決定往往比參與者個人主張更保守或更激進，視多數參與者的立場而定。例如在國家和戰的決策中，如果多為鷹派成員的聚會，結果通常指向即刻開戰；這是因為群體決策的過程往往加強個人的信念。李安的電影「色戒」所描述的主角們，從愛國學生團體變成真實的敵後組織，就是一種團體偏移的過程。

團體盲思

團體盲思是常見的群體決策錯誤的原因，美國二戰時輕視日本導致傷亡慘重、發動古巴豬玀灣事件失敗、挑戰者號太空梭爆炸等重大歷史災難，其中都有團體盲思的問題。團體盲思的形成可分為「前提條件」、「一致傾向」與「出現外顯特徵」等三個階段：

前提條件	要求全體一致的傾向	外顯特徵

前提條件

① 決策者組成團結性高的團體。

② 團體缺乏公正的領導與規範、團體孤立、成員同質性高。

③ 環境壓力大。

外顯特徵

對團體的高估
① 團體充滿無懈可擊的幻想。例如「我們是最棒的！」
② 堅信團體本身的道德信念。例如「上帝站在我們這邊！」

閉塞的心態
① 對令人不愉快或不確定的資訊合理化。例如「批評我們的都不是真的！」
② 具有競爭對手愚笨、懦弱的刻板印象。例如清末朝廷視西方列強為「蠻夷之邦」。

一致性的壓力
① 成員自我檢查與團體的一致性，漠視疑慮及反對意見。
② 對持不同意見者施予壓力，迫其順從團體。例如「現階段應維持團結！」
③ 成員誤以為彼此意見一致。因為「沈默代表同意」。
④ 具有「自我委任」的防衛心態，過濾外界對團體的批評。

團體偏移

為何一群立場相似的人在一起容易做出更偏激的決定？心理上通常有四種原因：

領導假設
高風險取向者通常在群體中較具影響力，易成為領袖。

風險價值假設
由於人們通常欣賞勇於冒險的人，為避免遭批評為懦弱，會刻意顯示自己願意冒險。

熟悉假設
議題經討論後，會使每個人更熟悉議題，因而敢提高風險承受。

團體偏移
群體易做出更高風險的決定

責任擴散假設
認為群體決策的方式行可個人不用負責，因此敢於同意風險較高的方案。

UNIT **7-10**
激勵理論概述

激勵（motivation）就是「引起動機」之意，意指採取物質與精神上的刺激鼓勵方法，設法滿足被激勵者的需要、激發其內在的工作意願，從而產生符合某人或某組織所期望行為的一連串活動。行為科學家假定人類的行為背後都有原因，一切行為都受到激勵而產生。而要激勵一個人，必須先瞭解他的需求；所以行政管理上論及激勵，有三個要點：

❶ 激勵是透過滿足或刺激成員的需求來進行的。

❷ 激勵旨在使成員產生行動的動機而有所表現。

❸ 激勵所激起或強化的行為表現是符合組織目標的。

激勵作用的現象，是由下列四項條件所構成：

❶ 被激勵者要有能力去完成激勵者所期待的工作，如果被激勵者能力不足以勝任，則激勵也不會產生效果。例如一位美女跟男朋友說：「如果你摘下天上的星星，我就嫁給你。」但男生知道這是不可能的事，就不會發生激勵效果。

❷ 適當的激勵工具與措施，例如獎金、假期、職位……等等足以吸引、鼓舞被激勵者的東西。

❸ 考慮被激勵者心理的認知與評價；即激勵工具能滿足被激勵者的需求。

❹ 激勵者要有考評以及獎賞行動，說到做到，才能使激勵效果延續。

20 世紀以降，激勵理論的主要論題走向管理學、心理學的途徑，主要在告知管理者激勵員工時，應考慮到外在環境因素及人員個人的特質；所以在激勵方面要隨外在環境的變遷，更要考慮組織的文化、政經及社會環境來因地制宜；最後還要根據人員的地位、個性、及經驗等因素運用不同的激勵方法。

一般而言，主管激勵部屬時要注意下列事項：

❶ 注意個人之間的差異性

每個人的需求、態度、個性、個人特徵等皆不盡相同，管理者必須辨識其部屬之差異，以選擇合適的激勵方法。

❷ 適才適所

若部屬熱愛工作，就會產生較高的績效；所以讓適當的人擔任適當的工作，就會有激勵的效果。

❸ 設定具有挑戰性的目標

比現狀稍高的目標，可以激勵個人去挑戰它；但目標若太高，卻會使人放棄。所以為員工設定較困難但是可以達成的目標，也會有激勵效果。

❹ 對不同的人施以不同的報酬

不同的人有不同的需求，管理者應依個人差異而施以不同的報酬，包括加薪、晉升、自主權、工作廣度與深度，以及參與設定目標和做決策的機會等等。

❺ 加強報酬與績效之間的關聯性

管理者必須使部屬認知到報酬與績效是一致的，唯有拿出績效，才能獲得較好的報酬。

❻ 審視報酬之公平性

主管應該讓員工覺得報酬是公平的。

❼ 不可忽視金錢的力量

儘管自巴納德以降，均十分重視非物質的激勵，但金錢仍是多數人工作的理由，易於轉換為各種可欲的事物，以滿足個人需求，故金錢易受一般人歡迎。

激勵理論的類型

激勵理論大致上可以分成兩種學派：認知學派與非認知學派；其中包含三種主要的類型：內容理論、過程理論與增強理論。其類型如下：

學派	類型	研究方向	代表理論	管理上實例
認知學派	內容論	激發成員行為的因素為何？即探討引起行為的內容。	需要層級論、激勵保健論、ERG理論、成就動機論、公共服務動機論等。	藉滿足個人對於金錢、地位，及成就的需要予以激勵。
	過程論	探討成員如何選擇特定的行為模式來完成工作目標；即由需求導致行為的過程。	期望理論、公平理論、目的設定論等。	藉澄清個人對工作投入、績效要求，及獎酬知覺予以激勵。
非認知學派	增強論	透過獎懲手段，對成員行為進行定向控制和改變，以激發、維持或停止成員的行為。	增強理論（操作制約學習）	藉獎酬所希望的行為予以激勵。

認知學派

認為人的行為是由動機所影響，故應從瞭解個人行為的動機出發，去探討激勵現象，故又稱為「激勵的動機論」。其思維模式是：

刺激（環境） ➡ 動機（內在需求） ➡ 行為

非認知學派

認為人的行為雖由動機所影響，但內在動機難以客觀觀察，不如以行為所引起的「後果」來控制人的行為，故謂之「行為，是行為後果的函數」；因其源自心理學的制約學習模式，又可稱為「激勵的學習論」。其思維模式是：

刺激（環境） ➡ 動機（內在需求） ➡ 行為 ➡ 行為後果

影響

◀━━ 難以觀察 ━━▶ ◀━━ 可以觀察 ━━▶

★操作制約學習

史金納曾經設計一個實驗箱，用來研究老鼠的行為；他將飢餓的老鼠放在箱子中，以聲音引誘牠踩下某個踏板後，就會得到一粒飼料；在經歷過許多次後，老鼠就學會只要想吃東西就去踩下踏板。這就是操作制約學習的原理。

UNIT **7-11** 需求層級論

馬斯洛（Abraham H. Maslow）在1943年發表〈人類動機理論〉（A Theory of Motivation），提出著名的「需求層級理論」（need hierarchy theory），指出個人發展的內在力量是「動機」（motive），動機是由數種不同層次的「需求」（need）所組成，而各種需求之間，有高低層次與先後順序之分，故可謂「人是需求的動物」。

(一) 需求的內涵

馬斯洛認為人生來就具備某些基本需求，儘管需求層級論在其不同的著作或版本中曾出現不同的說法，不過較為肯定的人類基本需求有五種，分別是：

❶ **生理需求**（physiological need）

能吃飽穿暖等食衣住行上的需求；例如員工的薪資。

❷ **安全需求**（safety need）

能使身心不受傷害；例如組織的工作保障、退休制度等。

❸ **愛與歸屬感需求**（love and belong-ingness need）

獲得友誼與接納，又稱為「社會需求」；例如參與組織中的「小團體」。

❹ **尊榮感需求**（esteem need）

在工作中具有自尊心、自主權，並受他人重視；例如組織的職位、頭銜。

❺ **自我實現需求**（self-actualization or self-fulfillment need）

能在工作中實現個人理想，發揮個人潛力。

(二) 需求的滿足

根據馬斯洛的需求層級論，個人需求的滿足有一定的順序，當低層次的需求獲得滿足時，較高一層的需求才會產生；若低層次需求無法滿足，高層次需求根本不會被意識到。需求的滿足順序與激勵效果如下：

❶ **需求滿足的順序**

上述需求在個人心中的排列順序由先而後，由低至高是：生理 → 安全 → 愛與歸屬 → 尊榮感 → 自我實現。

❷ **需求的激勵效果**

個人需求的滿足必須循序漸進，在低層次需求滿足之前，高層次需求沒有激勵效果；即所謂「飢寒起盜心」。而在該需求得到相當程度的滿足之後，個人便會開始追求更高層次的需求，即原需求失去激勵的效果；即所謂「飽暖思淫慾」。所以，需求的滿足程度與該需求成為激勵因素的強度成反比。

(三) 自我實現的狀態

以研究動物行為起家的馬斯洛，發現山羊和猴子都有追求更好的生活狀態的天性，因而相信萬物之靈的人類一定有過之而無不及，所以他認為自我實現是人類的本質。而一個自我實現獲得滿足的人，像林肯、貝多芬、史懷哲、愛因斯坦等人，會出現下列特徵：❶ 認清現實並與環境保持和諧關係；❷ 悅納自己、別人和自然；❸ 自發性的思考與行動；❹ 以問題為中心，而非以自我為中心；❺ 具有獨立自主的性格；❻ 對日常生活賦予新意；❼ 幽默感；❽ 包容不同意見；❾ 在生命中常有觸發心靈悸動的高峰經驗（peak experience）；❿ 與少數人建立親密友誼；⓫ 具創造力；⓬ 不被傳統拘束；⓭ 關懷人類。

人本主義心理學

現代心理學在 20 世紀漸漸形成三大派別：精神分析論、行為主義，以及人本主義心理學。而馬斯洛被譽為「人本主義心理學之父」。以下列示三者之主要差異：

學派	內涵	代表人物
精神分析論	「人」為各種本能與衝突的集合體，強調潛意識和非理性的力量。	佛洛依德（S. Freud）
行為主義心理學	「人」與動物類似，由外在環境的刺激所左右。	史金納（B. F. Skinner）
人本主義心理學	源於現象學和存在主義，肯定人性的尊嚴與價值，關注於人類複雜的心理現象，如：愛、創造、成長、自我實現等概念。是心理學的「第三勢力」。	馬斯洛（A. H. Maslow）

需求層次論圖示

成長性需求	自我實現需求	使自己成為自己理想中完美的個體
匱乏性需求	尊榮需求	自我尊重並受他人尊重，能產生自信
	愛與歸屬需求	健康的人際互動
	安全需求	具有安全感
	生理需求	維持身體與生活的正常運作

補充說明：

成長性需求（growth need）
指的是追求人生價值所產生的需求，又稱「存在需求」（being-need）此類需求的滿足有助於個人成長和發展，但難以感到完全的滿足，通常是獲得的愈多，需求反而愈多，如自我實現。

匱乏性需求（deficiency need）
由於生理或心理上的缺失而導致的需求，又稱「基本需求」（basic need）。此類需求如未獲得滿足，將影響個人身心健康，但滿足後即不再需要；包括生理需求、安全需求、愛與歸屬感需求，以及尊榮感。

UNIT **7-12**
需求層級論的評價

(一) 需求層級論的貢獻

❶ 開創人本主義心理學

需求層級論被廣泛應用在管理、教育及心理學等方面，是強調組織成員個別差異的先河，也是早期激勵理論的先驅，提醒管理者重視人性，打破過去管理學界獨尊「科學管理」的現象，馬斯洛也因而獲得「人本主義心理學之父」的美譽。

❷ 自我實現的啟發

以每個人的自我實現做為最高層次需求，使管理學界興起「參與」（participation）、「授能」（empower）、「轉換型領導」（transformational leadership）等等人性管理的研究。

(二) 需求層級論的侷限

需求層級論雖合乎一般人的認知，但其缺乏科學的證據，造成下列侷限：

❶ 實證性不足

不僅阿德福、麥克里蘭……等等諸多學者對人類需求提出不同的看法，就連馬斯洛本人在不同的著作中也未能有一致的論述。此外，自我實現中的「高峰經驗」（peak experience）也難以界定。究其原因，在於需求層級理論只是一種推論，欠缺科學實證。

❷ 忽略文化因素的差異

文化因素在決定需求和需求如何滿足上，扮演重要的角色。馬斯洛的需求層級表現明顯的西方主流文化風格，卻忽略其他民族的文化可能有極顯著的差異。例如日本人對於尊榮感的重視程度，可能遠高於美國人，因此日本人的需求順序可能與美國人不同。

❸ 忽略個人因素的差異

除了文化因素外，個人的修養、職業、偏好，以及所處的環境，都可能造成需求順序的差異，正所謂「鐘鼎山林、人各有志」；所以馬斯洛雖然強調個別差異的重要性，卻不能明確的找出每個人真正的需求。

❹ 管理運用上的困難

兩個不同的人出現同一種行為，並不見得源於相同的因素；例如當老闆宣布提高加班費以鼓勵員工加班時，某甲可能因為缺錢而加班（滿足生理需求），某乙卻可能是因為和某甲是好朋友而跟著加班（愛與歸屬感），但老闆卻不見得能分辨其中的緣由。所以需求層級論在管理的運用上仍有其盲點。

❺ 需求的滿足只會循序漸進卻不會退縮

馬斯洛認定某種需求獲得滿足後，即不再具有激勵效果，亦即不再成為員工追求的目標，實在是一種武斷的推論，缺乏實驗的證明。

(三) 需求層級論的發展

馬斯洛在 1969 年提出比「自我實現」更高一層的「後設激勵」（meta-motivation），又稱「後設需求」（meta need）；這是一種靈性的層次，是人對工作產生無私的投入、奉獻與認同，而無所求的狀態。換句話說，就是純粹的想做某事而做某事；就像大發明家愛迪生因為喜歡作實驗而作實驗，並不是為了獎金或名聲而作實驗。

馬斯洛生平簡介

猶太裔的馬斯洛智商高達 195，早年從猴子、山羊、豬和雞等動物行為研究中，發現動物有邁向健康生活的基本驅力，啟發他對於人類追求知識、權力與自我實現的動機之研究。他曾說影響他人生最大的三件事分別為「婚姻」、「初為人父」以及「對恩師的敬愛」，充分反映自己學術上的人本精神。他一生的重要事蹟如下：

| 1908 年生於美國紐約市，父母為俄國移民 | 1943 發表〈人類動機論〉，揭開人性需求理論序幕 | 1962 年出版鉅作《邁向存在心理學》；同年在其鼓吹下，「美國人本心理學會」成立 | 1969 年改編《動機與人格》，提出「後設需求」 |

| 1934 年以《猴子性行為與支配》獲威斯康辛大學心理學博士 | 1954 年出版其代表作《動機與人格》 | 1967-1968 年出任美國心理學會總會長 | 1970 年因心臟病逝世，隔年其論文集《人性的極致》出版 |

★高峰經驗（Peak Experience）

馬斯洛在 1964 年出版《宗教、價值觀與高峰經驗》，首創「高峰經驗」一詞指涉個人在追求自我實現時經驗到的一種臻於巔峰的心靈滿足感與完美感，是一種感性的、神聖的、讚嘆的與狂喜的感受，代表個人生命中最完美而令人心醉神迷的時刻；如科學家的靈感、藝術家的福至心靈。

由於高峰經驗是超越動機的、非自我中心的，經歷者處於一種自證其真的完美狀態，馬斯洛將這種心理學稱為「存在心理學」，探討人類的終極經驗、終極價值、終極認知以及存在的極致，而非行為背後的動機。

此外，馬斯洛認為這種結合「真、善、美」的高峰經驗只有已達到「自我實現」的人才能經歷，它能讓人體會到個人的「存在價值」。故高峰經驗為「個人自我實現的片刻」。

然而，這種源自存在主義哲學的高峰經驗也是一種只可意會卻難以言傳的心理現象，無法用科學方法驗證。古人云，人生四大樂：「久旱逢甘霖、他鄉遇故知、洞房花燭夜、金榜題名時。」可謂是一種高峰經驗的體現！

惟高峰經驗的喜悅是一種短暫的，馬斯洛提出另一種高原經驗（Plateau Experience），代表一種持續的高峰經驗；如達到陰陽平衡的「道」之境界。

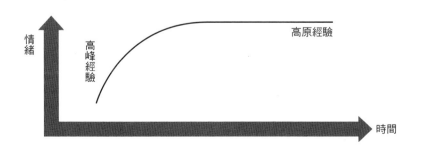

UNIT **7-13**
激勵保健論、ERG 理論、成就動機論與公共服務動機

在馬斯洛提出需求層級的觀點後，關於個人需求的研究如雨後春筍般蓬勃發展，以下介紹四個非常著名的理論：

(一) 激勵保健論

赫茲伯格（F. Herzberg）於 1959 年提出「激勵保健理論」（Motivation-Hygiene Theory），亦稱「保健二因理論」、「二元因素論」、「兩因素理論」等等。該理論的特色在於將「滿意」與「不滿意」視為兩種截然不同的連續體，「工作滿意」的反面是「沒有滿意」；「工作不滿意」的反面是「沒有不滿意」。

他將會使員工產生「工作不滿意」的因素稱為「保健因素」。保健因素只在於消極的維持現況，對激勵並無幫助，可是保健因素的缺乏卻最易導致員工不滿，也稱「不滿因素」或「維持因素」。組織提供保健因素不會激發員工熱忱或提高工作效率，但若不能滿足員工在保健因素方面的需求，員工會因極度不滿而降低工作效能。此等因素多與工作外在條件有關，包括：組織的政策與管理、上司的監督、報酬待遇、人際關係、工作環境與條件。

另外，他將能提高工作滿足感、激發工作熱忱的因素稱為「激勵因素」，亦稱「滿意因素」或「內在因素」。激勵因素的缺乏雖不見得引起員工的不滿，卻會使工作績效無法提升。此等因素多與工作本身的性質有關，包括：成就感、受賞識感、工作本身、責任感、升遷性等。

該理論雖然在行政管理中堪稱突破性的見解，但這套理論是赫茲伯格以面談的方式對會計師、工程師進行調查的結果，難免有職業代表性不足的問題，也可能因為受訪者的防衛機制而有「避重就輕」的嫌疑。

(二) 生存─關係─成長理論（ERG 理論）

阿德福（C. P. Alderfer）於 1969 年將馬斯洛的五個基本需求整合為三個，名之為：生存（Existence）、關係（Relatedness）與成長（Growth）。

❶ **生存需求：**指各種生理的、物質的及慾望的追求與獲得滿足。

❷ **關係需求：**指在工作場所中滿足適當人際關係。

❸ **成長需求：**指個人努力以求工作上有創造性或個人成長方面的一切需求。

此一理論最大的特色，在於他補強了馬斯洛對人類追求需求滿足的看法。馬斯洛認為個人追求需求的滿足是循序漸進的，個人會去追求尚未滿足的需求，已獲滿足的需求不會產生激勵效果；此謂之「滿意累進程序」。但阿德福卻認為，滿意累進程序固然是常態，但當個人追求高層次需求的努力受挫時，會退而追求更多的低層次需求以作為補償；此謂之「挫折退化程序」。

舉例而言，若一名有功的員工要求升官，但被主管拒絕，代之以獎金的發放；若依馬斯洛的看法，獎金對該名員工不會產生激勵效果，因為該名員工生理需求已滿足，獎金無法取代尊榮感。但依阿德福的看法，只要獎金的金額豐厚，仍能產生激勵效果，因為該員會退而求其次，以更多的生存需求來彌補成長需求的不足。

馬斯洛、阿德福與赫茲伯格三人理論的對照

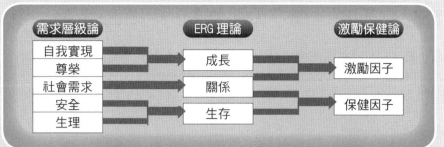

成就動機論

美國著名心理學家麥克里蘭（D. McClelland）在 1962 年著《成就的社會》一書，提出「成就動機理論」（又稱「三需要理論」）。由於他認為需求是後天習得，而非天生的，故又稱「學習需求理論」。該理論認為人在組織中有三項主要需求：成就需求、權力需求與親和需求。

成就需求 （need for achievement）	高成就需求的人喜歡追求優越感、成就感，超越別人，達成目標。這種人採取可計算的風險，喜歡承擔解決問題的責任及克服困難的樂趣。 每個人的成就動機不同，需求也就不相同，主管應以不同的方式激勵之： **成就動機**　高：對部屬比較樂觀，喜歡運用參與的方法，同時兼顧員工與產量。 中：比較關心尊榮的象徵。 低：比較關心安全需求的滿足。
權力需求 （need for power）	喜歡指使別人、發號施令、喜愛競爭性及階級區別的場合；對掌握權力的重視甚至高過對績效的要求。
親和需求 （need for affiliation）	喜歡為人所接受，亦樂於助人，他們追求友善而親密的人際關係，能夠促進團體的合作，化解衝突或不確定的壓力。

公共服務動機

公共服務動機（public service motivation, PSM）是行政學界的一個新名詞，其概念源自於蘭尼（G. Rainey）1982 年一篇關於公、私部門經理人的服務倫理差異比較的論文。後來培利（J. Perry）和懷斯（L. Wise）在 1990 年正式提出了 PSM 的概念，認為 PSM 是公共組織中個人所特有的動機，是源自公部門的價值和心理傾向激發的利他主義或親社會動機。培利並以「對政策制定的興趣」、「對公益的承諾」、「同情心」與「自我犧牲」等四個面向建構了 PSM 量表。不過，由於 PSM 的理論尚在發展中，無論其定義、概念或行為面向皆尚未有定論。

UNIT **7-14**
期望理論、公平理論與目標設定論

圖解行政學

激勵理論的過程論研究重點在激勵發生的過程。重要理論包括佛洛姆（V. Vroom）的期望論（Expectancy Theory）、亞當斯（J. Adams）的公平論（Equity Theory）與洛克（E. Locke）的目標設定論（Goal-setting Theory）。

(一) 期望理論

佛洛姆於 1964 年提出「期望理論」；他認為人會先去分析行動後果及報酬，如果讓人滿意，才會行動。換言之，一個人採取某項行為的動機強弱，取決於該行為所產生的各種結果的「吸引力」與「期望值」相乘的結果。

期望理論假定：❶ 人的欲望、需求與目標不同，且隨環境與個人經驗而改變；❷ 人能做理性抉擇；❸ 人會自經驗中學習。根據上述假定，佛洛姆認為影響行為出現的因素有三：

❶ **媒具**（instrumentality）

指第一層結果（直接結果）與第二層結果（間接結果）的關聯性，通常以 0 至 1 表示。例如當部屬努力達到目標（直接結果）後，便能對心中期望的報酬（間接結果）產生觸媒作用，形成激勵的動力。

❷ **期望值**（valence）

是個人對特定結果的價值觀，即該結果對個人產生的吸引力，可能從 +1 至 -1。如果期望值為零或負數，則沒有激勵功能。

❸ **期望**（expectancy）

指個人對其努力會導致績效（第一層結果）的認知機率，以 0 至 1 表示。

佛洛姆指出，「激勵＝期望 × 媒具 × 期望值（M＝E×I×V）」。對工作人員的激勵能否發揮效果，取決於他覺得自己有無完成任務的可能性（期望），完成任務後能否得到報償（媒具），以及所得到的報償是否為他所想要的（期望值）。

(二) 公平理論

公平理論即「人比人氣死人」，或「不患寡而患不均」的現象。亞當斯在 1965 年提出公平理論，認為「公平」是激勵過程中最主要的影響機制，而公平源自「比較」的感受。當一個人覺得其工作結果（如薪資、地位）與工作投入（如工時、努力程度、教育經驗）的比率，和另一個參考人的結果與投入相比而不相稱時，會感到不公平，進而產生一種壓力，促使當事人採取行動以減少不公平。至於這個參考人，則可能是該員覺得適當的任何對象。

由於公平與否通常是個人的主觀感受，因此領導者必須公平對待每一成員，隨時注意是否有不公平的現象，並協助員工找尋正確的參考人。

(三) 目標設定論

心理學家洛克於 1963 年提出目標設定論，認為「工作目標」本身就是一個激勵因素，因為追求一個明確且高成就感的目標會帶令人興奮，不亞於實質獎勵。洛克假定，人的行為是有方向的、有意圖的。當成員想達成特定目標時，該目標就有四個功能：❶ 提供成員努力的焦點；❷ 提高成員努力的強度；❸ 鼓勵成員在逆境時堅持；❹ 激發成員創新以解決問題。所以，為員工設定一個明確、有意義且具挑戰性的目標，並給予即時回饋，便能激發員工的鬥志，達到激勵效果。

期望理論

期望（E） （達成第一層結果的可能性）	第一層結果 （直接結果）	媒具（I） （能從第一層結果進入第二層結果的可能性）	第二層結果 （間接結果）	期望值（V） （對第二層結果的需要程度）

加班工作來提高組織績效 ∨ 主管以升職為誘因要求我

0：「算了！受環境侷限，巧婦難為無米之炊」

1：「種瓜得瓜，努力定能成功」

達成組織績效目標

0：「我的資格或學歷不夠，升遷根本輪不到我」

1：「上級職位可能異動，即將出現空缺，而首長表示我有機會」

得到首長賞識，進而升至更高職位，獲得更高待遇

 −1：當主管壓力太大，還是別幹了！

 0：我又不缺錢！

 1：光宗耀祖，買車買房，太棒了！

※ 有效的激勵，是 E×I×V 的結果必須為正數！在這種情形下，該員工才願意加班。

公平理論

羅賓斯（S. Robbins）認為一個員工在感受到不公平時，會有「扭曲認知」、「改變自己的投入與結果」、「改變參考人的投入與結果」、「改換其他參考人」及「離職」等五種選擇。但具體的行為表現則要視當事人對公平狀態的認知而定。

察覺不公平時的選擇	認為不公平在於自己 受到較差對待	認為不公平在於自己 受到較優對待
❶ 扭曲自己對本人或參考人的結果與投入的認知	其實我的表現沒有我預期的好或參考人比我想像的更好	其實我的表現遠比我預期的好或參考人其實沒那麼厲害
❷ 設法改變自己的投入與結果	減少自己的工作量或將公物據為己有	增加自己的工作量或提高工作品質
❸ 設法改變參考人的投入與結果	推卸工作給參考人的或向主管打對方的小報告	幫參考人分擔一些工作或為他向主管說些好話
❹ 改換其他參考人	比上不足，比下有餘	其實我可以和更好的人比
❺ 離職與否	若不能改善就另謀高就	安心繼續任職

UNIT **7-15**
增強理論

圖解行政學

增強理論（Reinforcement Theory）源自美國行為主義心理學大師史金納（B. Skinner）的操作制約學習論；增強理論認為個體行為是由「增強物」（reinforcers）控制。「增強物」乃指一種結果，它因為能立即追隨在一種反應（行為）之後，因此可以增加行為重複的機率。

增強物可分為「正增強物」及「負增強物」；「正增強物」是指踵隨行為出現而強化該行為的一切刺激，如食物、金錢、讚許……等等，這些刺激能夠提高行為的出現率。「負增強物」則是令人厭惡的刺激，如嘮叨、責罵、拷打、噪音……等等。如果某種行為的效果可以除去這些刺激（負增強物），就會使得爾後在類似情況下該行為的出現率提高。

增強理論有兩個基本命題：

❶ 一項行為的發生，若能帶來正面後果（即酬賞），則其重複出現的機率甚高；若行為會導致負面的後果（懲罰），則不易重複出現。

❷ 「行為」是否會重複出現，是由「行為後果」來決定。

基於上述命題，增強的途徑有四種基本類型：

①正增強（positive reinforcement）

主管以提供「正增強物」來激勵部屬，以增加部屬重複特定行為的可能性，即一般所謂的「獎勵措施」，又可稱為「積極增強」。例如，當員工以高度努力而完成特定計畫，其主管給予獎勵或稱讚，於是該員會重複做高度的努力。

②負增強（negative reinforcement）

負增強是以移除或教導部屬如何避免不想要的事物（即負增強物），來增加某些理想行為的發生頻率，如老師讓考試成績好的同學減少作業份量。有時其可用於預防員工出現主管不希望的行為，故又稱為「迴避學習」（avoidance learning），也就是所謂「殺一儆百」或「殺雞儆猴」；例如主管公開斥責偷懶的員工，會使其他員工心生警惕，為避免自己受到斥責（負增強物），而更加認真工作。

③懲罰（punishment）

懲罰是以提供「負增強物」為手段，減少個人出現不受歡迎行為的機率。例如，主管對偷懶的員工進行責罵（負增強物）。該員為了不再受責罵，會改變此種行為。另外，也可以透過去除「正增強物」為手段，具有同樣效果。例如主管對偷懶的員工停發績效獎金（正增強物），員工也會停止偷懶行為。

④消弱（extinction）

消弱是透過減少或取消正增強物的方式，使特定行為的出現頻率因缺乏增強而逐漸降低。例如一個女孩對於追求者獻殷勤的行為一開始報以友善的微笑，但當女孩決定不接受該名追求者時，對於這種獻殷勤的行為正色以對或無動於衷，便可降低該名追求者的追求行為出現頻率。

增強理論是一種以行為主義為背景的激勵方式，可說是「胡蘿蔔與棍子」的最佳寫照。儘管簡單易行而廣受實務界採行，但如馬斯洛等人本心理學家認為人類行為的複雜性遠超過「增強物」所能控制的範圍，增強理論將人視為與動物無異，沒有真正理解人性，解釋力也嫌不足。

增強理論的四種類型

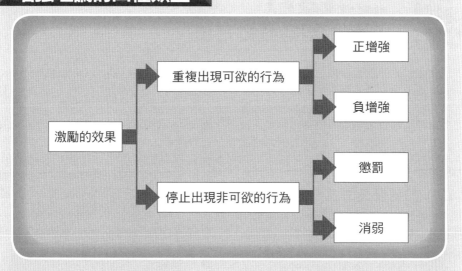

實施增強的方式

實施增強的方式可依實施時間分為「連續性增強」與「間歇性增強」；連續性增強是指在每次員工出現可欲行為後就給予增強物，就像動物表演每次出現正確的行為就投以飼料，一般在正式組織中較難以實施。故組織多採間歇性增強：

	固定式	變動式
比率制（行為出現若干次後才給予增強）	固定比率（定率增強）	變動比率（變率增強）
時距制（行為出現後隔一段時間才給予增強）	固定時距（定時增強）	變動時距（變時增強）

定率增強	行為出現一定次數後會得到增強物，即按件計酬；對加快個人行為出現次數頗有效果。
變率增強	為得到增強物而出現的行為次數不一定，所以個人往往要不斷嘗試；如銷售員推銷產品的次數，或買彩券中獎等。
定時增強	行為出現一定時間後會得到增強物，如週薪或月薪制；但這種激勵方式往往只在時間快到時效果較明顯，例如員工通常只在發薪日前的工作績效較佳。
變時增強	個人做出正確行為後，不一定的多久會得到增強物，這會使個人學到穩定的反應方式。例如學生為了準備老師的臨時抽考，會一直複習功課。

以上四種增強的實施方式，學者認為變動式的效果往往優於固定式的效果；而變率增強又優於變時增強。

UNIT **7-16**
有效的組織激勵方法

在實際的行政管理中，不會侷限在認知學派或是非認知學派的看法，而是多種方法互相使用。一般認為能產生激勵效果的管理方法可從改善管理方式、改善工作條件與實施工作設計三個方面著手：

(一) 改善管理方式

管理者應該採取權變的領導與激勵方式，並落實分層負責與逐級授權。此外，鼓勵員工進修及參加各種訓練，以提升個人知能，也具有激勵效果。

自 1980 年代後，參與管理（management by participation）蔚為風尚；其採取民主領導與激勵方式的管理制度，使組織成員有機會參與機關決策，以激發其責任心、榮譽感、創造力，並使之願為達成機關目標而奉獻。

(二) 改善工作條件

管理者可以從人事管理與工作環境等兩方面著手規劃激勵方式：

❶ 人事管理措施

傳統人事管理是消極性的，側重「防弊」與「控制」，以防止任用私人及控制工作人員的紀律行為；激勵性的人事管理措施應側重「選才」與「服務」，廣泛延攬專才及提供有效人力資源，始能收到激勵工作人員士氣的效果。

❷ 工作環境及設備

機關組織必須儘量為工作人員購置新式且效率高的辦公器具與設備，亦應以開放、多采多姿的空間布置，為工作人員提供愉悅、舒適的工作環境，藉以提高其工作士氣，增進工作效能。

(三) 實施工作設計

具有激勵效果的工作設計，常見者有下列方式：

❶ 無缺點計畫（Zero Defect Program, ZDP）

無缺點計畫是由美國馬丁公司於1962 年承製陸軍飛彈時所設計出來的一種激勵方法，要求員工一開始就要對任何事有做得好、做得對的信心和決心，並於工作中自己找缺點、自己負責改進缺點、自己管制工作進度，以提高工作人員的責任心和榮譽感。我國政府自民國五十年代時也曾引進這種行政管理方式。

❷ 目標管理（Management by Objectives）

目標管理理論出自 1954 年杜拉克（P. Drucker）《管理實務：目標管理與自我控制》；其乃強調「參與管理」的哲學，由組織上下級人員共同討論確定個人之工作目標，並進行自我管制與評價，以激勵工作人員士氣，增進工作效能。

❸ 工作擴大化（Job Enlargement）與工作豐富化（Job Enrichment）

工作擴大化是指透過在職訓練的方式，擴大工作人員的專業工作領域，使他能夠擔任多種類型的工作，亦即增加工作人員水平性的活動種類。工作豐富化是一種以廣泛的工作內容，更高層次的知識與技術，給予工作人員更多自主權及責任以領導、計畫和管制他們自己的工作，以提供個人成長和發展的工作設計。

❹ 彈性工作時間制（flexible working hours system）

准許員工對其工作時間行使某些選擇權的工作時程安排，此制導源於 1950年代的德國。其重視員工選擇上下班時間的權力，使個人生活與工作結合，從而充分利用時間。由於員工感覺受到尊重因而產生激勵效果，提高向心力。

工作再設計（job redesign）

由於官僚體制造成工作枯燥，進而影響士氣，在行為科學興起後，便有工作重新設計之議，較常用的方法就是「工作輪調」、「工作擴大化」與「工作豐富化」。工作輪調是指定期更換員工的職務，日本企業較偏愛這種方法，但美國企業卻認為該法雖可增加員工的技能及對組織的全面瞭解，但易增加員工學習壓力、難以累積專長與人際關係，故以工作擴大化取代之。工作擴大化透過對不同部門的工作加以學習，使員工習得多種知識，增加工作的成就感與趣味，變成「多能工」，但卻不用調換職位，又能具有安定感；但此法亦可能增加員工壓力，甚至降低其專業能力，故而又有工作豐富化的出現。工作豐富化讓員工重視自己的專業責任，分擔長官的決策、監督與控制權，符合時下強調授能的觀點。但在實施上仍必須考量員工的能力、組織的結構、衡量績效的方法、各種人事政策的配合等等；故組織宜有直接回饋的績效資訊與溝通方式、提供足夠的學習機會、高階主管的支持、建構個人完整的工作單元與個人責任，方可順利實施。

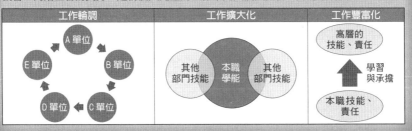

彈性工時

彈性工時制採取兩種不同形式時間所組成的工作日，代替傳統的固定上下班時間：分別為「核心時間」（core time）與「彈性時間」（flexible time）。例如一個人每天要在機關上班八小時，他可以選擇 08:00 到班，16:00 下班；或 09:00 上班，17:00 下班。則該機關 08:00～09:00 及 16:00～17:00 是彈性時間，其餘為核心時間。

大型組織常見的激勵之道

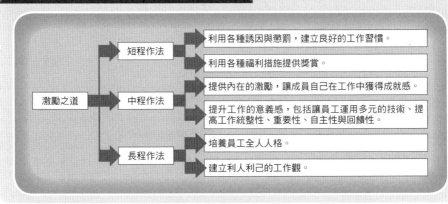

UNIT **7-17**
溝通概論

(一) 溝通的意義

溝通（communication）就是由一個人或團體，即傳送者（sender），將欲傳達的訊息編碼後，利用各種可行的管道與媒介，將訊息傳送給另一個人或團體，即接收者（receiver），再由接收者解讀訊息，並體會其意義的過程。但是其中經常出現各種干擾，再加上接收者解碼的結果不一定正確；就算正確，也不一定執行；所以溝通經常無法達到預期效果。

(二) 溝通的類型

瑞斯（Reece）以人類行為的「支配性」與「社會性」為基礎，將個人溝通風格分為四類，是為「溝通風格的模型」（The communication style model）：

❶ 煽情者

結合高支配性與高社會性的特徵，展現行動取向的行為，如說話快、手勢多……等等。這類人溝通時喜歡非正式的、無拘無束又有親切感，具有自然的說服力，能夠戲劇性地並有力地表達自己觀點。

❷ 指導者

結合高支配性與低社會性，展現坦誠、苛求、進取、決斷，行為嚴肅、公事公辦；溝通時表達堅強的意見，顯現有決心或試圖掌控的形象。但過於正經，可能讓人覺得冷漠，不容易表現溫暖、關懷的態度。

❸ 深思者

結合低支配性與低社會性，文靜、喜歡孤獨，決定慢，往往以正式、深思的方式表達意見。常能全神貫注於某事，喜歡有秩序、注意細節並決策緩慢。

❹ 支援者

結合低支配性與高社會性，是敏感的、忍耐的善聽者。溝通時能專注聽，並避免權力的運用，較依賴友情的說服，以表示溫暖。決策與表達的方式盡可能的周到、深思，但這種人在決策角色中通常不重要。

(三) 溝通的干擾因素

通常影響溝通效果的因素包括：

❶ 接受者的屬性

不同的背景、經驗、年齡、個性甚至性別，都會使人對相同的訊息產生不同的反應。

❷ 選擇性認知

為避免認知不一致的痛苦，人會傾向去接受或相信訊息中自己願意接受的部分；例如我們看許多廣告後只會記得自己想買的東西；或是選擇政論節目時只看與自己政治立場接近的節目。

❸ 語義的理解

當語言過於籠統、抽象，或使用太多專業術語時，都會影響溝通效果。

❹ 時間的壓力

溝通時間不足時，無法傳遞足夠訊息，常導致溝通走樣。

❺ 情緒的影響

同樣的訊息，對不同情緒狀態下的受訊者會產生不同的效果；當溝通雙方處於不同的情緒時，會對訊息產生不夠的理解。

❻ 非語言行為（nonverbal behavior）

溝通時的語調、環境和肢體動作，都會改變溝通的效果。

溝通的過程

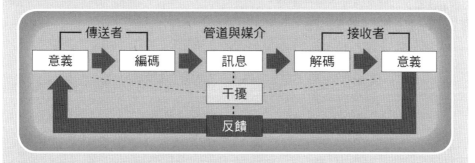

溝通風格的型模

人的性格可從「是否喜歡人群」（社會性）與「是否喜歡權力」（支配性）區分，其特質如下：

支配性		社會性	
低	高	低	高
合作性的 易於助人的 獨斷性低 願受人控制	喜歡發號施令 經常提出要求 較獨斷、主觀性強 總想控制他人 決定得很快	態度冷漠 壓抑情感	建立友誼 公開表達情感 較不重形式 較不會公事公辦 較不正經

從上述特質產生的溝通風格類型如下：

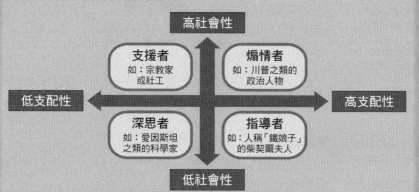

這四種溝通風格類型沒有一定的優劣，它們各自的優缺點如下：

	煽情者	指導者	深思者	支援者
優點	能提振士氣	展現決斷力與徹底性	擅於情緒控制、工作勤勉	容易相處，樂於回應
缺點	激情，不夠理性	如太過於苛求，易「強人所難」	決策過於保守	若過於迎合他人，易顯軟弱

UNIT **7-18**
行政溝通

行政溝通是指組織管理上的溝通，賽蒙曾說：「無溝通即無組織可言」；巴納德也說：「組織的範圍、結構和廣度，幾乎是由溝通的技巧所決定」；可見溝通於行政管理中的重要性。組織中的溝通有四種功能：控制、激勵、情緒表達與資訊流通。而行政溝通的種類，可依兩種不同的方式區分：

(一) 以溝通的結構分類

❶ 正式溝通

依據組織結構的層級節制體系所建立的溝通系統，形成了組織與個人的溝通途徑。上級命令由此路線下達，下級報告也由此路線上達。其優點在於嚴謹而正式，缺點則是緩慢與僵化。

❷ 非正式溝通

依組織內的非正式組織網絡，也就是人與人之間的互動關係而產生的。它不受層級約束，成員可任意選擇其溝通對象及途徑。其優點在於速度快、可雙向交換意見、解釋正式命令的疑惑，彌補正式溝通的不足；但缺點則是難以控制、易引起誤會與揣測，進而妨礙正式權力的運用。

(二) 以溝通的管道分類

❶ 下行溝通

組織的各級主管透過正式的指揮權責系統，將命令、任務、意見、訊息等傳達給下級人員；雖然常用，卻易引起部屬對權威的反感。

❷ 上行溝通

組織的下級人員透過正式的指揮權責系統，將意見或訊息等由下而上傳遞上級人員，此較能滿足部屬的參與感，也

能提供較多決策資訊，但往往缺乏效率，且在權威的組織文化中，較不被重視。

❸ 平行溝通

在組織中平行單位間或平行人員間互相交換訊息，如 A 部門的主管與 B 部門的主管交換意見。這種溝通可彌補下行、上行溝通之不足，增進單位及人員間互相瞭解、彼此協調，並能培養組織成員間的友誼，有助社會需求的滿足。

(三) 以溝通的方向分類

❶ 單向溝通

溝通時只由一方發送訊息；另一方接受訊息，收訊者並不將訊息回饋給發訊者。其優點在於速度快，且可維護主管的權威，故為正式溝通、下行溝通所常見。但接受者無表達意見的機會，容易造成執行偏差，及產生抗拒的心態。

❷ 雙向溝通

成員進行溝通時，雙方彼此互發訊息，即發訊者能馬上聽取收訊者的反應意見。如此接受者對訊息可充分瞭解，同時亦可表達意見，因此具有參與感，並可經由溝通建立雙方的感情；但發訊者易受批評、干擾，使溝通速度較慢，易影響主管威信。

由於沒有組織中絕對完美的溝通方式，組織行為大師羅賓斯（Robbins）建議管理者改善自身溝通能力的技巧包括：①改善回饋技巧，例如對事不對人、及時回饋且目標明確；②儘量簡化語言，避免「術語」過多；③培養主動傾聽的技巧與習慣；④控制自己的情緒，避免在激動時溝通；⑤注意非語言線索；及⑥善用非正式溝通。

正式團體溝通網絡圖

羅賓斯認為正式團體中有三種常見的溝通網絡：

	鍊型溝通網絡	輪型溝通網絡	交錯型溝通網絡
圖形			
特性	依循正式指揮體系而來，優點是溝通的正確度高；缺點則是速度頗慢。	以領導者為溝通核心；優點是溝通速度快、正確度高、能突顯領導者的地位；但缺點則是成員滿足感較低。	所有成員都能自由溝通，常見於以解決問題為導向的團隊；優點為：溝通速度快、成員滿足感高。

各種溝通障礙

溝通障礙

察覺與感官上的障礙
世上沒有生活經驗完全相同的人，所以不可能對所有事物的看法完全一致。此外，每個人的感官功能不一樣，溝通過程中難免會發生誤會。

語義障礙
不同的語言難以溝通；但就算語言相同，不同的人也可能有不同的解讀。

地理障礙
組織層級多，各層級均可能對命令內容過濾，造成「權威的漏洞」；又或者附屬機關相當分散，距離遙遠，不易進行面對面的溝通。

心理障礙
因個人好惡、價值觀、情緒，或是抗拒改革的心態而造成障礙。

地位障礙
人員在組織中的地位不同，因此對問題的看法不一樣，易生溝通障礙。高層可能出現「硬塞」、「嚷叫」或「愚民政策」的溝通心態；部屬可能出現「鴕鳥心態」（不說不錯）或「表功心態」（報喜不報憂）。

方法與時間的障礙
選擇錯誤的溝通方法，例如以口頭傳遞複雜的訊息；或是必須在時間壓力下進行溝通，都容易發生錯誤。

第 **8** 章

組織運作理論與實務

●●●●●●●●●●●●●●●●●●●●●●● 章節體系架構 ▼

UNIT **8-1**
目標管理

目標管理（Management by Objectives, MBO）自管理哲學大師彼得・杜拉克（Peter Drucker）於《管理實務：目標管理與自我控制》（1954）一書提倡以來，已廣為公、私部門採用。該理論植基於兩個基本假定：

(一) 工具理性的人類行為

MBO 認為組織各級成員均可根據未來方針，訂定合理的目標；並依據這些目標，制定合理可行的各種行動方案，然後藉由工作目標進度表來進行追蹤考核。

(二) 人性的 Y 理論

認為人是樂於工作的、願意接受挑戰並勇於負責。所以透過對目標設定時的參與及執行時的自我管理，激勵員工的責任心與榮譽感。

基於上述假定，MBO 的內涵包括三個要素：

❶ **目標設定**

實施時先要設定明確的目標；包括：組織的總目標、部門主目標、單位分目標及個人工作目標，彼此環環相扣，並排列優先順序，還要定期檢討。

❷ **參與**

所有成員都要投入目標的設定、檢討與執行。當部屬參與時，會帶來承諾、榮譽，進而形成激勵效果。

❸ **回饋**

管理階層必須定期向員工回饋目標執行的情形，並針對個人完成目標的情形進行評估。

儘管實施 MBO 具有激勵效果，但從長期的實務經驗中也發現，MBO 的理論設計有如下缺失：

❶ 由於 MBO 只依是否達成預期目標來獎勵員工，使員工狹隘地界定工作，只專注於自己的目標達成，缺乏對組織整體的關懷，並造成員工間的疏離。

❷ MBO 只評量個人績效，易造成同儕間的競爭衝突，而非分享協助，難以合作共事。

❸ MBO 以成果為焦點，易忽略過程，變相鼓勵員工為達成預期目標而不擇手段，結果可能耗盡資源或時間才達成目標，而非改善完成工作的方法。

❹ MBO 的實施多以一年為期；屬於短期目標，容易忽視長期發展應有的規劃，以及對員工的培訓，難免短視近利。

❺ MBO 強調對目標的承諾，而好大喜功的主管為求部門或單位績效，可能誘使員工訂出過高的目標，爾後再以其承諾榨取部屬的勞力。

❻ 在快速變化的環境中，以一年為期的目標往往缺乏彈性，在強調達成目標的氛圍中，會激起組織全體完成目標的決心，而忽略必須讓目標隨環境調整；因此 MBO 似乎較適用於封閉的系統中。

整體來說，MBO 結合了「工作中心」和「以人為本」，使員工在工作中滿足自我實現，同時也實現了組織的目標。但 MBO 並不是萬靈丹，行政機關在採用這種管理方法前最好先衡量自身所處的環境以及內部的文化，要求每個層級的成員都必須參與，並提供充分的資訊給每位成員去訂定合理的目標。在監督成員是否按進度執行之際，也要充分授權員工自我控制。

杜拉克的生平

杜拉克號稱「現代管理之父」與「管理學大師中的大師」，其管理學與經濟學著作等身，被譯為 37 種語言，暢銷 130 餘國。以下介紹其生平重要事蹟：

1909 年生於奧地利維也納	1939 年出版社會學大作《經濟人的終結》，開始聞名於世	1954 年出版第一本管理學作品《管理實務》，全球銷量超過百萬本	1969 年出版《斷續的年代》，鼓吹公營事業民營化

1931 年獲德國法蘭克福大學法學博士	1946 年出版《企業組織的概念》，探討工業社會的問題	1957 年出版《未來的管理原則》，強調管理應以人為本	2002 年獲頒美國公民最高榮譽「總統自由勳章」；2005 年辭世

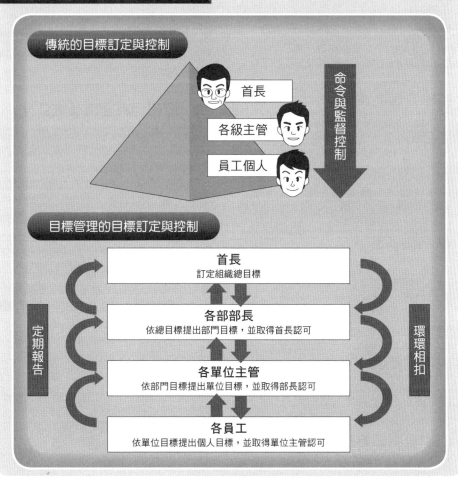

目標管理的進行方式

傳統的目標訂定與控制

首長
各級主管
員工個人

命令與監督控制

目標管理的目標訂定與控制

首長
訂定組織總目標

各部部長
依總目標提出部門目標，並取得首長認可

各單位主管
依部門目標提出單位目標，並取得部長認可

各員工
依單位目標提出個人目標，並取得單位主管認可

定期報告　　環環相扣

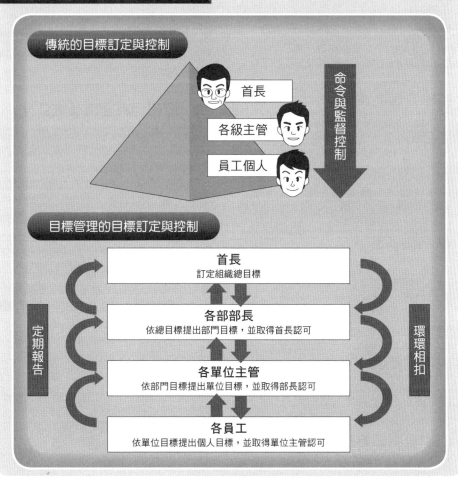
第 8 章　組織運作理論與實務

167

UNIT **8-2** 全面品質管理

(一) 品質

什麼是「品質」（quality）？幾位品管大師曾經這麼說：❶戴明（Edwards Deming）：品質是以最經濟的手段製造市場上最有用的產品；❷朱朗（Joseph Juran）：品質是指產品在使用期間能滿足使用者的需要；❸費根朋（Armand Feigenbaum）：品質不是「最好」，而是在某些消費者條件下的最好，這些條件指的是產品價格及實際的價格；❹石川馨：品質是一種令消費者或使用者滿足，並樂意購買的特質；❺克勞斯比（Philip Crosby）：品質就是符合要求的標準，而且品質是免費的。

由上述品管大師的言論不難發現，商品或勞務的品質是由顧客來決定的。

(二) 全面品質管理

全面品質管理（Total Quality Management, TQM）在戴明和朱朗等人倡導下，成為 1980 年代企業管理的主題，也引起公共行政的重視與學習。其定義可解釋為：❶全面：重視「全員參與」，每位員工、每個部門，甚至經銷商、供應商都應加入追求品質的行列；❷品質：重視「顧客導向」，由顧客滿意度來決定產品品質；❸管理：重視「教育訓練」，每天都要對品質進行持續的改善。

所以 TQM 就是一種「不斷改善」的精神，組織應從上至下均投入其中，對品質、顧客、投入成本等問題重新全面檢討。而貫穿此一運作流程的核心概念乃是「改善」的哲學，組織中每位成員應隨時注意所有可能改善的大、小事。

(三) 全面品質管理的實施

依謝恩柏（Ciampa）之觀點，TQM

的施行程序為：❶建立願景：高層領導者應建構組織未來發展之心智圖像（mental picture），即組織目標能形成全體的共識；❷分析：經由分析組織運作程序、與顧客互動情形及組織氣候等，以瞭解現況與目標之間的差距；❸訓練與問題解決：透過不斷修正與解決問題，找出較適合組織的品質管理技術，作為日後全面施行的指南；❹教育：員工開始採用新的工作技術與組織程序，並從實際工作中吸取經驗。而組織共同的願景，亦在此階段為所有成員接受；❺制度化：組織應建立符合TQM 之全面性制度，包括資訊管理、獎酬制度、訓練方式、TQM 策略與預算制度和反饋機制等，使品質管理的努力得以整合。

(四) 公部門與全面品質管理

美國聯邦政府 1988 年起採用企業的TQM 概念，以提高民眾滿意、保持改善精神，和確保全體人員均投入品質改善為基本原則，提出政府採用 TQM 的策略：❶機關首長的領導、支持、參與，並樹立組織願景；❷經由妥善的策略規劃促使組織進行持續性的品質改善；❸以顧客導向來達成任務與使命，故應由民眾定義行政機關的服務品質；❹建立側重在顧客滿意度的考評與分析，以反映服務或產品的可改進度；❺進行品質管理概念與技術的訓練，並建立以品質改善為指標的獎賞制度；❻在充分授權下凝聚團隊力量，以集體的智慧解決民眾所面臨的問題；❼強調事先預防，發掘潛在錯誤，和民眾建立夥伴關係，保證服務品質符合民眾的期望；❽品質的改善必須持之以恆，以長期宏觀的視野提升行政品質。

戴明的生平

儘管 TQM 並非戴明最早提出，卻是由他推廣至日本，成功後又由他帶回美國，故稱他為 TQM 之父實不為過。其生平重要事蹟如下：

| 1900 年生於美國愛荷華州 | 1947 年應麥克阿瑟邀請前往日本協助戰後經濟重建 | 1960 年戴明獲日本天皇頒發「瑞寶獎」以表彰其貢獻 | 1981 年戴明協助福特汽車建立 TQM 制度，直至其逝世 |

| 1928 年獲耶魯大學數學物理博士，專長統計 | 戴明赴日後宣揚 TQM，日本於 1950 年設置「戴明獎」表彰品質優良企業 | 1980 年戴明於美國 NBC 電視台主持著名節目「日本能，我們為何不能」 | 1993 年於美國華盛頓辭世 |

品質管理的演進

	檢測時期（1800s）	統計品質管制時期（1930s）	品質確保時期（1950s）	策略品質管理時期（1980s）
注意力焦點	檢測	控制	協調	策略
強調重點	產品的一致性	降低檢測率、達成產品的一致性	產品產出的整體過程與各功能的協調合作	市場與顧客
方法	度量衡	統計技術	方案與系統	策略計畫、目標設定、組織動員
品管人員角色	檢測、計算、分級	統計方法的運用以及問題的認定	品質衡量、品質規劃與方案設計	教育訓練、部門間諮詢合作、方案設計
負責品管的人員	檢測部門	製造及工程部門	所有部門，但高層只負責設計品管政策	組織中所有人員，由高層實際負責領導
途徑	檢測品質	控制品質	建立品質	管理品質

戴明圈

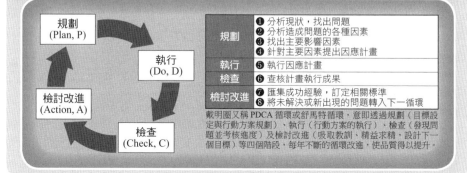

規劃	❶ 分析現狀，找出問題 ❷ 分析造成問題的各種因素 ❸ 找出主要影響因素 ❹ 針對主要因素提出因應計畫
執行	❺ 執行因應計畫
檢查	❻ 查核計畫執行成果
檢討改進	❼ 匯集成功經驗，訂定相關標準 ❽ 將未解決或新出現的問題轉入下一循環

戴明圈又稱 PDCA 循環或舒馬特循環，意即透過規劃（目標設定與行動方案規劃）、執行（行動方案的執行）、檢查（發現問題並考核進度）及檢討改進（吸取教訓、精益求精，設計下一個目標）等四個階段，每年不斷的循環改進，使品質得以提升。

UNIT **8-3** 策略管理

圖解行政學

(一) 相關概念定義

「策略」（strategy）一詞原指軍事的「戰略」；競爭力大師波特（Michael E. Porter）曾說，策略就是「組織所選擇要表現卓越的特定活動」。所以，一個組織的策略，就是指組織獨特的競爭力來源。司徒達賢教授則說，策略代表組織選擇的重點與利基之所在，並指導其他組織功能的運作，指導組織適應環境、創造優勢，也代表組織對行動的長期承諾；因此，策略的制訂是領導者必要的工作。

至於策略管理（strategy management），則可定義為：「管理者有意識的選擇政策、發展能力與詮釋環境，以集中組織的努力來達成既定目標」。因而具有下列特性：

❶ 策略管理是未來導向的，關注長期趨勢。

❷ 是一種獨特的思考與行為方式，將目的與目標整合成一貫的體系。

❸ 策略管理必須與其他管理活動共同執行，且作為指引其他管理活動的架構設定。

❹ 策略管理具有持續性與循環性，能適應環境、預期並影響環境的變遷。

(二) 策略管理的步驟

學者將組織的策略管理分為四個步驟：

❶ SWOT 分析

瞭解組織內部的優勢與弱勢，以及環境的機會與威脅。

❷ 策略建構

根據 SWOT 分析中所得到的環境機會與組織內部優勢加以結合，辨識、理解並善用組織獨特的核心能力，以建立競爭優勢。

❸ 執行策略

執行時必須考量組織結構、各次級系統以及組織文化等各方面的相互配合；並考量指標設計、執行計畫、預算編列、團隊建立、人力資源與財務條件等因素的配合。

❹ 調適與評估

由於環境經常變動，組織的績效表現也不一定如預期；此時必須控制策略執行的進度與回饋機制，並對策略實施績效進行系統性的評估。

(三) 政府機關與策略管理

自 1980 年代以後，政府機關也開始引進企業策略管理的觀念，乃源於新公共管理造成公、私部門之間關係的模糊與弔詭，以及中央政府被賦予領航的角色，需要更長遠的眼光。而公務員學歷與專業能力的提升，以及分權授能與使用者付費等增強組織自主性的管理措施使某些公部門能較不受政治干預，也是促使策略管理漸風行於公部門的原因。

而政府機關在實施策略管理後，確實也發現透過策略管理可以為組織提供策略性的發展方向、指導資源使用的優先順序、幫助組織適應環境變化，以及有助於設定明確的績效標準，以作為客觀的控制與評估基礎。但公部門的本質畢竟不同於私部門，以強化競爭力為主的策略管理，不一定適合於著重相互合作的政府機關。重視量化分析、長期規劃的理性分析，也往往不見容於複雜多變的政治干預及社會環境。所以，行政機關在使用策略工具之前，還是應該審慎評估本身需求及環境因素，並獲得高層首長鼎力支持，以免徒勞無功。

策略管理的發展史

長期規劃 (long-range planning)	時間：1950 年代 焦點：設計一個包括多年度的未來計畫。
企業策略規劃 (business strategic planning)	時間：1960 年代 焦點：運用「使命」（mission）與「環境掃描或分析」的概念。
整體策略規劃 (corporate strategic planning)	時間：1970 年代 焦點：著重組織高階層，並分配企業組織中各不同部門的責任。
策略管理	時間：1980 年代 焦點：由於策略規劃產生「分析無能」的現象，即計畫提出後未能產生具體結果；所以加入了「執行」與「調適評估」，成為「策略管理」。

策略管理的工具

SWOT 分析

SWOT 分析即詳細觀察組織本身的優勢（Strengths）、劣勢（Weakness），以及組織所處環境的機會（Opportunities）和威脅（Threats），進而制定組織最佳策略的方法，是公部門進行策略管理最基本的工具之一。

	機會（O）	威脅（T）
優勢 (S)	**增長性策略（S-O）** 組織擁有強大的內部優勢和眾多的機會，應採取增加投資、擴大生產、提高市占率。	**多元化策略（S-T）** 儘管組織本身具有內部優勢，但必須面臨外部挑戰，應利用自身優勢，開展多元化經營，分散風險，尋找更多發展機會。
劣勢 (W)	**扭轉性策略（W-O）** 組織面臨外部機會，但自身內部缺乏條件，應設法扭轉內部的不利條件。	**防禦性策略（W-T）** 既面臨外部威脅，自身條件也存在問題，則可考慮放棄現有策略，轉向新的領域。

儘管 SWOT 分析是最常見的策略管理工具，但並非完美；因為許多的威脅是藏在機會背後的，若決策者不能清楚辨識，則失敗將無法避免。例如臺灣曾經盛極一時的葡式蛋塔，在短時間內吸引許多人投資，卻也使許多跟進者慘賠收場。

五力分析

競爭力大師波特（Michael Poter）從個體經濟學提出一套策略規劃架構，指出影響競爭力及決定組織強度的因素可歸納為五種力量：

供應商的議價能力
供應商基於來源多寡及整合的能力，會形成壓力向下游

潛在進入者的威脅
若能產生進入障礙，競爭的威脅就會降低

購買者的議價能力
購買者的需求和規模、組織的壓力或威脅，會形成

現有競爭者的威脅程度
競爭者的數量、規模、差異化程度等，會影響競爭情形

替代品的威脅
替代性的產品或服務出現，會侵蝕獲利，形成威脅

UNIT **8-4**
績效管理

圖解行政學

(一) 績效管理的概念

彼得‧杜拉克（Peter Drucker）曾說，績效（performance）是企業的目的，也是企業存在的理由，管理的目的即在提升組織的績效。一般而言，績效包含效率（efficiency）與效能（effectiveness），效率是以成本利益分析（Cost-benefit Analysis）比較投入與產出淨利益（Net Benefit），傾向「數量」的觀念。效能則指目標達成的程度，亦即將實際成果與原訂的預期效果進行比較，傾向「品質」的觀念。所以績效追求的是「質量並重」。

績效管理（performance management）指組織對其有助於績效的活動，採取一套有系統的管理方法，以達成組織整體的績效目標。績效管理的活動包括目標設定、作業流程管理、激勵與溝通、鼓勵創新與學習、建立績效標竿及績效評估等。分析而言，績效管理的要素包括：

❶ 採用目標管理，設定清楚而可衡量的組織目標。

❷ 建立績效指標作為組織績效的衡量標準，以評估組織的產出。

❸ 以績效指標對每位成員進行考評，以調和彼此的努力，使其導向組織目標。

❹ 建立績效的激勵制度，如績效獎金，以獎酬績效良好的個人。

❺ 結合人力資源與財務資源，形成年度的管理或預算循環。

❻ 實施定期考核，以瞭解目標實現情形及績效與預期不同的原因。

(二) 績效管理與公部門

政府機關進行績效管理時，須考量四個面向，也就是福林（Flynn）指出的4E指標：

❶ 經濟（Economy）：指如何使投入項目做最有效的利用，也就是以「最低的成本維持既定服務品質的公共服務」。例如一間公共圖書館考量其人事成本而走向自動化、自助化。

❷ 效率（Efficiency）：指投入轉化為產出的比率。例如一間圖書館的營運成本與服務讀者數量的比例。

❸ 效能（Effectiveness）：指公共服務符合政策目標的程度，或為公共服務對於標的團體行為的影響程度。例如一間公共圖書館出現後，提升社區居民閱讀習慣的程度。

❹ 公平（Equity）：指接受服務的團體或個人是否受到公平的待遇。例如公共圖書館身心障礙設施的完善程度，能否使身障人士無礙地使用圖書館。

惟公部門引進績效管理時，必須注意源自企業部門的績效管理並非適合於所有公部門，其狀況包括：

❶ 公部門的服務績效本不易衡量，但績效管理為達課責要求，於是進行鉅細靡遺的審查，反而成為「稽核爆炸」（audit explosion）的現象，使績效管理淪為細微瑣事的計較。

❷ 公部門常欠缺精確有效的績效衡量，而產生「績效迴避症候群」（performance aversion syndrome）——成員習慣在彼此相安無事、無需競爭的組織氣候中，易產生偏安心態，例如每年的考績以輪流方式維持和諧。

❸ 公部門的人事政策受法規約束，很難對員工施予立即的獎酬或制裁。而組織面對多元顧客可能彼此衝突的目標，很難對績效進行客觀而公正的評量。

❹ 績效管理重視量化的數據，在「考核引導工作」的情形下，易使公部門忽略公平正義等難以量化卻十分重要的價值。

設計績效指標的 SMART 原則

績效管理的工具 ── 平衡計分卡

哈佛企管教授卡普蘭（R. Kaplan）和企管顧問諾頓（D. Norton）於 1992 年設計出「平衡計分卡」（Balanced Scorecard），藉由建立並平衡「財務」、「顧客」、「學習成長」、「內部流程」等四大類績效量化指標，釐清組織的願景與策略，化為實際的行動。

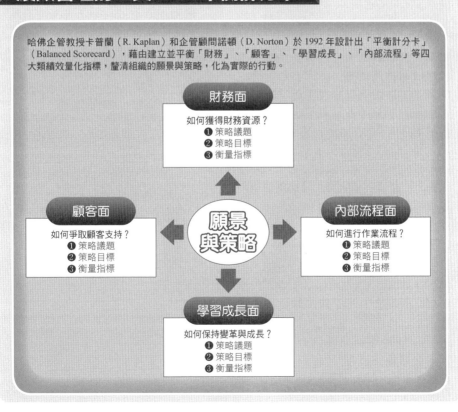

UNIT **8-5**
關鍵績效指標及目標與關鍵成果

「關鍵績效指標」（Key Performance Indicators, KPI）及「目標與關鍵成果」（Objectives and Key Results, OKR）是管理學中十分活躍，且經常被拿來比較的兩種績效管理工具，近年也十分受到公部門重視。

(一) 關鍵績效指標

關鍵績效指標強調由上而下地達成事先擬定的目標，其源於義大利經濟學家帕雷托（V. Pareto）的「八二法則」，強調「關鍵少數」的重要性。例如一間餐廳大部分的收入，主要來自少數幾樣招牌名菜；因此餐廳要將大部分的資源和心力用來行銷那少數的招牌菜，這就是八二法則的應用。

在行政管理的應用上，KPI 是指由組織使命、願景、關鍵績效目標，一層層推演，設定具體可行的量化指標，讓各級成員有所依循，並作為年度考核的標準，這個過程一般可用策略地圖（Strategy Map）表達。策略地圖也是由平衡計分卡的作者卡普蘭與諾頓所提出，其中包括平衡計分卡的四個構面，在策略性主題下相互整合，透過策略性行動方案整合各項資源，訂出達成策略目標的 KPI，以供成員遵循。

(二) 目標與關鍵成果

目標與關鍵成果是英特爾（Intel）前執行長葛洛夫（Andy Grove）在「目標管理」的啟發下，於 1999 年提出的理論框架，透過每一組目標（objective）搭配二至四個關鍵成果（key results），即通往目標的途徑。因此，OKR 強調讓團隊瞭解「要做什麼」及「如何做」，

並藉由「由下至上」的參與管理使團隊訂定每個人都願意執行的目標。相較於 KPI，OKR 的實施更強調專注於真正的優先要務，並輔以正向的課責文化，激發員工潛能與團隊合作。

由於 OKR 強調聚焦於少數重要目標、與任務連結、向目標推進，以及與考績、薪資或獎金脫鉤等特質，因此，OKR 更像是一種目標設定的觀念，而非績效管理的執行工具。只是，當目標與關鍵成果陸續達成時，組織的績效也隨之展現。

不過，KPI 與 OKR 之間的關係，一直是一個爭議的焦點，有學者認為二者互斥、亦有學者認為二者可以互補。若以我國的公部門運作而言，筆者傾向「權變」的看法，即在專案性的團隊中，由於通常有較大的彈性與自主性，使用 OKR 的效果會比較好；而一般性或負責例行性業務的機關，則可使用 SWOT 分析或以 SMART 原則改善 KPI 的內容，以提升組織績效。

臺北市政府法務局 112 年策略地圖說明

機關最上層目標，需與市政總目標相結合

	【使命】 建立與時俱進的法治城市	【願景】 落實依法行政、保障市民權益		【核心價值】 落實公平正義、提供專業服務
策略主題	確保法制作業之完備 A	強化審議之公正專案 B	保衛消費權益 C	增進採購救濟效能 D
顧客 C	AC1 強化法規資訊透明度	BC1 提高審議之公正性及專業度	CC1 提升消費者權益保護意識	DC1 提高採購救濟滿意度
內部流程 P	AP1 提升法制作業效能	BP1 提升審議案件辦理效能	CP1 強化消保行政監督效能 CP2 加強消費訊息見度 CP3 提升第 1 次申訴案件辦理效能	DP1 提升採購申訴及調解案件辦理效能
學習成長 L	AL1 提升專業知能	BL1 提升專業知能	CL1 提升專業知能	DL1 提升專業知能
財務 F	AF1 提高預算執行效能	BF1 提高預算執行效能	CF1 提高預算執行效能	DF1 提高預算執行效能

平衡計分卡四大構面

策略目標

依「策略主題」和「策略目標」結合後形成 KPI

KPI 與 OKR 的比較

	KPI	OKR
目標設定	目標設定是「由上而下」，首長設定各種明確的績效目標，讓部屬盡力去達成	目標設定是「由上而下＋由下而上」，首長訂下一個目標，讓部屬一起思考達成這個目標需要完成哪些關鍵成果，以便所有人都瞭解目標訂定的原因及達成方法
適用環境	追求穩定性和一致性，如生產流程，故較適用於例行性產出的一般行政機關	強調靈活性和適應性，適合不確定性和變化較高的環境，故適用於執行新方案的專案團隊
使用目的	績效評估與監控：用以追蹤專案和行動績效的工具	目標設定及達成：實現遠大目標與抱負時所使用的架構
評估本質	回溯性考核	滾動式前進
考績應用	與考績或獎金結合	與考績或獎金脫鉤

UNIT **8-6**
參與管理

參與管理（Management by Participation）是一種隨著民主政治的發展而興起的管理觀念。一般認為其受到人群關係學派的影響而崛起，並於 1960 年代受到麥克葛瑞格（McGregor）人性 Y 理論的假定及工作生活品質（Quality of work life, QWL）的鼓舞，而成為一種普遍的管理思想。參與管理假定組織內部採取符合民主社會的民主式管理制度，可使組織成員有機會參與決策，便可激發成員的創造力、責任心與榮譽感，勇於擔負責任，並對組織形成情感上的認同。

(一) 參與管理的定義

我國行政學者張潤書教授將參與管理定義為：一種採取民主領導與激勵方式的管理制度，目的在使機關組織成員有機會參與機關決策，以激發其責任心、榮譽心，並使之願為達成機關目標而奉獻。根據上述定義，參與管理不但可以加強管理措施的可接受性，更能直接產生激勵效果。

(二) 參與管理的實施

就公部門而言，依法行政的特質、層級節制的文化、論資排輩的倫理，都可能成為阻擾參與管理的因素。因此，欲在公部門落實參與管理，應進行下列改革：

❶ 組織設計面向

扁平式的結構，配上健全的溝通系統與獎酬系統，才能順暢溝通參與的管道。而長期的僱用關係，較能帶給成員安全感，提升其參與的勇氣。最後，主管應幫助成員建立團隊，才能相互支持，相輔相成地為達成組織的使命而共同努力。

❷ 組織成員面向

科層體制中，管理者常覺得授權基層參與會導致本人的權力流失，因而產生懼怕。所以改變管理者對員工參與決策的心態，往往是成功推動參與管理的第一要務。當管理者的認知改變後，應多向基層員工請益，並塑造支持性的組織氣候。

至於員工的部分，要加強員工的訓練與發展，並培養他們的責任感，才能落實負責任的參與。此外，在甄選成員時，也應該兼顧其 IQ 與 EQ，也就是成員的專業知能與社會技巧都很重要。

❸ 組織文化面向

公部門必須改變過去官僚、僵化的組織文化，改以建立互信合作、平等對待的參與型文化。組織高層主管應當善用各種組織發展手段，負起塑造新文化的責任。惟在形塑組織文化時，尚須注意組織文化的變革可能涉及到組織中權力結構的變化，可能會使組織的成員感到威脅，進而抗拒文化的變革。為了減少員工對變革的抗拒，組織文化的變革須尊重組織現有的文化。亦即變革與穩定應同時受到重視，否則難為組織成員接受。

(三) 參與管理的擴大

對公部門而言，組織外部亦須進行參與管理，使得外部顧客（公民）得以有效透過各種參與的管道對組織的決策進行監督，達成參與的目的。本書單元 5-16 所述及的「以公民為基礎的政府績效評估」即為一種方法。此外，現今廣泛採用的公聽會、民意論壇、1999 市民熱線、首長電子信箱等等，均可促進公部門的外部參與。

組織參與管理的程度

淺	員工參與程度	深
心理投入 關切參與的對象與事務	**意見表達** 由於關切留意，而對特定事物有所思，於是與人交換或表達意見	**行動加入** 願採取行動、投身其中，扮演一定的角色

實施參與管理的衡量標準

孫本初教授認為，一個組織落實參與管理的程度，可以從以下標準衡量：

標準	指標	定義
可接受的標準 （acceptance criteria）	代表性	決策的參與者應該要能具備所代表母群體之特性
	獨立性	參與過程必須是一種獨立的過程，不能依賴某種固定的模式
	早期涉入	儘早讓受影響者參與決策，使他們的意見得以被顯示
	影響性	決策的結果必須對政策有直接的影響
	透明性	決策過程必須透明，使參與得以觀察決策的演變
參與過程的標準 （process criteria）	資源可及性	參與者能運用資源以使他們的想法成為實際政策
	任務定義	參與任務的本質及範圍應該被明確地定義
	結構性決策	參與者應該使用或提供適當的機制來建構或展示決策
	成本／效率	參與管理的過程在某種程度上必須符合成本─效率的標準

團隊

關於團隊（team）的研究，源自霍桑實驗發現的小團體（group），但所謂的團體是達成個人目的，而非工作目標；團隊（team）則是「一個具有高度信任的團體，成員之間相互支持合作，以每個人本身相輔相成的才能，共同為團隊的使命及共同的目標努力，成員之間講求溝通意見參與，共同為績效的設定及達成而貢獻才華」。

代表理論	人群關係學派	組織發展	Z 理論
	1920～1930	1940～1970	1980～
研究重點	非正式組織	團隊精神的發展	自我引導的團隊
對團隊的看法	團體只是一種非正式關係	團隊是一種組織變革的管理技術	主張工作授能與任務分配，成員對本身工作負責，以完成其對團隊的義務

UNIT **8-7**
標竿學習

標竿學習（Benchmarking）的字義即是向參考對象進行比較與學習之意；係找出「績效最卓越的組織」，以之作為「標竿」（學習對象），努力學習其卓越的理由，加以吸收，然後將所學習的心得，納入改革行動中，以提高組織本身的績效。1980 年代初期，全錄公司（Xerox）以標竿學習作為改善績效的方式，獲得前所未有的績效表現。而標竿學習在 1990 年代被引進政府管理的領域中。

(一) 標竿學習的核心價值

標竿學習由「全面品質觀」、「流程觀」與「學習觀」三種價值所構成：

❶ 全面品質觀

標竿學習奠基在「達成顧客全面滿意」的基礎上。

❷ 流程觀

標竿學習相當重視「流程」，包括雙重意義：①模仿他人流程：效法標竿對象營運的流程，可超越產業別的差異或限制；②計畫本身流程：標竿學習計畫本身的流程，是標竿學習成敗的關鍵。

❸ 學習觀

「學習觀」的理念強調循環性，即不斷地改進與學習，包含兩種學習精神：

①向他人學習：標竿學習所標榜的基本意義，即向最佳的實務典範學習；②自我學習：指標竿學習的自我超越，乃標竿學習的積極意義，目的在使組織透過學習，能凌駕於競爭的對手之上，成為其他組織的學習標竿。所以即使組織本身已是公認的最佳典範，仍有不同的面向可以向他人學習，以求自我超越。

(二) 實施標竿學習的注意事項

標竿學習最具吸引力的就是簡單明瞭且容易使用；藉由持續性地尋找與認定最佳實務者，並且模仿或超越他們，可使一個組織驅動強烈的競爭力、榮譽感、信任感等，即使無法達成所欲的改善目標，也會形成重視學習的組織文化，產生長足進步。

但此法也被許多學者視為不值得鼓勵的學習方法，例如全面品質管理之父戴明曾批評：「一個績效標竿可能是組織擁有更好品質與更高績效的主要障礙。」究其原因，有下列數項：

❶ 標竿學習所認定的最佳學習對象往往過於理想化而難以達成。

❷ 在成果無法量化，或目標多元且主觀時，有評估與衡量上的困難，也會難以蒐集資料。此時反而可能使組織陷於評量的數字遊戲，忽視真正重要的成果。

❸ 當組織工作非常多元時，在資料蒐集與報告上會變得浪費時間與花費昂貴。

❹ 標竿學習只是一種模仿，會抑制組織革新的創造力；也不一定能與組織本身的革新策略與組織文化相互配合。

❺ 對公部門而言，由於諸多干擾因素，不同組織間往往難以比較；甚而成為政治人物作秀的工具，超越競爭對手的績效以討好選民。

❻ 循環：標竿學習是持續性地改善組織績效的過程，唯有讓標竿學習的過程得以循環，才能確定標竿學習的潛力得以完全發揮。

總之，對管理者在決定從事標竿學習時，須事先明瞭標竿學習應該應用在什麼工作項目？是否和組織的需求及文化相容？再進行正確的規劃、設定目標，以及持續不斷的投入和承諾。

標竿學習的程序

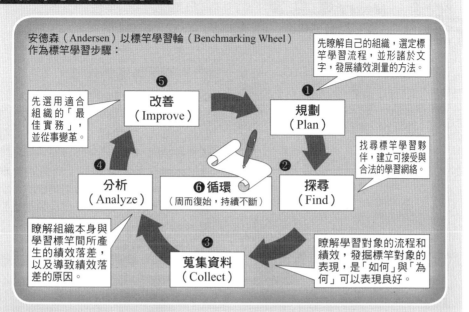

安德森（Andersen）以標竿學習輪（Benchmarking Wheel）作為標竿學習步驟：

❶ 先瞭解自己的組織，選定標竿學習流程，並形諸於文字，發展績效測量的方法。

❺ 先選用適合組織的「最佳實務」，並從事變革。

改善（Improve）

規劃（Plan）

找尋標竿學習夥伴，建立可接受與合法的學習網絡。

分析（Analyze）

❻循環（周而復始，持續不斷）

探尋（Find）

瞭解組織本身與學習標竿間所產生的績效落差，以及導致績效落差的原因。

瞭解學習對象的流程和績效，發掘標竿對象的表現，是「如何」與「為何」可以表現良好。

❸ 蒐集資料（Collect）

標竿學習的類型

假設以「文化大學」為例，若該校欲進行標竿學習，則可能選擇的學習方式與類型如下：

區分方式	標竿類型	意義	舉例
比較標的	績效標竿	針對績效做比較，以決定本組織的績效標準	以招生率最好的大學作為本校招生率的標準
	流程標竿	針對組織流程之方法與實務進行學習，以改善自己本身的流程	以政府的資訊業務委外流程規劃本校的資訊業務委外流程
	策略標竿	與其他組織從事策略選擇與執行的比較，以蒐集資訊，改善自身的策略規劃與執行	以著名補習班的課程行銷策略規劃本校推廣課程行銷策略
比較對象	內部標竿	在相同的組織，從事部門或單位間的比較。學習的流程是從內部開始，找出內部績效的標準，帶來大量的資訊分享	文化大學體育系
	競爭標竿	和製造相同的產品或服務的最佳競爭者比較，找出競爭對手的產品、流程及經營結果的資訊，再與自己組織中類似的資訊做比較	臺灣大學
	功能標竿	和具有相同的產業與技術領域的非競爭者，從事流程或功能上的比較，從已樹立卓越聲譽的組織中，找出最佳的運作實務	哈佛大學
	通用標竿	無論任何產業，皆以本身的流程來與最佳的流程從事比較，重視工作流程，而不是特定的組織或產業	同「流程標竿」

UNIT **8-8**
流程再造

　　微軟創辦人比爾蓋茲（Bill Gates）曾說，1980 年代企業的關鍵是品質、1990 年代則是流程再造；美國行政學者夏弗利茲（Shafritz）與羅素（Russell）認為，世界各國在 1980 年代以新公共管理精神進行政府再造的基本訴求有三：「流程再造」、「充分授能」與「企業精神」。可見流程再造此一管理技術，對當代企業與政府機關改革的影響頗深。

(一) 流程再造的基本概念

　　流程再造的成名，源自美國企管顧問韓默（M. Hammer）與錢辟（J. Champy）於 1993 年出版的《改造企業》一書，其原意為「企業流程再造工程」（Business Process Reengineering, BPR）。意思是企業（尤其是服務業）可以透過組織業務流程的改善，而得到績效的大幅提升；其中的關鍵為：

❶ **根本的（Fundamental）**

　　藉由質疑組織最根本的問題，使員工正視工作背後的規則及假定。例如：我們的顧客是誰？我們的作業流程能為顧客提供什麼價值？

❷ **徹底的（Radical）**

　　在瞭解現行流程和顧客需求之後，以顧客為核心，徹底翻新流程來完成工作。

❸ **巨大的（Dramatic）**

　　透過作業流程的改革，能在績效表現上帶來大躍進，而非漸進的改善。

❹ **流程（Process）**

　　流程係指能創造對顧客有價值之產出的所有活動之集合，是組織改造工程中最關鍵的核心。

(二) 流程再造的作法

❶ **以流程為中心重新思考**

　　組織改造的核心在於以顧客附加價值的角度重新設計流程，而不是買一堆電腦搞自動化，否則只是加快錯誤的流程而已。流程的設計講究「以齊頭並進取代循序漸進」，也就是以快速的資訊分享、同步工作取代按部就班的層級控制。

❷ **以顧客為導向設計流程**

　　流程存廢的關鍵在於是否能為顧客提供附加價值。因此組織必須清楚認定誰才是顧客？以及他們需求的服務內容為何？所以不具顧客價值的會議，或是監督審核的工作，都要儘量減少。而服務方式也要儘量採用「單點接觸」（單一窗口）的作業方式，減少顧客的麻煩。

❸ **以目標為取向改變行為**

　　設定組織目標及預期成果，並衡量組織成本、能力，再依目標與成果重新設計新流程，使組織成員以嶄新的觀點去思考、行動。必要時，也可採取標竿學習法，向其他優秀的組織學習。

❹ **以系統思考為基礎檢視流程**

　　強調專業分工的結果，常使各部門產生本位主義，員工也只會從偏狹的角度看問題，並不符合顧客利益，就像生病去大醫院卻不知道看哪一科一樣。而系統思考強調跨越部門界限，站在顧客的角度重新設計流程，將原本因專業分工而被切割的業務重新整合。例如現在大學的部門雖然仍有學務、總務、研發、教務等，但服務提供時則以教師、學生、訪客等不同身分的需求出發。

❺ **以資訊科技為工具加速流程**

　　唯有透過資訊通信網路的建立，才能做到資訊處理的「齊頭並進」，提高顧客滿意。

TQM 與 BPR 的比較

全面品質管理（TQM）源於製造業，強調透過各級員工的團隊參與而能使產品品質得到「改善」（漸進而持續的累積進步）；但服務業的品質受「人」的因素影響程度遠比製造業為高，例如服務提供者當時的情緒、身體狀況，甚至長相、穿著、說話……等都會形成服務品質的「變異」。因此韓默認為服務業應該追求「流程」的「改革」（一步到位的大躍進）。所以 TQM 比較屬於例行性的，流程再造則是非例行性的。二者的觀念差異如下圖：

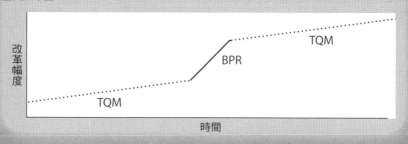

政府流程再造的實例 —— 單一窗口

單一窗口（one-stop-service）的意思是「單點接觸」，例如保險經紀人、運動經紀人等等都是市場早已存在的「單點接觸」觀念。政府機關業務單一窗口是流程再造最明顯的例子，像是戶政、警政、監理等民生生活常接觸的業務均已完成單一窗口化作業，即民眾可在任何一個櫃檯完成絕大部分的服務項目。茲以一般大學生辦理畢業離校手續圖示說明：

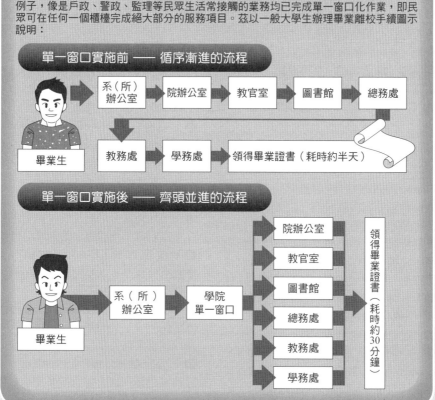

UNIT **8-9**
政府資訊管理與電子化政府

(一) 資訊化的公共行政

1980 年代後的公共行政堪稱為「資訊邏輯的新公共行政時代」（Information-logics NPA），代表公共行政與新的資通科技之結合。資訊科技使政府行政效能提高也帶來更多的彈性與互動式的溝通。現今政府對資訊科技的應用，已走向整合資訊科技、資訊管理者與使用者、資訊政策與社會結構的「公共管理資訊系統」（Public Management Information System, PMIS）。

資訊科技用於公共行政上相當著名的即為「地理資訊系統」（Geographic Information System, GIS），其為一種以資訊科技將複雜的地理資料加以協調整合的資料儲存、蒐集與運用系統；可提供數位化地圖與相關資料讓使用者進行查詢。政府可將其運用於犯罪防制、災害預防、國土規劃、交通運輸、都市計畫等等方面。我國戶政系統建置的「建物門牌查詢系統」，就是 GIS 的運用。

(二) 電子化政府

電子化政府（Electronic Government, E-Gov.）是指政府機關運用電腦網路系統及各種資訊服務設施，依機關、企業及民眾方便的時間、地點及方式，提供自動化服務之總體概念，從民眾觀點出發，建構一個可使各界快速取用政府資訊服務，並貫通整個政府部門流程，達到「一處收件，全程服務」之理想目標。早期電子化政府受「電子商務」影響，從三個方向開始發展：

❶ 政府對政府（Government to Government, G2G）：以推動跨機關資訊流通共享，提升行政效率為目的，如我國的電子公文交換系統、應用「電子表單」處理差勤、總務等線上簽核作業等，目前我國在戶政、地政、役政、警政、監理等跨功能資料庫的建立上已頗具成效。

❷ 政府對企業（Government to Business, G2B）：以促進商務活動連線應用與公平競爭為目的，如申請公司登記、向政府投標及領款、貨物通關等相關網站的建置。

❸ 政府對民眾（Government to Citizen, G2C）：以擴增網路申辦服務，強化便民效能為目的；如提供各項網路便民申辦服務，以及整合型入口網站以提供網路服務。目前我國民眾可以上網納稅、繳罰款，或辦理戶政相關業務等，皆屬之。

(三) 電子化治理

電子化政府的發展除了提升公共管理的效率，亦促成民主政治的轉型，即「電子化治理」的樣態，包括：

❶ e-基礎建設（E-Infrastructure）：透過建置相關軟硬體設施，以及重視電子化政府使用者的網路安全與隱私，吸引內外部顧客使用電子化政府。

❷ e-法制規範（E-Regulation）：持續檢討現行法令的適用性、推行前瞻法令，以利電子治理達良善治理之目標。

❸ e-政府行政（E-Administration）：簡化官僚程序、共享行政機構間資訊，並持續推動跨機關的整合。

❹ e-政府服務（E-Service）：藉由網際網路與單一入口網站，使民眾獲得便捷的政府服務。

❺ e-公民參與（E-Participation）：利用資通信技術提供安全及多元的發聲管道，促進人民對於政府公共事務的瞭解、信賴與監督。

我國電子化政府的發展

根據行政院國家發展委員會（原行政院研考會）的規劃，我國電子化政府經歷四個階段：

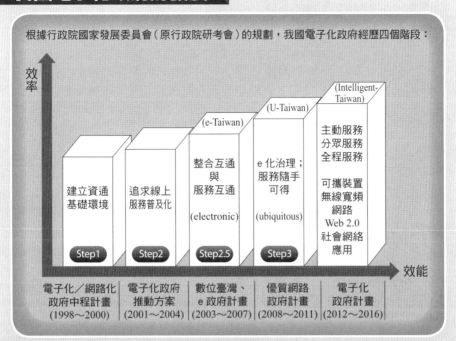

從電子化政府到數位化政府

　　臺灣第五階段的電子化政府已走向「數位政府」（2017-2020），運用雲端與物聯網巨量資料特性，以資料導向驅動擴大公共服務深度與廣度，深化資訊服務整合，打造數位經濟發展環境，並運用「群眾智慧」，落實透明治理，朝向「開放政府資料」（Open Data）、「巨量資料」（Big Data）與「個人數位資料運用」（My Data）等三個方向發展。

　　從「電子化政府」到「數位政府」的差別在於，「電子化政府」係以資通訊科技將政府對內及對外服務流程標準化、資料結構化之後，把實體服務轉為網路服務，提供政府公務人員、企業、以及民眾使用；「數位政府」係將所有事務、流程均以資料方式呈現，並以資料傳遞之角度重新設計政府服務樣態。所以，「電子化政府」是服務導向的政府，而「數位政府」是資料導向的政府。

	電子化政府	數位政府
重點	合理化及最佳化 ①提供一個獲得政府資訊與服務的便利管道。 ②從以線上作業取代部作業開始，強調線上與後台作業的結合，以提供更緊密及更有效的互動。	開放及改造 主張將所有的資料數位化。從資訊更流暢與分享更有效的觀點，重新設計業務程序與客戶的經驗。
範圍	服務遞送 強調線上服務的遞送。	服務遞送及營運 強調部營運與服務遞送，而且提供可得的開放資料，使個人或群體的選民，能直接參與服務的遞送。
方法	服務導向 著重於將特別服務的線上化。	資料導向 強調以資料為中心，而非以應用程式為重心，將重點放在應用程式與服務賴以建立的資料上。
技術	Web	雲端運算、行動裝置、社群網路、資料分析。

UNIT **8-10**
知識管理

由於當代知識經濟與知識資本觀念的興起，知識管理已繼「組織學習」之後成為另一個公、私部門關心的課題。所謂知識管理（knowledge management），是指一個組織能系統性地、清晰地和深思熟慮地建立、革新和應用本身的核心知識，使其產生極大化的效率，為組織帶來一定的利益。

(一) 知識的種類

吳瓊恩教授將知識分為三類：❶默會知識（tacit knowledge）：存在於人類心智中，是「只能意會，難以言傳」的知識，只能透過模仿與體悟學習。從日常生活中的烹飪、騎車，到處理人際關係的技巧、面對愛情與親情的體悟，甚至是對哲學的領會，都是默會知識；❷內隱知識（implicit knowledge）：指個人或組織不願意表達出來的知識，必須透過質疑、溝通與討論而學習，類似一般所謂的「秘密」；❸外顯知識（explicit knowledge）：能以文字或數位方式述說清楚的正式知識，如我們閱讀所學習的內容，就是外顯知識。

一般說來，真正具有影響力的知識，是默會知識，因為默會知識才是最深邃的，左右了一個人或組織競爭力的關鍵。

(二) 知識創造

知識創造是指組織能創造新的知識，並將新知傳播到整個組織中，為員工所吸收，並應用於生產活動及服務上的過程。日本學者野中郁次郎（Nonaka）提出一個「社會化─外部化─合併化─內部化」（Socialization-Externalization-Combination-Internalization, SECI）模式。

認為知識的創造乃是顯性知識及默會知識互動的「知識螺旋」（knowledge spiral）過程。此一過程經歷四個階段：❶社會化：由於默會知識必須經由人與人共同的活動才能達到分享的目的，例如「師徒制」；故社會化強調默會知識移轉到學習者身上，成為學習者的默會知識；❷外部化：指將默會知識傳播並轉化成能為他人理解的顯性知識的過程；❸合併化：指經由顯性知識的對話，使原本的顯性知識轉變成更複雜的系統性知識。此時的工作乃是溝通擴散，以及把知識系統化；❹內部化：將新創造的顯性知識內化成組織的默會知識。這需要組織成員透過實作來學習，使這些知識內化至個人之中。

(三) 組織進行知識管理的成功之道

學者戴文坡（Davenport）與羅薩克（Prusak）曾提出知識管理成功的九項要素：❶組織應具備知識導向的文化，例如組織有求知的渴望，並以符合組織文化的方式進行知識管理；❷組織應具備知識管理的技術與組織結構，例如適當的電腦與通訊設備，並且設置知識管理執行長、知識專案經理等職位；❸高層主管的認同、投入與支持；❹確保知識管理具備經濟效益或是產業價值；❺重視知識管理的過程導向，亦即明確的知識管理的計畫與步驟；❻以明確的目標與用語闡明知識管理，使員工有所遵循；❼為鼓勵成員分享知識，組織必須給予投入者誘人的獎勵措施；❽組織應建立一定程度的知識結構，例如將知識內容完整分類的資料庫；❾組織應建立多重的知識移轉管道來傳遞知識，如舉辦研討會、定期討論、線上論壇等等。

知識的層級

知識層級中，最低層次的是「資料」，其次依序為「資訊」、「知識」與「智慧」。

智慧　知識加上直觀和體驗，能夠具備悟性和整體把握的能力，是價值創造的泉源。智慧亦包含情理交融，調和持中，有憂患意識的卓識遠見。

知識　加上推理、抽象、相關、應用而有因果關係者即為知識，例如案例、規則、流程、型模等屬之。如學生身體質量指數可看出學生是否過胖，是否需要安排體能活動等。

資訊　將資料經過經驗與構思，有系統的整理，以傳達特定意念、目的之訊息；例如學生的身高體重可換算成身體質量指數，戶籍地址可看出學生來源區域分布等資訊。

資料　顯示基本事實的訊息，如「學生的身高、體重、戶籍地址」等等資料。

SECI 模式

野中郁次郎曾以日本 Honda 汽車成功研發外銷歐洲車款，打開日本汽車外銷歐洲市場的經驗解釋 SECI 模式的運作過程：

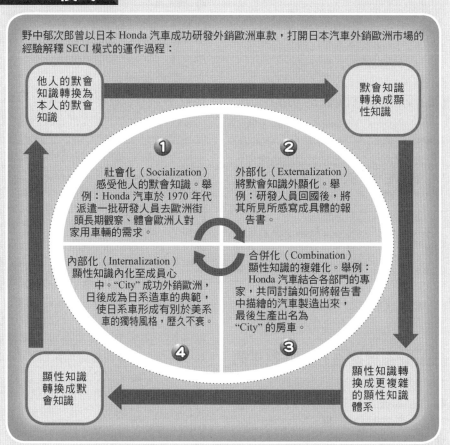

他人的默會知識轉換為本人的默會知識

默會知識轉換成顯性知識

❶
社會化（Socialization）
感受他人的默會知識。舉例：Honda 汽車於 1970 年代派遣一批研發人員去歐洲街頭長期觀察、體會歐洲人對家用車輛的需求。

❷
外部化（Externalization）
將默會知識外顯化。舉例：研發人員回國後，將其所見所感寫成具體的報告書。

❹
內部化（Internalization）
顯性知識內化至成員心中。"City" 成功外銷歐洲，日後成為日系造車的典範，使日系車形成有別於美系車的獨特風格，歷久不衰。

❸
合併化（Combination）
顯性知識的複雜化。舉例：Honda 汽車結合各部門的專家，共同討論如何將報告書中描繪的汽車製造出來，最後生產出名為 "City" 的房車。

顯性知識轉換成默會知識

顯性知識轉換成更複雜的顯性知識體系

UNIT **8-11** 政府公共關係

(一) 政府公共關係的概念

公共關係（public relation），或譯為「公眾關係」，行政學者吳定認為，公共關係客觀上是指一個人或機構與其公眾相處之關係，不論此種關係是良好或惡劣。但主觀上，公共關係是指個人或機構努力消除其與公眾之不良關係，並維持或爭取其與公眾之良好關係的有計畫地決策與行動之過程。

所以，政府公共關係應以履行社會責任、創造公眾利益為前提，以良好的溝通為手段，為爭取或維持公眾對政府機關之瞭解、友善與支持（積極目的），或消除公眾對政府機關之誤會與攻擊（消極目的），而進行的一種長期有計畫的努力。公共關係是機關首長的基本責任，並應設置專業幕僚協助。

(二) 政府公共關係的功能

一般來說，政府機關進行公關多是為了「宣揚政令」或「瞭解輿情」；詳細說來可歸納如下：❶瞭解並因應組織內、外公眾的感受、意見、態度及行為，以為預警；❷處理組織與公眾之關係，並分析組織政策或措施對公眾之影響；若發現有不利影響者，提請決策者加以調整；❸向決策者提出建議，以建立對公眾與組織雙方均有益之政策措施；❹建立並維持組織與公眾之雙向溝通的管道；❺促使組織內、外公眾的感受、意見、態度及行為等產生預期的改變。

(三) 政府機關進行公共關係的原則

❶ **內部做起**：先要求本身的績效，由內而外建立良好的形象。

❷ **雙向溝通**：不要將公關當作政令宣導，也要藉此聽取民意。

❸ **平時發展**：機關隨時都要注意施政內容，自然而然地建立良好形象。

❹ **服務大眾**：一切作為應以公共利益考量為優先，重視民眾或顧客的需求。

❺ **策略靈活**：不要侷限於報紙、電視這些傳統媒體，網路也是重要的管道。

❻ **動員全體**：公關涉及每位組織成員的表現，應使大家全力以赴。

❼ **不斷創新**：塑造形象的方式應該與時俱進，善用創新策略吸引大眾支持。

❽ **社會責任**：政府機關的公關手段應比企業更重視社會責任，不要言過其實。

❾ **誠信為本**：「做一分事，說一分話」，本身良好表現才是獲得支持的根本。

❿ **公開透明**：政府公關策略與一般政策一樣，都要接受公眾檢視。

(四) 政府機關塑造形象的方式

行政首長必須培養豐富的政治語言與使用象徵符號的能力，以塑造機關形象。因此政府機關可學習企業識別系統（Corporate Identity System, CIS）的觀念，塑造機關鮮明的形象，包括：❶ **理念識別系統**（Mind Identity System, MIS）：以本機關的基本精神、宗旨、價值觀或經營哲學等抽象理念作為識別標誌；例如學校的「校訓」、「校歌」；❷ **行為識別系統**（Behavior Identity System, BIS）：是指理念指導下所形成的行政管理方式與活動；例如軍校重視服從，軍禮的規定特別多；❸ **視覺識別系統**（Visual Identity System, VIS）：運用視覺效果，設計出符號性標識，如組織的標誌（Logo）、代表色、口號、服飾、吉祥物等，容易吸引公眾注意和接收；例如學校的校徽、制服等等。

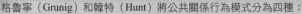

公共關係行為模式

格魯寧（Grunig）和韓特（Hunt）將公共關係行為模式分為四種：

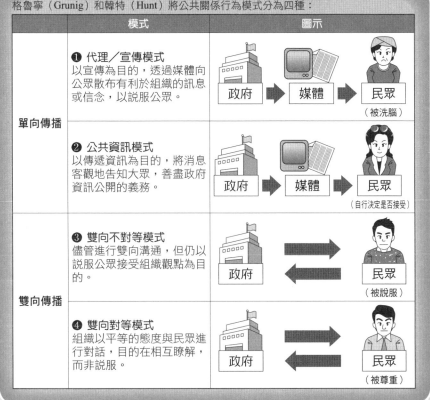

	模式	圖示
單向傳播	**❶ 代理／宣傳模式** 以宣傳為目的，透過媒體向公眾散布有利於組織的訊息或信念，以說服公眾。	政府 ➡ 媒體 ➡ 民眾 （被洗腦）
	❷ 公共資訊模式 以傳遞資訊為目的，將消息客觀地告知大眾，善盡政府資訊公開的義務。	政府 ➡ 媒體 ➡ 民眾 （自行決定是否接受）
雙向傳播	**❸ 雙向不對等模式** 儘管進行雙向溝通，但仍以說服公眾接受組織觀點為目的。	政府 ⇄ 民眾 （被說服）
	❹ 雙向對等模式 組織以平等的態度與民眾進行對話，目的在相互瞭解，而非說服。	政府 ⇄ 民眾 （被尊重）

政府推展公關的三大對象 —— 民代、媒體、利益團體

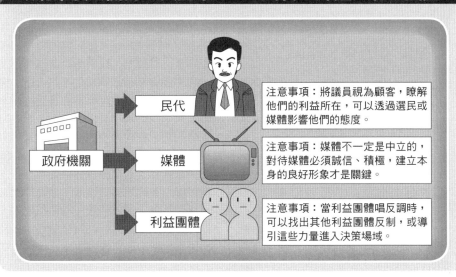

政府機關 ➡ 民代

注意事項：將議員視為顧客，瞭解他們的利益所在，可以透過選民或媒體影響他們的態度。

政府機關 ➡ 媒體

注意事項：媒體不一定是中立的，對待媒體必須誠信、積極，建立本身的良好形象才是關鍵。

政府機關 ➡ 利益團體

注意事項：當利益團體唱反調時，可以找出其他利益團體反制，或導引這些力量進入決策場域。

UNIT **8-12**
危機管理

(一) 危機的概念

❶ 危機的「雙面效果性」

古人云：「危機就是轉機」，西方著名的韋氏字典將危機（crisis）定義為「轉機與惡化的轉捩點」（the turning point for better or worse）；可見危機不一定是負面的，而是一種迫切的不穩定狀況。

❷ 危機的「反應時間有限」

危機往往是突然發生的，且無法以平時的標準作業程序來處理；在時間壓力及資訊不足的情形下，當事人往往難以有限的時間，做出快速且正確的反應。

❸ 危機的「不確定性」

危機帶來的不確定性有三種：

①狀態不確定：難以掌握或預測環境的變化；例如颱風的路徑或威力的變化，在剛發現颱風時很難掌握。

②影響不確定：對於危機可能對組織造成何種影響，無法明確預測；例如颱風究竟形成多大的災害，很難準確估算。

③反應不確定：對於該採取何種方案或者選項，及其可能的結果往往也無法確定；例如是否宣布颱風假、是否強制居民撤離，往往很難準確預測。

❹ 危機的「威脅性」

危機的發生往往威脅到組織的生存或目標，進而影響決策者的決定。惟威脅的感受是因人而異的，往往受到危機可能造成的損失大小、造成損失的可能機率，以及當下面臨的時間壓力而定。

(二) 危機管理

吳定教授認為危機管理（crisis management）是「一種有計畫的、連續的及動態的管理危機的過程。亦即政府機關針對潛在或當前的危機，於事前、事中或事後，利用科學方法，採取一連串的因應措施……以有效預防、處理及化解危機，甚至消弭危機於無形，使政府機關能迅速回復正常的運作狀況。」

準此，危機管理是「危機預防」與「危機處理」的結合。政府機關在進行危機管理時，應朝下列方向努力：

❶ 就危機預防而言

事實上，危機管理的觀念源自「健康管理」，所以「預防勝於治療」是最高指導原則。政府機關應時時注意觀察社會動態、聽取民眾意見、專注於例外事件的管理、加強危機爆發前的企劃準備與環境預測，並保持組織內外的溝通管道暢通，方可儘量消弭危機於無形。

❷ 就危機處理而言

危機處理工作的重心，在於妥為善後；而在政府力量有限的今日，動員民間力量共同處理危機已是政府未來必須思考的方向。從 921 震災到八八風災，民間都有強烈的參與意願，但政府在動員、整合、規劃、協力等各方面的作為仍有待加強。目前我國政府危機處理的基本法是「災害防救法」，該法僅在第 36、46 及 50 條有公私協力救災的模糊規定。事實上，政府面對新時代複合型態的危機，必須與其他部門合作，構成協力網絡，運用跨領域的多元技術，才能有效達成解決危機的目的。而政府主要的角色在於扮演領航者與協調者；由政府的特殊權威地位，協調整合各部門，以多元方式來領導危機管理，並支援危機知識的研發與創新，建構危機知識管理蒐集、儲藏與運用的完整體系，以增進政府官僚、營利與非營利組織及人民的危機管理知識與能力。

危機形成與管理的階段論

菲克（S. Fink）認為危機不是突然從天而降的，任何一項危機都經過潛伏期、爆發期、延續期、解決期等四個階段，所以組織應該要見微知著，隨時留意環境變化，才能防範於未然。準此，危機管理亦有階段論，著名的說法整理如下：

	提出者	內涵
三階段論	丘昌泰教授	預防階段（危機醞釀期，若能發現危機徵兆，提出因應策略，就能降低危機威脅）→ 處理階段（危機爆發期，必須在最短時間內動員各種資源以化解損害）→ 回復階段（危機解除期，進行各種救濟，並對社會進行溝通，以澄清疑慮）
四階段論	美國聯邦危機管理局（Federal Emergency Management Agency, FEMA）	整合性危機管理系統（Integrated Emergency Management System, IEMS）：紓緩（規劃減災措施）→ 準備（發展因應危機的能力）→ 回應（災難時採取的行動）→ 復原（各項重建）
五階段論	密卓夫（Mitroff）	危機訊息的偵測 → 危機的準備及預防 → 損害的控制與處理 → 危機的復原工作 → 不斷學習修正
	菲克（Fink）	危機的預測 → 擬定危機應變計畫 → 發現危機 → 隔絕危機 → 處理危機
	布雷奇（Blackey）	評估 → 預防 → 準備 → 回應 → 恢復

危機管理模式

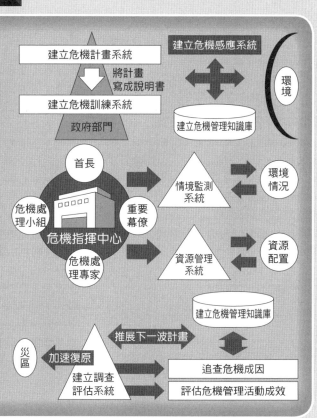

危機爆發前

此時的工作包括：建立危機計畫系統、建立危機訓練系統、建立危機感應系統、建立危機管理知識庫並草擬危機計畫說明書，對危機做沙盤推演。

危機爆發時

成立危機指揮中心，成員應包含首長及其重要幕僚、危機處理專家與處理小組；並建立情境監測系統與內部資源管理系統。

危機解決後

成立評估調查系統以確認危機的成因，加速復原工作的進行，並繼續推展下一波的危機管理計畫。

建立危機計畫系統　將計畫寫成說明書　建立危機訓練系統　政府部門

建立危機感應系統　環境

建立危機管理知識庫

首長　重要幕僚　危機處理小組　危機指揮中心　危機處理專家

情境監測系統　環境情況

資源管理系統　資源配置

建立危機管理知識庫

推展下一波計畫

災區　加速復原　建立調查評估系統　追查危機成因　評估危機管理活動成效

UNIT **8-13**
組織衝突管理

(一) 關於組織衝突的研究

羅賓斯教授（Robbins）認為組織衝突的研究分為三階段：

❶ 傳統學派

1940 年代中葉前，管理學的觀點認為衝突是有組織性的，且必須設法加以消除。

❷ 行為學派

自 1940 年代至 1970 年代，管理學認為衝突是組織不可避免的現象，故對於衝突固然應設法加以解決，同時也透過衝突解決來增進組織效能。

❸ 互動學派

自 1970 年代以後，管理學已承認衝突的絕對必要性，所以公然鼓勵反對；並界定衝突管理包括「衝突的刺激」及「解決方法」，認為衝突管理乃是全體主管的主要責任。

(二) 造成衝突的原因

賽蒙舉出三項造成衝突的原因，一是「建立王國」，即每個單位都想擴充職權、爭取經費、增加人員；二是背景差異，指個人背景不同，會因價值觀念與看法不同而發生衝突；三是基於不同的團體意識，使每個人都認為自己的工作目標比其他單位對組織整體而言更為重要。

(三) 衝突的類型

個人在組織中可能面對的衝突分為二種：

❶ 個人的角色衝突

一個人若在經常扮演各種不同的角色，常使得個人產生下列衝突：

① 角色內衝突（intrarole conflict）：個人在扮演某一角色時，可能有不得不違反其個人認知的道德或倫理的情形，此即「身不由主」！例如一個警察可能同情示威群眾，卻也不得不依命令驅散他們。

② 角色間衝突（interrole conflict）：一個人必須同時扮演二種矛盾的不同角色，例如中階主管是部屬眼中的長官，應該照顧部屬福利；但同時也是長官眼中的部屬，應該追求工作績效。

③ 傳送者間的衝突（intersender conflict）：當個人扮演一種角色時，有兩位與他關係最密切的人對此角色表達兩種矛盾的期望，而使他莫衷一是，例如孩子經常面對父母的不同期望而不知所措。

❷ 個人的目標衝突

① 當個人在組織中的目標或需要不獲滿足時，便會產生挫折反應，包括：Ⓐ攻擊：對阻擋個人實現目標的人採取反擊行動；Ⓑ退讓：呈現退化（出現像小孩子的行為，如哭鬧）或情緒孤立（冷漠）；Ⓒ固著：不自覺出現以前所習得的刻板性反應；Ⓓ折衷：文飾作用（俗稱酸葡萄心理）或補償作用（尋找另一個目標）。

② 若一個人在追求目標的過程中，遭遇利弊互見的情境，在心理上不免產生矛盾，包括：Ⓐ雙趨衝突：有兩個以上目標，卻只能得其一，即「魚與熊掌」的狀況；Ⓑ雙避衝突：面臨兩種不佳情境，卻必須擇一，即「兩害相權」的狀況；Ⓒ趨避衝突：對某一目標同時有趨近與逃避兩種動機，這是人最常見的矛盾，即「又愛又恨」的狀況。

衝突與競爭的異同

衝突與競爭兩個詞很接近，但並不完全相同。二者相似之處在於，它們均能使人們產生群體認同感，並產生某些正向的功能與反功能。但相異之處如下：

```
競爭  ➡  若對達成目標造成實際的  ➡  衝突
           或預期的威脅
```

❶ 各團體為相同目標努力。
❷ 兼有對抗和合作行為。
❸ 各方自願加入，且較少敵對的態度。
❹ 依循一定遊戲規則。
❺ 結果常對一方或多方有利。

❶ 各團體間的目標不相容。
❷ 展現對抗行為。
❸ 有時非自願加入，且出現公然敵對的態度。
❹ 無規則可循或違背規則。
❺ 結果常對一方或多方不利。

衝突的管理

衝突具有正功能，包括：

| 團體束縛 | ➡ | 經由團體的敵對，使成員對團體的認同感增加、向心力更大。 |
| 團體凝聚 | ➡ | 經由團體間的衝突使成員更為盡忠，團體工作效率因而提高。 |

雖然衝突可能造成壓力與混亂，但適當的衝突可以打破團體盲思（groupthink）的問題，因此對衝突進行管理乃有其必要。雷辛（Rahim）依「關心自己」或「關心別人」為尺度，提出處理衝突的五種型態：

高度關心自己

高度關心別人　　　　　　　　　　　　　　　　　　　低度關心別人

整合
各造間彼此以坦誠、交換資訊、檢視差異所在等方式，合作獲致一項雙方可接受的解決方案。

支配
競爭的一方卯足全勁以贏得勝利；以此型處理衝突有時常會為了勝利而不計代價。

妥協
是一種中庸，雙方各讓一步獲致彼此能接受的決定。

取悅
企圖減少差異，強調顧全大局，含有自我犧牲的意味。自願吃虧的一方是「衝突的吸收者」。

逃避
是一種退縮、推諉或作壁上觀的行為，常顯現一種對衝突之人與事皆不關心的態度。

低度關心自己

UNIT **8-14**
府際關係

(一) 府際關係的意義

府際關係（Intergovernmental Relations, IGR）的研究源於美國1930年代的新政（New Deal），是指地方政府與地方政府，及中央政府與地方政府間的依存關係；例如臺北市政府與高雄市政府、或臺北市政府與花蓮縣政府、或中央政府（行政院）與新北市政府等，都是府際關係。

府際關係主要受「聯邦制」或「單一制」的國家體制影響。聯邦制崇尚分權，各邦政府與聯邦政府的權力由憲法分別明訂，通常是「井水不犯河水」，且各邦之間呈現極大差異。例如美國，有的州維持死刑，有的州廢除死刑；又或德國，各邦連小學的就讀年限都不一樣。至於單一制國家則傾向統的中央集權，僅以法律授權的形式將部分權力授予方政府，即便如此，中央還是常透過權力的運作控制地方，我國即是如此。

(二) 補助款制度

補助款是指上級政府對下級政府的移轉性支付，使地方政府皆至少能提供最基本的公共服務，以縮小城鄉差距。因為地方稅收以「財產稅」為主，彈性較小；中央稅收以「所得稅」為主，彈性較大；故景氣衰退時地方政府稅收衝擊較大，中央可透過補助款協助地方財政。

補助款的種類大致是以「是否有條件限制」、「相對配合款的有無」、「補助款分配是否依一定公式」等標準來區分類型：

❶ 有條件補助款

①就補助款的取得而言，可能需地方政府提出計畫以供上級政府審核，旨在誘使地方政府配合上級政府的政策。

②就補助款的用途而言，則僅限於上級政府指定的支出，不得變更用途，美國實施的類別補助款（categorical grants）即屬之，由於其「專款專用」性質，較能達成國家目的，為最常使用的補助款。

③就是否需提供一定比例的自有資金而言，若地方政府需提撥一筆相對資金時稱為「配合補助款」（matching grants）；可促使地方政府爭取補助款時能考量補助項目是否符合本身施政優先順序。

❷ 無條件補助款

又稱為一般補助款，乃上級政府將一定購買力移轉給下級政府，受補助者可自由支配不受限制。其目的在於平均地區間的財富分配，縮短城鄉差距。

❸ 公式化補助款（formula grants）

係指透過一定的計算公式來決定各級政府間所應獲得的補助額度，該公式可透過立法，或以立法授權委由行政機關自行擬訂分配辦法。

我國目前有統籌分配稅款、一般性補助款、計畫型補助款等三種補助款。統籌分配稅款係調整府際間水平收入，透過「中央統籌分配稅款分配辦法」的分配比例及公式來分配給各地方政府。一般性補助款係調節府際間財政垂直不均，依地方制度法第69條，上級政府對財力較差之地方政府酌予補助，以舒緩地方財政短差。計畫型補助旨在促進地方政府配合上級施政目標，其法源為財政收支劃分法第30條，補助事項為：

①計畫效益涵蓋面廣、且具整體性之計畫項目；②跨越直轄市、縣（市）或二以上縣（市）之建設計畫；③具有示範性作用之重大建設計畫；④因應中央重大政策或建設，需由地方政府配合辦理之事項。

府際關係的類型

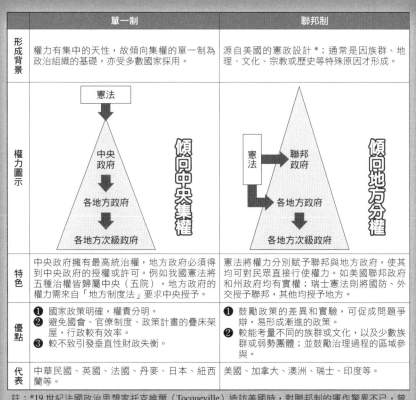

	單一制	聯邦制
形成背景	權力有集中的天性，故傾向集權的單一制為政治組織的基礎，亦受多數國家採用。	源自美國的憲政設計*；通常是因族群、地理、文化、宗教或歷史等特殊原因才形成。
權力圖示	憲法 → 中央政府 → 各地方政府 → 各地方次級政府　傾向中央集權	憲法 → 聯邦政府 → 各地方政府 → 各地方次級政府　傾向地方分權
特色	中央政府擁有最高統治權，地方政府必須得到中央政府的授權或許可。例如我國憲法將五種治權皆歸屬中央（五院），地方政府的權力需來自「地方制度法」要求中央授予。	憲法將權力分別賦予聯邦與地方政府，使其均可對民眾直接行使權力。如美國聯邦政府和州政府均有實權；瑞士憲法則將國防、外交授予聯邦，其他均授予地方。
優點	❶ 國家政策明確，權責分明。 ❷ 避免國會、官僚制度、政策計畫的疊床架屋，行政較有效率。 ❸ 較不致引發垂直性財政失衡。	❶ 鼓勵政策的差異和實驗，可促成問題爭辯，易形成漸進的政策。 ❷ 較能考量不同的族群或文化，以及少數族群或弱勢團體；並鼓勵治理過程的區域參與。
代表	中華民國、英國、法國、丹麥、日本、紐西蘭等。	美國、加拿大、澳洲、瑞士、印度等。

註：*19世紀法國政治思想家托克維爾（Tocqueville）造訪美國時，對聯邦制的運作驚異不已，曾以「大機器中有兩組截然不同但卻並行不悖的齒輪同時運作」來形容美國的聯邦制。因為美國國家是聯邦制，各州卻是單一制（郡、市政府的權力來自州政府的直接授予）。

從府際關係到府際治理

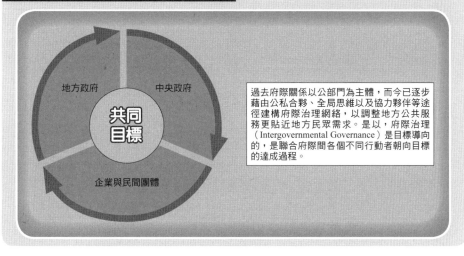

過去府際關係以公部門為主體，而今已逐步藉由公私合夥、全局思維以及協力夥伴等途徑建構府際治理網絡，以調整地方公共服務更貼近地方民眾需求。是以，府際治理（Intergovernmental Governance）是目標導向的，是聯合府際間各個不同行動者朝向目標的達成過程。

第**9**章

財務行政

●●●●●●●●●●●●●●●●●●●●● 章節體系架構 ▼

UNIT **9-1**
政府的收入

俗話說：「錢不是萬能，但沒錢萬萬不能！」對政府而言也是如此，故「財政為庶政之母」；而財務行政的第一課題，就是政府的收入從何而來。

政府的財政收入大致有賦稅、規費、營業收入、公債、罰金、財產出售等。

(一) 賦稅收入

依賦稅收入的性質而言，可分為所得稅、消費稅與財產稅三大類，內容可詳見右表。其中所得稅是政府收入的最主要來源，也是國民強制性義務，政府徵稅時通常也以被課徵者的經濟能力為考量基礎。所得稅的課徵分為三種方式：

❶ 累進稅制

為達成社會財富的重分配，政府將人民的所得分成數個不同級距，所得級距愈高者，課以愈高的稅率。

❷ 齊頭稅制

又稱平等稅制，不論所得高低，均採固定稅率課稅。

❸ 累退稅制

又稱遞減稅制，表面上是所得高者課以較低稅率，實則是根據納稅的「稅基」所占的總收入比例而定，通常見於政府獎勵特定投資的投資所得。

此外，若以賦稅的徵收與支用權力而言，依我國《財政收支劃分法》可分為「國稅」與「地方稅」兩種：

❶ 國稅由中央政府徵收與支用，多數是由財政部國稅局負責，包括：礦區稅（經濟部礦物局徵收）、關稅（財政部關稅總局徵收）、菸酒稅、所得稅、遺產及贈與稅、貨物稅、證券交易稅、期貨交易稅及營業稅。

❷ 地方稅由地方政府徵收與支用，由各縣市稅捐稽徵處負責，包括：地價稅、田賦、土地增值稅、房屋稅、使用牌照稅、契稅、印花稅、娛樂稅。

(二) 行政規費

行政規費是政府提供行政服務時，向洽公民眾收取的行政所需費用，包含手續、材料、工本等等。例如向戶政事務所申請戶籍謄本必須付 15 元的規費。

(三) 營業收入

政府公營事業的營業利潤，公園、博物館、美術館、動物園……等等的門票收入，以及公益彩券的發行等，均為政府收入來源。

(四) 公債

政府透過發行債券向民間或國外借款以取得所需經費。此種方式最好僅限用於未來能帶來獲益的資本建設上（如機場、高速公路），否則大量舉債一方面形成龐大的利息壓力，一方面也造成債留子孫的現象，不符合代間正義。

(五) 罰金（含罰鍰）

政府對人民違反法令的行為所課予的財產上的處罰，無論是平常收到的交通違規罰單，或是刑事案件罰金，亦或者對企業違背與政府間的契約或各項管制法令所開出的罰單等均屬之。

(六) 財產出售與出租

政府將公有土地或建物出售或出租所得之價金，或將公營事業股票售予民間，即民營化所取得之價金。

政府財政收入的分類

二分法	賦稅收入 —— 可分為三大類： ❶ 所得稅：對人民之所得課徵之稅；如個人綜合所得稅。 ❷ 消費稅：對貨物、銷售行為、消費支出所課之稅；如貨物稅。 ❸ 財產稅：對財產之持有本身及移轉所課之稅；如房屋稅。 非賦稅收入 —— 可分為四大類： ❶ 企業收入：政府透過公營事業出售商品或勞務所得的收入。 ❷ 行政收入：政府機關因提供特定服務、設施、權利，或為達到管制目的，對特定使用者或違規者，所為之單方強制徵收之收入；包括規費、特許金、特別賦課（如工程受益費），以及罰款等。 ❸ 財產收入：政府運用其財產所得之收入；如拍賣國有地。 ❹ 公債收入：政府以國家信用為擔保發行債券，向人民或外國借貸，並非實質收入，應用於公共投資建設。
三分法	強制收入：屬於政府的權力收入，人民依法無從抗拒，以租稅為主。 自由收入：屬於價格收入，依市場規則運作，人民有購買的自由，以公營事業收入為主。 中間性收入：屬於半強制半自由的收入，即人民雖可自由選擇是否購買，但市場上僅政府一家，無競爭者，如政府專賣、規費等。
四分法	租稅收入：政府為取得執行政務的財源，依法向人民強制課徵的收入，是政府的主要收入來源。 行政收入：政府機關為執行政務，給予特定人民某些服務或利益，如入出境機關向申辦護照的民眾收取費用；或因懲罰某些人的非法行為，而給予適當處罰所得的收入，如環保機關對製造污染者開出罰單。 商業收入：政府如同廠商一樣提供產品或勞務供消費者購買，公營事業收入，如台電、中油等即屬之。 發行公債收入：政府於其他各項收入來源不足以應付支出時，向外國或本國人民借貸籌款。

累退稅的情形

累退稅是政府獎勵某種投資行為下所產生的特別情形，例如某甲與某乙年收入皆為 100 萬元，但甲的收入多來自政府獎勵投資的項目，則甲的稅基就會較低，形成該項目的所得愈多，繳納的稅額反而愈低的情形。

197

UNIT **9-2**
政府的支出

圖解行政學

(一) 政府支出的分類

政府支出的分類方式有許多種，在財務行政上，最常用的兩種是：

❶ 依政事別

我國在政府預算中，公共支出分為：一般政務支出、國防支出、教育科學文化支出、經濟發展支出、社會福利支出、社區發展及環境保護支出、退休撫卹支出、債務支出、一般補助及其他支出等九大項。

❷ 依經濟性

①經常性支出：一般行政、事務上的貨品及勞務支出，屬例行性支出。

②資本性支出：耐久性的資本設備或公共建設等資產、投資的變動，包括固定資本的形成，購買土地及無形資產等。

(二) 政府支出的功能

政府的支出，實際上反映政府的政策選擇；馬斯葛雷夫（Musgrave）認為政府財政支出的功能包括：

❶ 配置功能

確保資金流向合適的部門。

❷ 分配功能

確保政府支出在不同地區、人口等面向保持平衡。

❸ 穩定功能

透過政府支出以穩定總體經濟。

❹ 成長功能

透過政府支出以促進經濟成長。

(三) 政府支出的成長與縮減

自 1930 年代美國為因應「大蕭條」而實施「新政」（New Deal）以來，有很長一段時間受到凱因斯經濟學的影響，政府不斷擴張支出；後因 1980 年代新右派興起，政府又開始不斷撙節支出。馬斯葛雷夫指出，從歷史發展來看，政府支出的使用可分為兩派理論：

❶ 凱因斯學派觀點 —— 政府支出的成長

認為經濟不穩原因在需求面波動，政府可以用赤字預算刺激景氣復甦；而當經濟過熱時，則以歲入歲出之盈餘來管制通貨膨脹。總之，政府應促進經濟穩定，偏重整體經濟的運作功能。此種觀點盛行於 1930 至 1970 年代，惟預算動支難以應付急遽經濟變動，預算的政治性也使經濟成長目標難以達成，預算赤字更成為政府嚴重的財政負擔。因此在 1970 年代能源危機後，凱因斯學派即受到嚴峻的挑戰。

❷ 供給面經濟學 —— 政府支出的縮減

1980 年代新右派興起後，傾向擴大社會生產力以抑制物價，降低通貨膨脹；而政府的角色在僅降低稅賦以鼓勵投資並提供工作誘因，促進貨物與勞務的生產，追求管制少、稅收低、支出有限。所以解除官僚管制、推動民營化，便成為當時主要的改革目標，領導者甚至動員政治壓力以降低政府規模與活動。但以採行供給面經濟學聞名的雷根政府實務上並未成功紓緩美國預算赤字壓力，近年批判過去撙節措施的聲浪亦源源不絕，英國牛津大學政治經濟學家史塔克勒（Stuckler）及美國史丹佛大學流行病學家巴蘇（Basu）經歷十年研究，發表 "The Body Economic: Why Austerity Kills"（身體經濟學：撙節為何殺人），控訴歐美各國政府的撙節措施犧牲國民健康的公共利益。

我國政事別支出說明

依行政院主計總處的歸納，我國中央政府總預算歲出政事別科目內涵如下：

政事別科目	支出內涵
❶ 一般政務支出	政權行使支出、國務支出、行政支出、立法支出、司法支出、考試支出、監察支出、民政支出、外交支出、財務支出、邊政支出、僑務支出。
❷ 國防支出	國防支出
❸ 教育科學文化支出	教育支出、科學支出、文化支出
❹ 經濟發展支出	農業支出、工業支出、交通支出、其他經濟服務支出
❺ 社會福利支出	社會保險支出、社會救助支出、福利服務支出、國民就業支出、醫療保健支出
❻ 社區發展及環境保護支出	社區發展支出、環境保護支出
❼ 退休撫卹支出	退休撫卹給付支出、退休撫卹業務支出
❽ 債務支出	債務付息支出、還本付息事務支出
❾ 一般補助及其他支出	專案補助支出、平衡預算補助支出、第二預備金、其他支出

華格納法則

19 世紀德國經濟學家華格納（Wagner）發現國家在工業化的過程中，政府支出的成長是經濟與政治因素的混合作用：

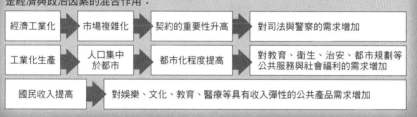

經濟工業化 ➡ 市場複雜化 ➡ 契約的重要性升高 ➡ 對司法與警察的需求增加

工業化生產 ➡ 人口集中於都市 ➡ 都市化程度提高 ➡ 對教育、衛生、治安、都市規劃等公共服務與社會福利的需求增加

國民收入提高 ➡ 對娛樂、文化、教育、醫療等具有收入彈性的公共產品需求增加

集中支付作業流程

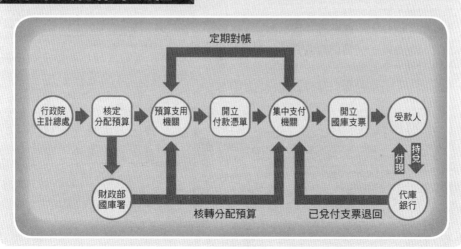

定期對帳

行政院主計總處 ➡ 核定分配預算 ➡ 預算支用機關 ➡ 開立付款憑單 ➡ 集中支付機關 ➡ 開立國庫支票 ➡ 受款人

財政部國庫署　　核轉分配預算　　已兌付支票退回　　代庫銀行

持兌付現

UNIT **9-3** 財務行政概述

圖解行政學

(一) 財務行政的意義、特性與目的

我國行政學名家張潤書教授將財務行政定義為「政府對其財務的收入與支出所做的一套有系統的管理制度」。他認為財政學包含公共收入、公共支出、公債及財務行政四大部分，而財務行政研究政府收支的問題，是為「形式財政學」。

財務行政在公共行政的特性為：

❶ 基礎性
「財政為庶政之母」，因為政府一切作為均需用錢，故以預算為施政基礎。

❷ 連環性
財務行政以預算為基礎，包括預算的編製、審議、執行，決算與審計等諸多階段，在各階段都有不同的主管機關與活動原則，但彼此銜接、相互貫通、環環相扣。

❸ 管制性
預算制度的起源與功用都在於指導與控制政府的施政，為行政控制的有效工具。會計制度則是預算執行的記錄與考查，決算與審計則是財政監督與考核的具體實施，皆為控制的展現。

張潤書教授從上述特性，歸納財務行政之目的為：①獲得財政收入；②繁榮經濟發展；③控制行政收支；④提高行政效率；⑤分配社會財富等五大目的。

(二) 財務行政制度

財務行政以預算問題為中心，自編製預算開始，共經歷五個階段，表現為五個制度：①預算制度；②收支制度或公庫制度；③會計制度；④決算制度；⑤審計制度。另若以時間先後順序區分，則收支可合併於會計制度中，因此

可謂之「預算」、「會計」、「決算」、「審計」等四大過程。

❶ 預算
指「預算的籌編與審議」；預算的編列由行政機關負責，先由主計總處提出下年度的預算籌編原則及總預算編製辦法，各行政主管機關依此擬定下年度施政計畫及概算，再由行政院製訂施政方針、確定預算規模、核定各機關歲出額度；最後由主計總處整編總預算案，經行政院院會通過後，送交立法院審議。預算的審議由國會（立法院）負責，在每年 9 到 11 月的會期中審議下年度的預算。我國預算法規定，中央政府總預算案應於會計年度開始一個月前由立法院議決，並於會計年度開始十五日以前由總統公布之。

❷ 會計
會計是「預算執行與收支的記錄」；預算執行多以一年為期，故稱為「會計年度」。我國會計年度採「曆年制」，也就是和日曆一樣，從 1 月 1 日到 12 月 31 日是為一個會計年度。例如今年是民國 103 年，就稱為民國 103 年會計年度。

❸ 決算
決算是「預算執行結果的報告書」；行政機關必須於會計年度結束後編寫「決算報告書」，以顯現自身的財務責任。

❹ 審計
審計是「對行政機關一切財務事項的紀錄、報告與憑證，由行政部門以外的專責機關進行有系統的審查，以鑑定其正確程度與作業效能」；在世界各國多交由立法部門為之，在我國則由監察院審計部進行。

我國財務行政主要業務及主管機關

國庫行政主管機關「財政部」
掌理國庫收支及財務調度

主計機關「行政院主計總處」
掌理預算編審、控制與會計

我國財務行政四大業務及主管機關

審計機關「監察院審計部」
預算與財務審計

國庫銀行業務經理機關「中央銀行」
現金及財物收納保管

橫跨三個年度的預算時期

若以民國 103 年的預算為例，政府必須在民國 102 年完成預算編列與審議，民國 103 年執行預算，民國 104 年開始進行決算與審計。

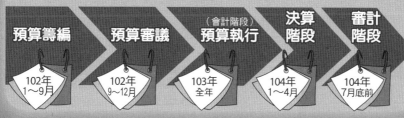

預算籌編	預算審議	（會計階段）預算執行	決算階段	審計階段
102年 1～9月	102年 9～12月	103年 全年	104年 1～4月	104年 7月底前

我國財務行政制度的要點

	預算	會計	決算	審計
負責機關	行政院編預算案，立法院審議	各機關執行年度預算	各機關編造預算執行結果（決算報告）	審計部計算，並向立法院提出決算報告
時間期限	行政院於會計年度開始三個月前提出預算案。立法院應於會計年度開始一個月前議決，並於會計年度開始十五日前由總統公布。	於會計年度內執行（1/1～12/31）。	中央主計機關應編成總決算書，提經行政院會議通過，於會計年度結束後四個月內，提出於監察院。	審計長於行政院提出決算後三個月內完成審核，並向立法院提出審核報告。審計長於中央政府總決算送達後三個月內完成其審核，編造最終審定數額表，並提出審核報告於立法院。
制度重點	強調權力制衡	會計獨立制、國庫集中支付制	財務責任	審計獨立

UNIT **9-4**
預算的籌編與審議

(一) 預算概述

預算（budget）係指政府在一定時間內（通常為一年），根據既定施政方針，以國家資源和國民負擔能力為基礎，而預定的政策費用計畫書。因此，預算可說是「以數字表達的施政計畫」。

預算制度源於英國，主要伴隨議會制的發展而來；民主國家的預算必須經過議會同意，方可成為「法定預算」。故預算具有一定程度的法律效果，學理上稱預算為「措施性法律」。就預算的性質而言，具有下列特徵：

❶ 預算是政府的目標與分配資源的依據，即為國家公共政策的基本藍圖。

❷ 預算反映國家或機關執行政策的管理手段。

❸ 預算指出國家所要採取的經濟政策和方向。

❹ 預算是記載「誰在何種政策上獲得了多少利益和承擔多少成本」的政治文件，反映各方權力競逐的結果。

❺ 預算代表政府對其資金的運用加以負責，並向民眾公開。

(二) 預算的籌編

預算的編製為行政部門職責，在我國由行政院主計總處負責總預算的彙編。各國的預算編列傾向「由上而下」（中央政府主導），我國中央政府總預算即由行政院訂定下年度施政方針開始，再由主計總處擬訂預算編製辦法，呈報行政院核定後，分送各機關作為編列機關概算的依據。

(三) 預算的審議

預算審議指行政部門將預算書送至議會審查，以展現民意對政府的監督。國會可設置專業的預算幕僚機關以協助議員審查預算，如我國立法院設「預算中心」，掌理預算、決算，以及預算相關法案之研究、分析及諮詢事項。

(四) 基金的設置

「基金」是預算中獨立的會計個體，依個別的法令設置，有特定的來源與用途，是預算的一種例外狀況。我國預算法對基金的定義是「已定用途且已收入或尚未收入的現金或其他財產」。我國的基金分為兩大類，一是支應政府一般政事活動的「普通基金」；另一是有特殊用途的「特種基金」，依其用途分為六種：

❶ **營業基金**：供營業循環運用，以企業方式經營；如各公營事業基金。

❷ **債務基金**：依一定條件籌措財源以償還公債之用；如中央政府債務基金。

❸ **信託基金**：政府依法令、契約或遺囑，以受託者身分管理或處分之基金；如勞工退休基金、公教人員退撫基金、各種獎學金等。

❹ **作業基金**：付出後仍可收回，對大眾提供服務，但非用於營業者；如各國立大學校務基金。

❺ **特別收入基金**：特別限定收入來源與用途者；如能源發展基金。

❻ **資本計畫基金**：處理政府重大公共工程計畫，且非其他資本建設基金辦理範圍；如國軍老舊營舍改建基金。

我國中央政府總預算編列時程

機關	工作	時間
主計總處、財政部、經建會、審計部	提出施政方針參考資料	1 月開始
主計總處	提出預算的籌編原則及總預算編製辦法	2 月底前
各主管機關	擬定施政計畫及概算	3 月底前
行政院	製訂施政方針	4 月底前（預算年度開始 9 個月前）
行政院	確定預算規模，核定各機關歲出額度	7 月底前
各主管機關	彙編預算案	8 月中旬以前
主計總處	整編總預算案	8 月下旬以前
行政院	院會通過，函請立法院審議	8 月底（預算年度開始 4 個月前）
立法院	審議總預算案	9 到 11 月（預算年度開始 1 個月前）

我國預算法相關名稱說明

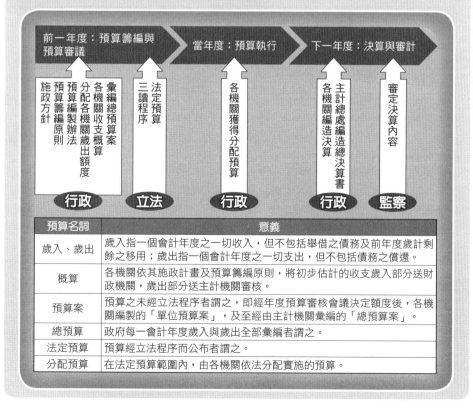

預算名詞	意義
歲入、歲出	歲入指一個會計年度之一切收入，但不包括舉借之債務及前年度歲計剩餘之移用；歲出指一個會計年度之一切支出，但不包括債務之償還。
概算	各機關依其施政計畫及預算籌編原則，將初步估計的收支歲入部分送財政機關，歲出部分送主計機關審核。
預算案	預算之未經立法程序者謂之，即經年度預算審核會議決定額度後，各機關編製的「單位預算案」，及至經由主計機關彙編的「總預算案」。
總預算	政府每一會計年度歲入與歲出全部彙編者謂之。
法定預算	預算經立法程序而公布者謂之。
分配預算	在法定預算範圍內，由各機關依法分配實施的預算。

UNIT **9-5**
預算制度理論的發展（一）

預算制度源起於英國，以美國預算制度的演進歷史來看，包括「項目列舉預算」、「複式預算」、「績效預算」、「設計計畫預算」、「目標管理」、「零基預算」、「由上而下預算」以及「成果預算」等八種，分別介紹如下：

(一) 項目列舉預算

項目列舉預算（Line-item Budgeting）是預算最原始的樣貌，又稱傳統預算或單式預算，這是一種以「控制」為中心的預算制度，重點在於避免政府支出的浪費或徵斂無度。因此，預算的編製，原則上只在「量出為入」與「收支平衡」，將所有收支全編入單一預算之中。其優點是使議會一目瞭然，缺點則是既看不出機關績效，也看不出政策成果。

(二) 複式預算

複式預算制度興起於 1930 年代，將收支按性質分為「經常預算」與「資本預算」，是以達成經濟政策任務為目標的預算制度。經常預算包括一般經常性支出，如人事、教育、衛生等，以租稅為主要收入來源。資本預算則用於公共投資支出，此種支出多具有單價高、壽命長、非經常性購買等特質，如高速公路、機場、軍艦等，多以公債或其他借款支應。其優點在於能和長期經濟建設配合，缺點則是過度依賴公債的結果，可能造成長期財政負擔或是債留子孫的問題。

(三) 績效預算

美國績效預算（Performance Budgeting）源於 1949 年的「胡佛委員會報告書」，爾後在 1951 年即受聯邦政府採行，其乃源於羅斯福總統推動「新政」的影響，聯邦政府支出與規模皆大幅增加，公共管理的風潮亦在古立克等人的推動下成為政府改革主流，因此向企業的成本會計學習，以科學管理的精神探討政府機關的效率。故學者常謂現代化預算之始，正是績效預算。

績效預算以政事（function）（如：國防、教育、交通等）、施政計畫（program）、業務計畫（activity）、工作計畫（project）為預算科目的分類。施政計畫可視為政事的指標，每項施政計畫內容又可再分為若干工作計畫或業務計畫。績效預算之編列，以施政計畫為基礎，故亦可稱為計畫預算（program budgeting）。不過，通常人們仍稱其為績效預算，以強調其預算功能以機關績效的衡量為中心。

傳統預算只有投入項的記錄，但績效預算兼具投入與產出的衡量，官員的行政能力更受到重視，能提高行政的責任感，並增進工作效率。績效預算的實施可以比較一個機關實施同一計畫的過去成果與當年成果，也可以比較相同性質的計畫下，不同機關的實施效率，使人們得以明瞭機關的績效。但是，績效預算開啟了量化績效評比，卻也使各機關儘量訂定易顯成果的工作計畫，而極具價值的深遠計畫反多不願辦理。更何況許多機關的工作常是抽象無形、難以量化的，硬要量化的結果反而易使機關淪入工具理性的迷思，忽略實質理性，諸如公平正義、公共利益等價值觀的重要性。

預算制度的演進與特性（以美國為主）

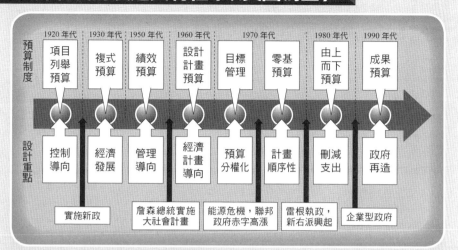

	1920年代	1930年代	1950年代	1960年代	1970年代		1980年代	1990年代
預算制度	項目列舉預算	複式預算	績效預算	設計計畫預算	目標管理	零基預算	由上而下預算	成果預算
設計重點	控制導向	經濟發展	管理導向	經濟計畫導向	預算分權化	計畫順序性	刪減支出	政府再造
		實施新政	詹森總統實施大社會計畫		能源危機，聯邦政府赤字高漲	雷根執政，新右派興起		企業型政府

項目列舉預算的型式

這種預算就像小朋友一開學時收班費一樣，先將這學期可能的花費列舉出來，然後班會表決通過後，總務股長就可以開始收錢了。

郊遊 ………………………… ＄　元

慶生 ………………………… ＄　元

教室佈置 …………………… ＄　元

整潔用品 …………………… ＄　元

合計 ………………………… ＄　元

資本支出的經費來源

制度設計	經費來源與支用	評價
隨收隨付制 （pay-as-you-go, PAYGO）	由經常支出之結餘進行資本投資。	優點：較穩健，1970年代先進國家赤字高漲後常用之。
		缺點：略嫌保守，難以刺激經濟成長。
使用時付費制 （pay-as-you-use）	舉債進行資本投資，待興建完畢後向使用者收取費用以償債。	優點：刺激經濟成長效果較大，開發中國家常用。
		缺點：風險高，易債留子孫。

UNIT **9-6**
預算制度理論的發展（二）

(四) 設計計畫預算

設計計畫預算（Planning-Programming-Budgeting system, PPBS）最早出現於1915年的杜邦公司，其發明人是有「成本分析之父」之稱的諾維克（David Novick），之後陸續有通用汽車、蘭德公司等知名組織採用，美國總統詹森（L. B. Johnson）於1965年要求聯邦政府全面採行。這種預算制度受凱因斯經濟學影響，從國家經濟發展的角度來衡量政府支出效益，以客觀且量化的資訊來分析公共政策，將規劃與預算作系統性地整合。

PPBS是將：目標的設計（Planning）、計畫的擬訂（Programming）與預算的籌編（Budgeting）三者結合而成的預算制度。先明確設定機關的長期目標，並擬定達成該目標的備選方案，再運用管理科學和經濟分析等技術評估各備選方案，選出最有效率的方案；最後籌措計畫所需的年度經費，予以編製預算。

這種預算制度著重於機關達成政策目標的效能，有利於長期計畫的經費編列；但缺點在於忽略過去強調的機關效率，政策績效難以量化的問題依舊，還有機關本位主義的問題使政策資源分配難有共識。

(五) 目標管理

在1972年到1976年之間，美國聯邦政府採用源自管理學的目標管理作為預算制度兼行政工具。它和PPBS一樣重視投入、產出與效能，但不一定重視備選方案，反而較接近1950年代的績效預算，進而更強調基層的自主性。但目標管理和所有量化的制度都一樣，易陷入數字迷思。

(六) 零基預算

在福特總統採行目標管理後，1977年繼任者卡特總統改弦更張，以其曾任喬治亞州長時的經驗推動零基預算（Zero Basis Budgeting System, ZBBS）。這種預算制度的創始人為彼得‧皮爾（Peter A. Pyhrr），該制度是指各機關資源的一種分配方式，乃是根據各機關定期重新評估其所負責的全部計畫，並提出各計畫存續或終止的理由。也就是要求每個機關從假定的「零點」開始全面重新評估其業務。

實施ZBBS就是各決策單位將所主管之各項施政計畫或業務活動，全部自「零點」起，重新逐項檢討評估，分別編製為個別之決策套組（Decision Packages），說明該項決策案之必要性，交由單位主管審核，按其重要程度排列優先順序，並逐級上呈，至最高階層核定最後的優先順序。

ZBBS雖有助於成本效益的分析，也讓行政人員有更多實際參與決策的機會，但大量增加各級人員的負擔，也受各單位本位主義的影響而難以客觀地排列決策套組的優先順序，所以1981年後雷根上台後即告終，成為最短命的預算制度。

而在此之後，美國聯邦政府也就走上了新右派的道路，展開撙節預算的大旗，也就是雷根主義的出現與後來的政府再造運動。

項目列舉預算、績效預算與設計計畫預算的比較

	項目列舉預算	績效預算	設計計畫預算
形成背景不同	為控制政府支出	為增加政府機關的績效	為達成政策計畫
資源配置的考量重點不同	以當下的工作為基礎，考量預算數額的增減。	表面上以工作計畫為基礎，但資源分配的考量仍以數額的增減為主。	預算需配合國家各項長程計畫目標，擬定備選方案並加以選擇，著重各項目標計畫間資源分配的競爭性，常使各項資源因配合計畫而變更。
預算包含的年度不同	以一年為期。	以一年為期。	包含數個年度，通常是五年或更長；然其執行仍是分年實施。
預算編列的流向不同	由下而上彙編總預算，因此著重機關本身需求，常未能就國家整體利益來分配資源。	與項目列舉預算類似，採由下而上彙編總預算，著重機關觀點，常未能就國家整體利益來分配資源。	資料流向是由上而下，即先由高階層設計國家整體目標與各機關的基本目標，以及全國預算的適當分配，再將此決策與預算資料逐級下達。
預算編列的技術不同	無目標表現，亦無計畫可言，預算編製不過係各項費用之彙編而已。	以管理為中心，以單一機關為對象，運用成本會計的技術來擬訂預算。	以設計為中心，以國家政策為對象，著重打破組織界限，跨機關共同執行。在設計時運用系統分析、作業研究、成本效益等分析技術。

零基預算的步驟

訂定年度目標	依據國家長期發展計畫及國內、外情勢，訂定年度施政大綱及詳細計畫目標，以為編製預算之準據。
建立決策單位	即為每一機關內各項職能或業務活動，為分配預算之最基礎單位。
編製決策套組	各決策單位將所主管之各項施政計畫或業務活動，全部自「零點」重始，重新逐項詳加檢討評估，分別編製為個別之決策案，並說明該案之必要性。
審核決策套組	決策部門或人員運用各種分析方法，以客觀審查各決策套組。
排列優先順序	各基層單位主管親自審核，按其重要程度排列優先順序，並逐級上呈，至最高階層核定最後的優先順序。
彙編年度預算	將各機關首長最後核定的結果彙整，完成下一年度的預算。

UNIT **9-7**
預算制度理論的發展（三）

(七) 由上而下預算

受政府赤字高漲的影響，在財政緊縮的現實下，美國自 1981 年至 1992 年實施「由上而下預算」；此法在美國地方政府又稱「目標基準預算」（Target-Base Budgeting, TBB）。由上而下預算制度號稱「美國政府預算的寧靜革命」，其規定各機關的支出限額由行政首長決定，在此範圍內，各機關主管得以自認為最有效能的方式達成目標，並在下年度申請預算時說明目標達成進度。因此該預算制度既可將預算的管理權授予行政機關，使其擁有更高的裁量權；又可將支出目標與計畫目標的制定，保留在中央。

除此之外，為因應歲入緊縮，各級政府亦發展出一套系統性的「精簡管理」（Cutback Management）方法；短期而言，如人事凍結、跨部門刪減預算、減少臨時人員、延長維修期限或延遲設備採購等；長期而言，則包括運用兼職人員、取消優先順序較低的計畫、刪減重複或不必要的服務、公共服務民營化、志願團體簽約承包等。

美國實施由上而下預算的結果，等於將預算大權從議會手中交給行政首長與行政決策部門，雖然這種集權化的預算編列方式有助於效率的提升，卻也埋下行政與立法衝突的種子。在雷根政府時代，代表行政部門的「聯邦預算管理局」與代表國會的「國會預算局」便衝突不斷，甚至演變成總統與國會間的政治對立。

(八) 成果預算

成果預算（Outcome-Based Budgeting）亦稱「新績效預算」（New Performance Budget）、「任務導向預算」（Mission-Driven Budgeting）或「績效基礎預算」（Performance-Based Budgeting），源自向企業管理的「向績效看齊」的哲學，其配合 1993 年美國「國家績效評估」與「企業型政府」而來，也稱為「企業化預算」（Entrepreneurial Budgeting），是一種結合「政策計畫」、「績效」與「預算」的三合一制度。

成果預算與之前的績效預算不同之處在於，成果預算不只關切生產力與單位成本的問題，更包含對於目標範圍內每一個政策、方案或機關長期影響的評估。所以成果預算雖然是以量化資料為基礎，目的卻是要衡量政策的質化成果，並從傳統預算的「防弊」設計，轉換為「興利」為主的預算制度，其核心精神為：

❶ 彈性

成果預算拋開傳統對預算細節指揮、控制的方法，部門預算不再使用細則分項，讓主管在必要時機主動運用資源；同時允許各部門把今年尚未消化完的預算保留至下年度，以鼓勵行政部門採取創新而更有效率的方法執行預算。

❷ 結果導向

傳統預算制度的「防弊心態」，使公務員推展政策綁手綁腳。因此成果預算主張減少防杜弊端的監控制度，授權決策者彈性處理預算的空間，讓主管專注在重大政策議題，而非預算管理的細節上。

❸ 績效掛帥

過去官僚機關不重視績效，只關心年資、預算、人員編制、職位高低等標準，但成果預算主張必須以「績效」決定撥款，主張建立可衡量的目標和績效指標來對機關主管課責，十分強調績效評估。

1990 年代後美國各級政府實施的節流機制

本單元介紹的兩種制度，均是基於新右派改革理念的預算制度，其中有一些著名的預算節流機制，如選擇性方案評估（selective program evaluation）、支出移轉（redirection）、概算上限（limits on agency requests）及節流分享（gainsharing）等：

制度設計	實施方式
選擇性方案評估	針對少數被選定的政府施政方案進行評估，其結果除了提供方案執行機關做為執行方案之改進依據外，更重要的是提供預算決策者做為預算決策的參考。
支出移轉	美國喬治亞州在 1990 年代的預算改革中提出了「支出移轉」的規定，強制要求各機關在編列概算時必須從去年的法定預算中，至少找出 5% 過時的、無效的、較不重要的支出項目，列為「支出移轉基金」（redirected funds），並提出建議，設法將這基金用在更合宜、有效與重要的項目上。從政府整體觀點來考量，「支出移轉」的強制規定，實有助於將預算做適度的移轉配置，將錢花在刀口上。
概算上限	為解決各機關在提出概算過程中使用貪婪的策略所引發的問題，如浮編預算、擴張支出等，喬治亞州在 1996 年由州長以行政命令規定，各機關籌編概算內經常門的支出，其成長比例不得超過預估歲入成長的百分比。
節流分享	基於公共選擇論的人性假定，想要機關落實自我評估，就必須體認人性中理性與自利的成分，給予適當的誘因，以善用個人追求自利的天性達成公共的目標。因此透過立法提供公共管理者一些追求績效、撙節預算的誘因。例如： ① 加州州政府於 1993 年通過「績效與成果法」（the Performance and Results Act），其中訂有「節流分享」條款，規定各機關如因有創新求變之作為而得以撙節之支出，該機關可留用撙節部分的 50%，投資於原施政方案。 ② 佛羅里達州政府於 1994 年通過「政府績效與課責法」（Government Performance and Accountability Act），規定各機關如能撙節支出，則該機關可將節省下支出的 50% 用於員工獎金、訓練或任何足以提高機關生產力之作為。

 ★不受會計年度限制的經費暗渠

　　成果預算雖使用節流分享等預算彈性措施以產生激勵員工的效果，但夏弗利茲（Shafritz）等學者卻擔心，那些撙節下來的經費會因跨越會計年度而缺乏議會監督，以致被行政機關濫用，此即「不受會計年度限制的經費暗渠」。

第 **9** 章

財務行政

209

UNIT **9-8**
預算的執行

(一) 會計年度

預算案經立法機關三讀通過後就交由行政部門執行，謂之預算執行。執行期間通常為一年，稱為「會計年度」，美國的會計年度從每年 10 月開始、日本從每年 4 月開始，我國原來是從 7 月 1 日開始，在 2000 年時改為從元月 1 日開始，即「曆年制」，與法國相同。

(二) 分配預算

分配預算是指預算經立法機關審議通過後，由中央主管預算機關核定各行政機關按月或按期獲得經費預算之計畫書。我國因採「集中支付制」（見單元 9-2），各機關預算的支用由財政部國庫署支付管理組集中管理。

(三) 政府採購

依我國「政府採購法」之規定，政府採購之招標方式，分為公開招標、選擇性招標及限制性招標。

❶ **公開招標**：指以公告方式邀請不特定廠商投標。

❷ **選擇性招標**：指以公告方式預先依一定資格條件辦理廠商資格審查後，再行邀請符合資格之廠商投標。符合下列情形之一者，得採選擇性招標：①經常性採購；②投標文件審查，須費時長久始能完成者；③廠商準備投標需高額費用者；④廠商資格條件複雜者；⑤研究發展事項。惟經常性採購，應建立六家以上之合格廠商名單。

❸ **限制性招標**：指不經公告程序，邀請二家以上廠商比價或僅邀請一家廠商議價。當緊急事故、專屬權利商品、藝術品，或原採購之後續擴充、維修……

等等符合政府採購法第 22 條規範的情形時，可採限制性招標。

(四) 政府會計

會計是一種登帳、歸類與彙總財務上交易之過程；政府所有收支皆須予以會計處理，以作為內部管理及向民意監督機關報告之用。一套良好的會計制度，可以確保公共資金被適當地使用及管理。政府會計制度可概分為現金基礎、應計基礎、修正應計基礎與契約責任基礎等；以下介紹兩種最基本且最常用的現金基礎與應計基礎：

❶ **現金基礎**

以現金的進出為焦點，凡收支現金，均須記帳；如公庫收支皆以現金進出為基礎。此制度是以現金收支的實際發生時間記帳，例如某機關若在 102 年 12 月 30 日購買一批器材，廠商在 103 年元月 3 日才將器材送達並收費，記帳應以 103 年 1 月 3 日為準。

❷ **應計基礎**

亦稱「權責發生基礎」或「應收應付基礎」；不僅收支現金均須記帳，應收未收或應付未付，均須記帳。在上例中，若採應計基礎，就應以 102 年 12 月 30 日為記帳日。採行此制雖然困難度較高，但更能反映正確的會計資訊，故美國、法國及我國均採此制。

預算執行時的彈性作法

預算執行時，難免會遇到實際支出可能超過原先預估的情形，或是應付一些突發的緊急狀況，因此預算制度中總會有一些彈性的作法，例如設置預備金、追加預算、特別預算、經費流用等。

	設置預備金	追加預算	特別預算	經費流用
依據法規	預算法第 22 條	預算法第 79 條	預算法第 83 條	預算法第 63 條
設置原因	為避免遭遇急難時，追加預算緩不濟急。	因特別原因以致原列歲出經費不敷使用。	因軍事、經濟或財政方面的緊急需要。	使經費支用較有彈性。
使用時機	我國預備金制度採「集中分散並用制」，分為第一預備金及第二預備金兩種：❶ 第一預備金（分散制）於公務機關單位預算中設定之，其數額不得超過經常支出總額 1%。❷ 第二預備金（集中制）於總預算中設定，其數額視財政情況而定。	各機關因下列情形之一，得請求提出追加歲出預算：❶ 依法律增加業務或事業致增加經費時。❷ 依法律增設新機關時。❸ 所辦事業因重大事故經費超過法定預算時。❹ 依有關法律應補列追加預算者。	有下列情事之一時，行政院得於年度總預算外，提出特別預算：❶ 國防緊急設施或戰爭。❷ 國家經濟重大變故。❸ 重大災變。❹ 不定期或數年一次之重大政事。	各機關之歲出分配預算，其計畫或業務科目之各用途別科目中有一科目之經費不足，而他科目有賸餘時，得辦理流用，流入數額不得超過原預算數額 20%，流出數額不得超過原預算數額 20%。但不得流用為用人經費，且經立法院審議刪除或刪減之預算項目不得流用。
舉例	機關執行歲出分配預算，遇經費有不足時。	因原物料價格上漲而導致公共建設經費增加時。	舉行閱兵大典。	影印費用罄而文具費有剩餘時，可將之用於影印。

我國政府採購案的類型

採購金額 大↑↓小		
	巨額採購	工程案二億元以上；財物案一億元以上；勞務案二千萬元以上。
	查核金額	工程、財物案為五千萬元以上；勞務案一千萬元以上。
		查核金額以上之案件，辦理過程須受上級機關監督。
	公告金額	工程、財物及勞務案均為一百五十萬元以上。
		公告金額以上之案件，為採購法所規範之主要範圍。機關辦理公告金額以上之採購，除依採購法規定採選擇性招標及限制性招標辦理者外，應公開招標。
	小額採購	目前中央機關小額採購金額訂為十五萬元，得不經公告程序，逕洽廠商採購，免提供報價或企劃書。直轄市、縣（市）政府另有規定者，應從其規定，未規定者則比照中央規定辦理。

UNIT **9-9** 決算與審計

(一) 預算決算

決算（final report）是指對於法定預算執行結果的審核，以確定法律責任的歸屬及預算運用的效率與效能。當會計年度結束時，預算執行機關就經費執行狀況編列說明，最後送往立法機關進行審議，以確定預算執行者忠實依核定之預算動支經費，並解除行政機關的年度財務責任。換言之，決算就是「預算執行結果的總報告書」，並且是施政成績的總報告。

決算的審核分為行政查核、監察審核與立法審議等三種：

❶ 行政查核

依決算法第 19 至 21 條，各機關之決算，經機關長官及主辦會計人員簽名或蓋章後，分送該管上級機關及審計機關。各主管機關接到前條決算，應即查核彙編，如發現其中有不當或錯誤，應修正彙編之，連同單位決算，轉送中央主計機關。中央主計機關應就各單位決算，及國庫年度出納終結報告，參照總會計紀錄，編成總決算書，提經行政院會議通過，於會計年度結束後四個月內，提出於監察院。

❷ 監察審核

指審計人員審查各機關或各基金決算，以及審計機關將審定結果通知被審核機關，以解除各機關人員財務行為所負之責任，並提出審核報告於立法院。

❸ 立法審議

監察院審計長應於中央政府總決算送達後三個月內完成其審核，並提出「決算審核報告」於立法院。審計長應列席立法院有關委員會及院會，報告審核經過並備質詢。

(二) 政府審計

政府審計（auditing）指政府於行政機關以外，特設獨立審計機關，根據有關法令，運用科學方法，對政府財務收支活動及其會計紀錄、憑證、報表而為一部或全部的審核，查明有無錯誤，及不忠、不法、不經濟之情事，以考核其施政成果，並提供積極性的改進意見，從而解除各機關行政人員所負的財務責任。故政府審計就是對政府財政收支活動之監督、查證、評議及提出改進建議的活動過程。

一般政府審計為「外部審計」（external audit），上述定義即為外部審計。在我國，由監察院審計部負責；而世上其他三權分立的國家，則由立法機關負責，如美國的聯邦審計署（Government Accountability Office, GAO），號稱「國會看門狗」（congressional watchdog），就是國會的專業審計幕僚機關。

晚近興起另一種型態之審計，稱為「績效審計」（performance audit），是由機關內部專業審計人員針對行政效率、效能及施政績效予以評量，以改善機關的管理與計畫能力，屬於內部審計。我國採「審計一條鞭」的制度設計，無論是一般政府財務審計或績效審計，均由審計部負責。

我國決算法中有關時限的重要規定

條號	內容
2	政府之決算，每一會計年度辦理一次，年度終了後二個月，為該會計年度之結束期間。
21	中央主計機關應就各單位決算，及國庫年度出納終結報告，參照總會計紀錄，編成總決算書，並將各附屬單位決算包括營業及非營業者，彙案編成綜計表，加具說明隨同總決算，一併呈行政院，提經行政院會議通過，於會計年度結束後四個月內，提出於監察院。
23	審計機關審核各機關或各基金決算，應注意左列效能： ❶ 違法失職或不當情事之有無。 ❷ 預算數之超過或剩餘。 ❸ 施政計畫、事業計畫或營業計畫已成與未成之程度。 ❹ 經濟與不經濟之程度。 ❺ 施政效能或營業效能之程度，及與同類機關或基金之比較。 ❻ 其他有關決算事項。
24	審計機關審核政府總決算，應注意左列效能： ❶ 歲入、歲出是否與預算相符，如不相符，其不符之原因。 ❷ 歲入、歲出是否平衡，如不平衡，其不平衡之原因。 ❸ 歲入、歲出是否與國民經濟能力及其發展相適應。 ❹ 歲入、歲出是否與國家施政方針相適應。 ❺ 各方所擬關於歲入、歲出應行改善之意見。
26	審計長於中央政府總決算送達後三個月內完成其審核，編造最終審定數額表，並提出審核報告於立法院。
26-1	審計長應於會計年度中將政府之半年結算報告，於政府提出後一個月內完成其查核，並提出查核報告於立法院。
28	立法院應於審核報告送達後一年內完成其審議，如未完成，視同審議通過。 總決算最終審定數額表，由立法院審議通過後，送交監察院，由監察院咨請總統公告。

政府審計的類型（美國）

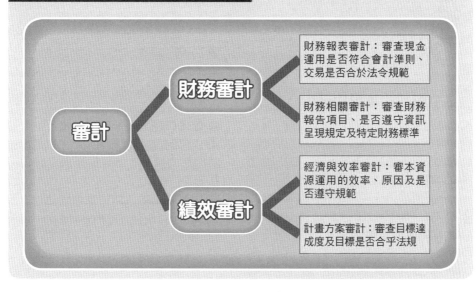

財務報表審計：審查現金運用是否符合會計準則、交易是否合於法令規範

財務相關審計：審查財務報告項目、是否遵守資訊呈現規定及特定財務標準

經濟與效率審計：審本資源運用的效率、原因及是否遵守規範

計畫方案審計：審查目標達成度及目標是否合乎法規

UNIT **9-10** 財政的權力議題

圖解行政學

(一) 預算的政治觀點

預算制度的研究,以追求效率為主,是為「預算的管理觀點」;但實務上的預算編列與審議一向不甚理性,猶如林布隆(Lindblom)與衛達夫斯基(Wildavsky)主張的漸進主義,並反映行政與立法之間的權力衝突,謂之「預算的政治觀點」。

政治觀點有三特性:代表性、建立聯盟與共識,以及預算分配的權力所在。
❶ **代表性**:民主國家必然存在多元的利益團體,各個團體透過協商妥協的方式以達成利益分配。
❷ **建立聯盟與共識**:預算分配應由多元團體提出訴求、取得妥協,再分配預算利益。基於利益均霑與政治妥協的思維,有助於政黨之間建立廣泛性的聯盟。
❸ **預算分配的權力所在**:國會被視為預算決策的權力所在;除了可以提升民意代表性之外,立法部門也藉此維持其傳統扮演的制衡角色。

儘管預算的政治觀點反映了政治的現實,但論者以為若只著重政治觀點,容易為了平衡各方利益而缺乏明確目標,造成支出浮濫,也無法提升行政效率。

(二) 財政的集權與分權

就中央與地方的權力關係而言,單一制國家偏向財政集權,中央政府的權力較大;聯邦制國家傾向財政分權,地方政府擁有較多的自由裁量權。

主張財政集權者認為,財政權力集中在中央,有下列好處:
❶ **避免城鄉差距**:一國之中各地方政府的自然環境與經濟發展情形不同,難免形成公共財資源的差距。由中央統籌規劃公共財源,可避免城鄉之間差距過大。
❷ **解決外部不經濟**:地方政府的作為常造成外部性,例如河川上游的地方政府開發工業區,會造成下游另一地方政府的污染問題,此時便可由中央政府解決。
❸ **生產公共財的規模經濟**:大學、教學醫院、大型垃圾焚化爐等公共建設,需要相當高的使用量才能符合效益。地方政府往往受限於人口和財力而無法提供,需要中央統籌辦理。
❹ **社會福利標準的一致性**:若社會福利標準各地不一,易產生「用腳投票」的移民現象,將使地方政府富者愈富、貧者愈貧;若由中央政府統一標準並予以補助,較能解決問題。
❺ **建立整體財政政策**:財政資源集中於中央政府,能使其更有效率地運用預算收支以穩定經濟發展。

反之,主張財政分權者,亦認為財政權力分散於地方政府有下列好處:
❶ **能收因地制宜之效**:地方公共資源主要服務在地居民,而各地需求不同,由地方政府決定比較能符合地方居民的需要。至於興辦大型公共建設或外部不經濟的問題,則可由地方政府彼此協調而共同辦理或解決,不一定非靠中央不可。
❷ **促進府際競爭**:有競爭才會帶來進步,「用腳投票」的現象也可以促進府際之間的競爭,為居民提供更好的服務。
❸ **以補助款解決城鄉差距問題**:如若城鄉資源條件有不可避免的差距,也可由中央以補助款的方式謀求改善,不一定非要將財政權集中於中央政府。

預算的政治觀點

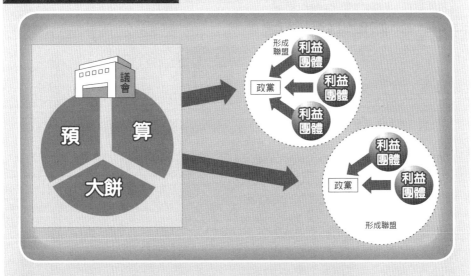

中央政府與地方政府財政功能的比較

財政集權與分權的爭議，與各級政府所能扮演的財政功能有密切關係；林鍾沂教授將二者的財政功能差異比較如下：

	中央政府	地方政府
經濟穩定	能運用貨幣與利率政策進行總體調節。	能發揮的作用較小。
所得重分配	擁有的資源與手段較多，且收入以所得稅為主，較能收效。	收入以財產稅為主，難以在所得分配的公平性上產生效果。
規模經濟	能統籌辦理規模經濟程度較廣的公共事業。	其效果視該地區人口而定。
配置職能	全國一致的職能。	關於居民偏好的職能（地方性公共財）。

 ★我國財政收支劃分法對於財政支出分配的規定

依財政收支劃分法第 37 條，我國財政支出的分配原則為：
❶ 由中央立法並執行者，歸中央。
❷ 由直轄市立法並執行者，歸直轄市。
❸ 由縣（市）立法並執行者，歸縣（市）。
❹ 由鄉（鎮、市）立法並執行者，歸鄉（鎮、市）。
❺ 前項第一款及第三款如需交由下級政府執行者，其經費之負擔，除法律另有規定外，屬委辦事項者，由委辦機關負擔；屬自治事項者，由該自治團體自行負擔。
❻ 由中央或直轄市、縣（市）、鄉（鎮、市）二以上同級或不同級政府共同辦理者，其經費應由中央或各該直轄市、縣（市）、鄉（鎮、市）按比例分擔之。

UNIT **9-11** 府際財政移轉

圖解行政學

稅課可劃分為「國稅」、「直轄市及縣（市）稅」（簡稱地方稅）。由中央政府收支的國稅，包括所得稅、遺產及贈與稅、關稅、營業稅、貨物稅、菸酒稅、證券交易稅、期貨交易稅，及礦區稅。由地方政府收支的直轄市及縣（市）稅則為土地稅（包括地價稅、田賦、土地增值稅）、房屋稅、使用牌照稅、契稅、印花稅、娛樂稅，及各種特別稅課。所以，我國中央政府的收入多以「所得」為主，其稅的豐富及穩定遠高於以「財產」為主的地方稅，導致垂直的財政失衡（中央遠高於地方）；又地方政府之間，六都的收入高於其他縣市，尤其是臺北市，導致水平的財政失衡（地方發展不均）。因此，政府必須採取一些府際財政移轉手段，來平衡各地的財政落差，如我國的中央統籌分配稅款、自治稅捐、補助款與協助金等。

(一) 中央統籌分配稅款

由於區域經濟發展不均衡，將使人口產生不當的流動，致使城市之間貧者愈貧、富者愈富；因此，各縣市財源必須進行重分配，這便是「統籌分配稅款」。

我國中央統籌分配稅款由財政部主管，依「中央統籌分配稅款分配辦法」，由立法通過的公式進行分配。中央統籌分配稅款的來源有二：❶中央補貼部分的所得稅、營業稅、貨物稅，其中94%劃歸「普通統籌分配稅款」，6%劃歸「特別統籌分配稅款」；前者依比例分配至各級政府（直轄市分配61.76%、縣市分配24%、鄉鎮市分配8.24%），後者則用於支應地方政府緊急及其他重大事項所需經費；❷各縣市政府徵收的土地增值稅的兩成，全部用於縣市之間的重分配。

而無論何種統籌分配款，對地方政府而言，都依法列為預算上的財政收入。

(二) 自治稅捐

隨著分權化潮流，地方政府對於財政自主性的要求也愈來愈高，是所謂「財政聯邦主義」。我國財政權力多集中於中央政府，而以「地方稅法通則」授予地方政府部分課稅自主權，即自治稅捐：

❶ **特別稅課**：直轄市或縣市政府因財政需求，經地方議會立法課徵之稅；期間至多四年，且不得對已課徵貨物稅或菸酒稅之貨物為課徵對象，以免重複課稅。

❷ **臨時稅課**：直轄市、縣市政府、鄉鎮市公所得視自治財政需求，設立專戶開徵臨時稅課，期間至多兩年。

❸ **附加稅課**：地方政府為辦理自治事項，充裕財源，除關稅、貨物稅及加值型營業稅外，得就現有國稅中附加徵收。但其徵收率不得超過原規定稅率30%。

以上三種稅課均不得對下列事項開徵：❶ 轄區外之交易；❷ 流通至轄區外之天然資源或礦產品等；❸ 經營範圍跨越轄區之公用事業；❹ 損及國家整體利益或其他地方公共利益之事項。

(三) 補助款與協助金

補助款與協助金均為上下級政府之間的財政移轉；補助款是上級政府給下級政府執行特定施政的經費；協助金則反之，是上級對財力較優的地方政府，要求其提供特定施政項目的經費協助。

中央統籌分配稅款的來源及分配方式

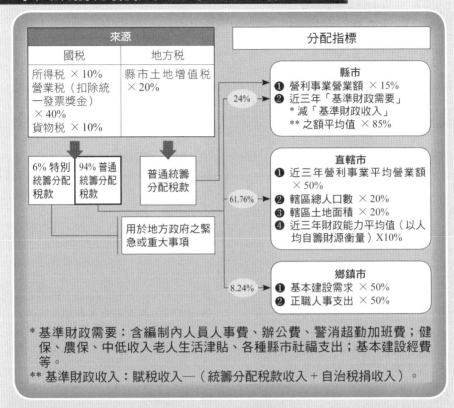

來源		分配指標
國稅	地方稅	
所得稅 ×10% 營業稅（扣除統 一發票獎金） ×40% 貨物稅 ×10%	縣市土地增值稅 ×20%	

縣市 — 24%
- ❶ 營利事業營業額 ×15%
- ❷ 近三年「基準財政需要」
  * 減「基準財政收入」
  ** 之額平均值 ×85%

6% 特別統籌分配稅款　94% 普通統籌分配稅款　普通統籌分配稅款

直轄市 — 61.76%
- ❶ 近三年營利事業平均營業額 ×50%
- ❷ 轄區總人口數 ×20%
- ❸ 轄區土地面積 ×20%
- ❹ 近三年財政能力平均值（以人均自籌財源衡量）X10%

用於地方政府之緊急或重大事項

鄉鎮市 — 8.24%
- ❶ 基本建設需求 ×50%
- ❷ 正職人事支出 ×50%

* 基準財政需要：含編制內人員人事費、辦公費、警消超勤加班費；健保、農保、中低收入老人生活津貼、各種縣市社福支出；基本建設經費等。

** 基準財政收入：賦稅收入─（統籌分配稅款收入＋自治稅捐收入）。

特別稅課與臨時稅課的比較

	特別稅課	臨時稅課
課徵主體	直轄市、縣市政府	直轄市、縣市政府、鄉鎮市公所
課徵規範	不得針對已開徵的菸酒稅及貨物稅實施開徵	應指明稅課目的，並指定用途，開立專款帳戶
課徵年限	至多四年	至多兩年

統籌分配稅款與補助款的比較

	統籌分配稅款	補助款
本質	地方政府無條件應得的收入，上級政府必須依公式給予	上級政府給予地方政府配合政策的獎勵，數額不一定
政策屬性	中央對地方的重分配性政策	中央對地方的分配性政策
分配方式	依法定、透明的公式計算	無分配公式，易受政治因素或政黨屬性所影響

UNIT **9-12**
參與式預算審查

參與式預算制度（Participatory Budgeting）係對於分配公共資源的決策，讓公民透過辯論與協商過程予以參與，亦即允許公民對於資源的支用扮演更直接的角色；給予公民參與、被教育與被授權的機會，形塑更透明的公民社會，並減少政府的無效率與貪污。

(一) 參與式預算的起源與發展

美國立國後採「國會預算制」，由國會每年通過許多撥款法案，而無單一預算（總預算）。然而此種制度缺乏效率，故 1921 年「預算與會計法」（Budget & Accounting Act）通過後，聯邦政府開始由專業的行政部門負責編製預算，立法部門僅負責審查。惟此種「行政預算制」往往只反映專家或官員的意見，對底層人民的偏好「無感」。當代參與式預算制度發軔於 1989 年巴西的愉港（Porto Alegre）市政府，藉由社區居民參與預算的決策，使基層市民的生活能到更多改善；其成功經驗使英國、法國、義大利、加拿大、德國、美國等許多鄉鎮市也採行之。

(二) 實施參與式預算的條件與可能風險

❶ 實施條件

①首長的支持：地方首長支持是最關鍵的，因為他必須授權，並提供必要的資訊與財務資源。

②議會的包容：參與式預算制度會削弱立法部門傳統法定的預算審議權力，可能造成議員的抗拒與阻撓，因此民意機構的包容與支持是不可或缺的。

③公民的能力：參與式預算制度的成功取決於公民的積極參與，具有深厚公民社會根基的都會城市較易成功。

④財政的彈性：參與式預算需要政府有資源去支應公民選擇的方案；因此當地方政府有較多的資金時，較有可能授權公民參與政策方案的選擇；而一個財政困難的城市，政府只能忙縮減開支、償還債務。

⑤預算的透明：一般民眾不容易瞭解預算書，得靠政府機關的協助，如設計「視覺化預算」，以加強預算透明度。

⑥媒體的宣傳：參與式預算需要資訊的傳播，客觀公正的媒體不僅有助於事實的揭露，也扮演教育者的角色。

⑦範圍的選擇：選擇適當的支出計畫，關係著參與式預算的可行性與接受度。例如採行之初可從與居民生活息息相關的「社區營造」計畫作起。

❷ 可能風險

①將整個都會分成不同的區，可能限制了整個都會政策網絡的形成，導致預算支用零散而缺乏整體觀。

②參與者的品德與代表性皆難以掌握，熱忱可能隨著時間降低，或受到激情的訴求左右，又或受到社區領袖所支配；而投票表決的方式，少數邊緣人口仍可能分不到利益。

③參與者的財政知識可能不足，或太依賴政府所提供的資訊。

④在團體互動過程中，也會產生團體動態問題，如團體盲思（礙於團結訴求而草率做出決定）或團體偏移（決策偏向極端）等，而使結果失去理性。

實施參與式預算審查的步驟

參與式預算審查的實際作法可以在民主參與的精神下視實際需要彈性調整，一般性的原則如下：

召開社區公民會議，提案並表決支出優先順序 ➡️ 選出公民代表團 ➡️ 公民代表們透過專家的協助研擬特定的支出計畫建議 ➡️ 社區公民會議對支出計畫建議方案進行投票，並確定預算 ➡️ 由行政機關執行列為參與式預算的支出項目 ➡️ 由公民代表監督行政機關執行計畫

視覺化預算

由於我國推動「開放政府」（Open Government Data），使民間得以蒐集到許多過去只有政府資料庫才擁有的原始資料。而許多政府機關的預算資料，也在零時政府（g0v）、JavaScript.tw 社群等非政府組織的協助下，完成了視覺化的工程，可通過「鳥瞰圖」、「動態變化圖」、「科目預算表」等不同方式呈現並公布在網站上讓民眾查詢。以臺北市政府 105 年總預算為例，其部分一級機關的預算以「動態變化圖」的呈現方式如下：

機關別

25%　10%　2%　0%　-2%　-10%　-25%　刪除

教育局主管	工務局主管	社會局主管	警察主管
544.45 億	163.77 億	147.48 億	135.01 億

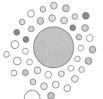 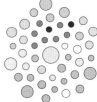 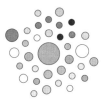

讀者可自行在（Budget.taipei）的網站上瀏覽，並以點擊的方式打開更多細項的超連結；同時亦開放表達意見，讓市民可以共同參與預算編列的討論。

第**10**章

人事行政

● 章節體系架構

UNIT **10-1**
人事行政概述

圖解行政學

(一) 人事行政的意義

賽蒙曾說,就廣義而言,一切行政都是人事行政。人事行政為政府機關為完成其使命,對其所需人員進行選拔、任用及管理的制度,以達到「求才、用才、育才與留才」之目的。在我國又稱「文官制度」或「考銓制度」。

就文官制度而言,雖然廣義的文官包含政務官與事務官,但政務官主要代表民意、負政治責任,一般不在人事行政的討論範圍;人事行政主要是以功績制度下的常任文官(事務官)為對象。

就考銓制度而言,乃指「考選」與「銓敘」的結合;考選即考試,中國自隋代以後便實施科舉取士,至今仍以專業知識的筆試為主要的考試方式。銓敘則源自古文,銓通「權」,是「權衡」之意,指「權衡人才高低」;敘通「序」,是「次序」之意,就是依個人條件評定職位序列。故銓敘二字指銓定職位、待遇及任事成績優劣,也就是現今之任用、俸給、考績、陞遷、退休、撫卹等人事管理。

(二) 公務員的認定

就進入政府機關工作的途徑而言,大致有任用、聘用、僱用等三類:

❶ 任用

依「公務人員任用法」,考試、銓敘或升等合格之公務員,即所謂「事務官」或「常任文官」。此為我國公務人員的主體,也是本書討論的對象。

❷ 聘用

依「聘用人員聘用條例」,聘用人員是各機關以契約定期聘用之專業或技術人員,如機關的顧問、評審委員或研究人員等臨時性人員屬之。其聘用無需任用資格,亦無法定官稱,僅依契約給予薪資,故不屬於正式公務人員。

❸ 僱用

指各機關擔任,如技工、司機、工友等工作,或位列五職等以下的簡易性職務。由於工作簡單,無需考試,但亦排除於正式公務人員體制之外。

公務員的定義,在我國自憲法以降,都欠缺一致性的定義。本章採用「公務人員任用法」第5條及「公務人員任用法施行細則」第2條之界定,即「各機關組織法規中,除政務人員及民選人員外,定有職稱、官等及職等的專任且受有俸給之文職人員」。

因此本章所討論之人事行政,對象以定有「官等」、受有正式銓敘資格之事務官,即一般所謂之常任文官為主。即前述三種途徑中之「任用」。

惟近年受新公共管理風潮之影響,歐美國家的常任文官已大幅減少,如瑞士自2002年起便不再招考永業官員。我國在「中央政府機關總員額法」的限制下,文官員額難以增加,但公共服務需求卻不減反增,所以不僅聘用和僱用人員未見減少,甚至人力派遣、勞務委外等新興人力運用方式亦在公部門開始流行。這些彈性僱用人力與常任文官同樣執行公共服務,卻未能獲得相同待遇。反觀德國政府的常任文官雖只占35.4%,卻能透過工作合約規範契約人力的權利義務,除高權行使之業務須由常任文官執行外,其在組織中的地位待遇與常任文官幾乎無異,而能安心工作,頗值我國參考。

人事行政與人事管理

前文述及人事行政與文官制度或考銓制度的意義相通，但與人事管理意思不同，差異如下表所列：

	人事行政	人事管理
範圍	範圍較廣、層次較高	範圍較窄、層次較低
意義	指政府機關中，對人事政策、方針及制度之制訂，以及對全盤人事之規劃、調整及協調等功能或活動	對既定人事政策之具體執行及依制度實際運作應用，涉及處理人事之各種方法、技術與實施，是人事的事務性工作
用法	在法律、學理與習慣上為政府機關專用之名詞	在私部門與政府，人事管理僅用以指涉人事行政之事務層次的工作

西方文官制度的發展歷程

陳德禹教授將西方文官制度的演進過程分為四個階段：

恩賜制時期（17世紀前）── 官職為國王恩賜賞物

個人贍徇時期（19世紀前）── 官職是可轉移的私人財產

政黨分贓時期（19世紀）── 官職是執政黨勝選的戰利品

功績制時期（20世紀）── 文官的常業化與功績制

任用及僱用的比較

類別	適用對象	法律依據	用人途徑	勞動權益保障
任用	常任文官	公務人員任用法	考試及格、訓練合格、銓敘部實授	適用公務人員俸給、考績、退休及撫卹各法
僱用	約僱人員之僱用以所任工作係相當分類職位公務人員第五職等以下之臨時性工作，而本機關確無適當人員可資擔任者為限	行政院暨所屬機關約僱人員僱用辦法	各機關約僱人員之僱用，以採公開甄審為原則，必要時得委託就業輔導機構代為甄審	用俸給、考績、退休、撫卹及公務人員保險等法規之規定，但在僱用期間死亡者，得依規定酌給撫慰金

★文官常業化（永業化）

公務人員一經依法任用後，非依法不得使之降級、免職或休職。且在職期間，應給予適當待遇及工作指派，並提供陞遷發展機會，以及適當的保障、撫卹、退休等措施，使之能安心工作，視任職公務員為畢生志業。

UNIT **10-2**
我國人事行政制度

(一) 中央集權的文官制度

相較於歐美先進國家，我國政府人事行政制度可說是相當罕見的集權化。在美、英等屬於「海洋法系」的國家，又同為「新公共管理」起源的「盎格魯‧薩克遜」民族，政府機關的人事權多已下放給各部，除少數重要職位的高階文官外，在考選、遴用、升遷、薪俸、訓練、懲處等內部管理事務上，中央人事總機關（如美國的聯邦人事管理局、英國的內閣事務部）均只做原則性的規範與監督，實際的執行方式多授權各部自定，並未強求全國一致。而德、法等「大陸法系」的國家，在其一貫強調各部管理權集中且完整的前提下，中央人事總機關（如德國的聯邦人事委員會、法國的行政暨文官總局）也是只負責訂定原則性的決策，而非直接管理各部的人事行政事務。

反觀我國，依憲法增修條文第 6 條規定，考試院掌理考試、銓敘、保障、撫卹、退休等完整事項，及任免、考績、級俸、陞遷、褒獎之法制事項；復有行政院人事行政總處辦理人事行政之政策規劃、執行及發展業務，實質上與考試院形成人事行政的「雙重首長」，不僅容易產生權責混淆的問題，各部的人事功能也十分缺乏自主性，以致我國形成由上而下的「人事一條鞭」體制。

這種高度集權化的制度設計，著眼於「防弊」與「公平」兩種效果。在 20 世紀中華民國立國之初，社會動盪、官場腐敗、民智未開，中央集權的嚴格控制確實利大於弊。然時至今日，資訊化與後工業化的社會，「一條鞭」的制度設計易生僵化、缺乏彈性的問題則愈加凸顯。因此，如何在「防弊」與「彈性」中求取平衡，是當今我國人事行政的重要課題。

(二) 人事制度結構設計

人事行政的基礎在於「職位分類」，也就是對「事」或「工作」的分類，係將公務員所擔任的職位（position）依其「工作性質」加以橫向區分，謂之職系（series）；再依其「工作程度」，如繁簡難易、責任輕重、資格條件等，進行縱向劃分，謂之職等（grade），最後將職系與職等相似者歸為同一職級（class）。依我國「公務人員任用法」，我國公務員職位結構中包含下列元素：

❶ **官等**

係任命層次及所需基本資格條件範圍之區分；官等代表官員的品級，分為簡任官、薦任官、委任官。

❷ **職等**

係職責程度及所需資格條件之區分；職等代表工作責任，共有 14 個職等。

❸ **職務**

係分配同一職稱人員所擔任之工作及責任；簡言之，即工作內容。

❹ **職系**

代表工作性質及所需學識相似之職務；一個職系相當於一種專業，如：人事行政職系、文教行政職系、社會工作職系……等等。

❺ **職組**

係指一群工作性質相近之職系的組合；例如上述三種職系均為「綜合職組」。

❻ **職級**

指工作的性質、職務、責任、技術（困難程度）、教育等因素相同的若干職位，故在人事管理上給予相同的處理，適用同一人事標準。簡言之，職級就是職等與職系的結合。

我國行政機關的人事任用採「官職併立制」，即文官有官等與職等，其意詳見單元 10-3。

我國人事主管機關

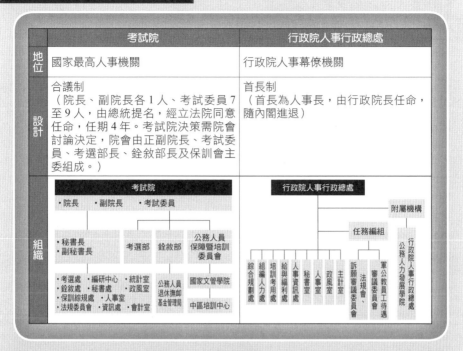

	考試院	行政院人事行政總處
地位	國家最高人事機關	行政院人事幕僚機關
設計	合議制（院長、副院長各 1 人、考試委員 7 至 9 人，由總統提名，經立法院同意任命，任期 4 年。考試院決策需院會討論決定，院會由正副院長、考試委員、考選部長、銓敘部長及保訓會主委組成。）	首長制（首長為人事長，由行政院長任命，隨內閣進退）
組織		

我國公務員職位分類結構

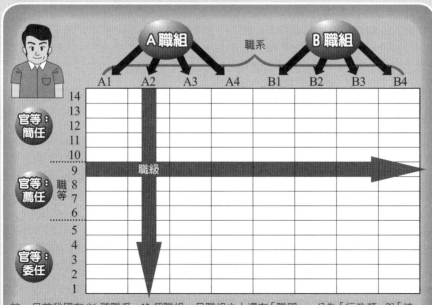

註：目前我國有 96 種職系、43 個職組；另職組之上還有「職門」，分為「行政類」與「技術類」兩種職門。讀者可將職系想像為大學的科系、職組想像為學院、職門想像為「一般大學」與「科技大學」，則較容易理解。

UNIT **10-3**
品位制與職位制

品位制與職位制是人事行政中對於人員管理的基本制度，品位制是對「人」的分類，區分的是一個人所擁有的「品級」，如學歷或年資等。職位制是對「工作職位」加以分類，按該職位所需的能力與條件等給予合適的待遇。

(一) 品位制

品位制是以「人」的才能、資歷為中心的人事管理制度，決定一個人待遇的因素在於其個人能力與資歷，而非其工作的內容。品位制的最大優點在於其簡單易行，因此自古有之，歷史上曹魏時期陳群創「九品官人法」就是品位制；此法將所有的官位分成九等，從最高的一品到最低的九品，官員待遇依其品級而定，工作內容則依朝廷的指派彈性調整，所以可能出現「三品縣令」這種「官大職小」的現象。前一單元中的「官等」，就是品位制的產物。

雖然品位制不符合科學管理精神，但能簡易明確的劃分文官品級，也能滿足個人追求名位的心理，具有相當的激勵效果。而品位制的彈性，則是其最大優點，因為待遇由品級決定，所以官員無論被派赴什麼工作，都不會影響其待遇，較能讓官員安心，故軍隊的軍階制度與多數國家的文官制度，皆採用品位制。

(二) 職位制

由於品位制鼓勵官員追求「名份」，重視年資而非工作內容，以致於無法建立以工作為中心的專業化人事制度，不利於行政專業化的發展。美國政府基於現代化人事行政的需求，自 20 世紀初期便向企業界學習工作分析與工作評價的觀念，採行與企業相仿的「職位制」。

職位制是以「事」或「工作」為分類的基礎，員工本身沒有「品級」，待遇由職位的等級決定，等級則隨各職位的工作內容與責任大小來決定。換言之，等級愈高，代表工作愈複雜或責任愈重大，同時待遇也愈高。前一單元中的「職等」，就是職位制的產物。

這種制度符合「同工同酬」的精神，也鼓勵員工追求更多的責任或更大的挑戰，較有助於建立專業的工作環境。但相對的，此制的嚴謹與複雜導致其缺乏彈性，實施難度也較高。一般來說，此制的關鍵在正確的職位分類，其步驟有四：❶**職位調查**：包括職位的業務性質、工作量、工作時間和方法等；❷**職系區分**：將業務性質類似的職位劃歸同一職系，一個職系代表一種專業；❸**職位歸級**：為每個職位配屬恰當的職級；❹**制定職位規範**：撰寫描述一個職位的書面文件，其內容包括：職位名稱、定義、編號、職責、工作舉例與擔任該職所需的資格。

(三) 兩制混合 —— 我國的官職併立制

我國人事制度原本採用品位制，依文官所具有之學歷、考試、考績、俸級與年資等五種因素，將事務官的官等由高至低依任用方式分為：簡任、薦任與委任。至民國 58 年時改採職位制，文官等級列為 14 個職等，但實施後卻發現與固有之行政文化、考用制度等難以配合，遂於民國 75 年由銓敘部規劃實施「官職併立制」，「官」即「官等」，代表品位制；「職」即「職等」，代表職位制。自此我國文官制度兼具品位制與職位制的特色，能在符合我國國情下，兼採兩制之長。

品位制的實例

大學教師的人事制度就是一種品位制的觀念，從講師、助理教授、副教授到教授，反映的是當事人的資歷；他們工作內容差不多，但待遇卻不相同。

品位↑

講師　助理教授　副教授　教授

待遇→

品位制與職位制的比較

	品位制	職位制
制度中心	人	事（工作內容）
激勵條件	名	利
升遷	層級少（簡、薦、委）、升遷較快	層級多（14 職等）、升遷較慢
分類列等	較少	較多
人事不相稱	較易產生官大職小、大材小用	較不會產生
培養的人才	管理通才	專業專才

官職併立制 —— 官等與職等的結合

官等（品位）	名稱意義	任命者	職等	考試資格	職位（舉例）
簡任	簡通「揀」，是挑選之意，乃由國家元首親自任命。	總統	14		常務次長
			13		署長、局長
			12		處長
			11		副處長
			10		專門委員
薦任	薦指「推舉」，由用人機關向國家元首舉薦。	總統	9	高考一級、一等特考	科長
			8		專員
			7	高考二級、二等特考	股長
			6	高考三級、三等特考	科員
委任	委是「委託」，指委託用人機關任命。	用人機關	5		科員
			4		辦事員
			3	普考、四等特考	辦事員
			2		書記
			1	初考、五等特考	書記

UNIT *10-4*
公務人員的考選與任用

圖解行政學

(一) 公務人員考試

　　基於「功績制」的觀念，文官必須依其才能而獲得任選，所以「考試」就是一種公開競爭的方式。目前我國公務人員考試是考用合一的「任用考制度」，意即通過考試後保證分發，而不是僅獲得一張證照而已。現今主要的公務人員考試包括：高考、普考、初考、地方政府特考、原住民特考、身心障礙特考……等等，由考試院考選部主辦，主要依據法令為「公務人員考試法」。

(二) 公務人員的任用程序

　　公務人員的任用依據「公務人員任用法」（以下簡稱任用法），以追求專才、專業、適才、適所為目標。目前我國公務員的任用程序為：

❶ 分發

　　指「分發任職」，是考試及格後及正式任用前的行為，亦可視為整個任用程序的起點。依法以考試院銓敘部為分發主管機關，實務上則授予行政院人事行政總處辦理。當某人收到錄取通知後，就開始填寫志願，經人事行政總處統整後，將錄取人員分配至各機關。錄取人員於指定日期逕自向被分發機關報到後，再依保訓會指定日期向指定之訓練機關報到接受基礎訓練；訓練期滿合格後，再回原機關接受實務訓練，期滿合格後，原機關將訓練成績送至保訓會，保訓會再報至考試院，考試院發給及格證書，並函請分發機關進行分發任用，原受分發機關再予先派代理，完成分發。

❷ 送審

　　指各機關依任用法將派代人員之各項有關證明文件，於規定期間內送銓敘部，以審查其資格是否符合擬任職務所規定之官等、職等、職系資格。

❸ 銓敘

　　指「銓定資格、敘定俸級」，即銓敘部根據任用法規審查送審人員的資格。銓敘的結果，對不合格者予以退回，合格者則銓敘為「合格實授」，完成整個任用程序。

(三) 公務人員的任用資格

　　我國公務人員的任用資格可分為「積極資格」與「消極資格」兩類：

❶ 積極資格

　　依任用法第9條，公務人員之任用，應具有下列資格之一：①依法考試及格；②依法銓敘合格；③依法升等合格。

❷ 消極資格

　　依任用法第28條，有下列情事之一者，不得任用為公務人員：①未具或喪失中華民國國籍；②具中華民國國籍兼具外國國籍；③動員戡亂時期終止後，曾犯內亂罪、外患罪，經有罪判決確定或通緝有案尚未結案；④曾服公務有貪污行為，經有罪判決確定或通緝有案尚未結案；⑤犯前二款以外之罪，判處有期徒刑以上之刑確定，尚未執行或執行未畢（受緩刑宣告者不在此限）；⑥依法停止任用；⑦褫奪公權尚未復權；⑧經原住民族特種考試及格，而未具或喪失原住民身分；⑨受監護或輔助宣告，尚未撤銷。

國家考試命題方式

近年國家考試為提升效率與公平性，大多數的考科都建置了「題庫」；也就是平常就由考選部聘請數名學者專家命題後傳輸至題庫（資料庫）中，累積到一定數量後由電腦依原先設定的方式抽取題目、組成考卷，然後密封起來，待考前再由典試委員從數份事先準備好的題目中抽取一份作為本次考試的題目。

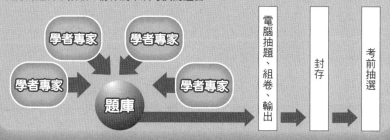

考試等級、報考資格及任用職等

考試等級	報考資格	任用職等
高考一級、一等特考	博士	9 職等
高考二級、二等特考	碩士	7 職等
高考三級、三等特考	大學畢或高等考試相當類科及格者，或普通考試相當類科及格滿三年者。	6 職等
普考、四等特考	高中畢或普通考試以上考試相當類科考試及格者，或初等考試相當類科及格滿三年者。	3 職等
初考、五等特考	不限學歷（年滿 18 歲）	1 職等

初任人員任用程序

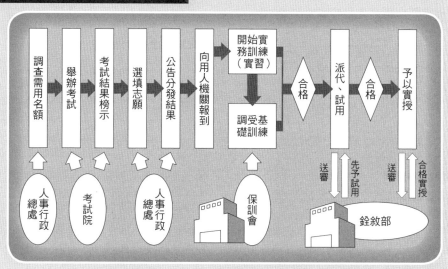

UNIT **10-5** 公務人員俸給制度

圖解行政學

以勞動力換取的工作所得，一般在企業稱為工資或薪資；軍公教人員其工作目的不為獲取利潤，而在為民服務，因此用「俸」代表其工作所得，稱薪俸或俸給。

(一) 俸給制度

俸給包括「俸」與「給」兩部分。「俸」是薪俸，包括各級人員依法領取的基本給與，稱為「本俸」；及為激勵員工久任，而在其本俸之外另設的「年功俸」，意指對已無級可晉者，為獎勵其勞苦而給予之額外俸給。「給」則指加給，我國公務員加給有三種，包括給予行政主管、職責繁重或危險工作人員的「職務加給」，給予技術人員或專業人員之「技術或專業加給」，以及給予服務於邊遠地區、特殊地區或國外者的「地域加給」。

(二) 俸給的設計原則

由於政府的人事費用多以預算支應，數十萬公務員的薪俸往往影響國家財政，因此在我國常被拿來當作政治議題炒作，而失去理性的討論。當公務員的薪資過高時，除了造成政府的財政負擔，也會使人才過度向政府集中，使民間企業缺乏競爭力。但若公務員薪資偏低，使政府無法吸引優秀人才，也會使政府效能降低。故政府在設計薪俸時，應考量下列重要原則：

❶ **公平原則**

①實質公平：評價薪俸是否公平的標準有三種：Ａ內在衡平性：同工同酬、不同工不同酬，這是最基本的公平原則；Ｂ外在衡平性：公務員薪俸應與社會上類似工作的市場行情相當；Ｃ個

人衡平性：個人覺得工作付出與所得是否公平；即巴納德之「貢獻與滿足的平衡」。

②程序公平：俸給結構制定過程與績效的評定應該一致無誤、正確有據、可以改正，並允許員工參與。

❷ **適應原則**：俸給應與物價指數保持平衡。

❸ **效率原則**：俸給應滿足公務員生活需要，以促進身心健康，提高工作效率。

❹ **合理原則**：應考量社會薪資水準及國庫負擔，並維持公務員社會地位。

(三) 俸給調整程序

各國公務員調薪的原則與方式皆不相同，如英國由各機關工會協商、法國有「最高人事制度協議會」商議、日本由人事院依高度精密的公式計算。我國則由行政院人事行政總處根據政府財政情形、民間薪資及物價水準，擬訂待遇方案，經立法院審查定案。因此，相較於先進國家，我國調薪制度在公務員參與程度及科學精確度上仍有改善空間。

(四) 獎金與補助

我國公務員的獎金分為三種：一是「考績獎金」，依「公務人員考績法」分級給與（詳見 10-7 單元）。二是「年終工作獎金」，性質為因應農曆春節需要，於年終增發之慰勉性給與，額度為1.5 個月的俸給總額。三是「個別性獎金」，視個人的特殊優異表現而給與，如稅務獎勵金及關務獎勵金等。

至於補助，除了固定的婚喪生育及子女教育補助外，還有房租津貼、購屋低利貸款等各類津貼補助，堪稱完備。

我國公務員獎金制度

我國「公務人員俸給法」僅規定公務人員法定俸給項目，獎金與津貼補助等屬於變動薪的部分，除考績獎金依「公務人員考績法」給與外，其餘依行政院人事行政總處訂頒之「全國軍公教員工待遇支給要點」第 7 點規定，每年由行政院配合年度預算規模以行政規則方式核定。

項目	性質	說明
考績獎金	具普遍性質，為考績獎懲手段。	詳見單元 10-7。
年終工作獎金	具普遍性質，為激勵士氣，慰勉辛勞，並應農曆春節需要，於年終所增發之慰勉性給與。	❶ 發給對象除現職軍公教人員外，考試分發人員、聘用人員、約僱人員、職務代理人、臨時人員、替代役或常備兵役軍事訓練結訓之役男等均屬之。 ❷ 發給基準依當年 12 月份俸給總額計算。 ❸ 以下情事不予發給：11 月 30 日前辭職、考績考核列丙等以下、受記過以上之懲戒、平時考核累積達一大過。 ❹ 以下情事減少發給：累積達記過 2 次或累積曠職 4 日 → 發 1/3、累積達記過 1 次或累積曠職 3 日 → 發 2/3、受申誡之懲戒處分 → 發 3/4。
個別性獎金	具個別性質，為達組織領導統御、激勵士氣、獎勵特殊工作績效及責酬相符等目的而設置。	❶ 績效性獎金：如法務部行政執行署及各分署執行績效獎勵金、稅務獎勵金、關務獎勵金。 ❷ 慰勉性獎金：如各直轄市及縣市殯葬業務提成獎金、環保清潔人員獎金。 ❸ 歸屬職務加給之獎金：如地籍測量人員工程獎金、國道高速公路局員工工作獎金。 ❹ 留用人員並促其穩定工作性質之獎金：如飛航管制人員之飛航安全獎金、衛生醫療機關醫師不開業獎金。

俸級與俸點

公務員薪俸的計算是以俸級與俸點為基礎。俸級是「各職等本俸及年功俸所區分的等級」，我國委任官各職等俸級列 5-7 級；薦任官各職等俸級列 5-7 級；簡任官各職等俸級列 1-5 級。俸點是「計算俸給折算俸額之基數」。民國 113 年起實施的計算標準是：俸級在 160 點以下之每俸點 81.1 元；161 點至 220 點每俸點 52.5 元；221 至 790 點每俸點 74.3 元；791 點以上每俸點 318.1 元。基於調薪需求，人事行政總處每年會將計算結果作成「現行公務人員給與簡明表」以供快速查閱。茲以俸級俸點表中薦任官的部分說明：

假設老王是澎湖縣白沙鄉公所的七職等課長，俸級四級，他每月可以領到的薪俸包括本俸（74.3 元 × 460 點）+ 職務加給 + 專業加給 + 地域加給。

任薦							
六職等		七職等		八職等		九職等	
俸級	俸點	俸級	俸點	俸級	俸點	俸級	俸點
						七	710
						六	690
						五	670
						四	650
				六	630	三	630
				五	610	二	610
		六	590	四	590	一	590
		五	550	三	550	五	550
六	535	四	535	二	535	四	535
五	520	三	520	一	520	三	520
四	505	二	505	五	505	二	505
三	490	一	490	四	490	一	490
二	475	五	475	三	475		
一	460	四	460	二	460		
五	445	三	445	一	445		
四	430	二	430				
三	415	一	415				
二	400						
一	385						

（表中左右側分別標示各職等之「年功俸」與「本俸」區間）

231

UNIT 10-6
公務人員的權利

圖解行政學

(一) 公務人員的憲法權利

早期認為公務員既然同意接受公職，就應放棄一般公民的憲政權利，此稱為「特別權力關係」。行政法學權威吳庚認為此觀點源自德意志的領主與家臣關係。除了公務員與國家外，軍人與軍隊、學生與學校、人犯與監獄等皆適用。就公務員而言，違反工作紀律乃構成犯罪行為，而非一般企業員工違背契約而已。

特別權力關係的特徵包括：❶當事人地位不平等，國家權力相對優越；❷相對人義務不確定，即公務員會被要求服無定量之勤務；❸行政主體訂有特別規則，如政府機關訂有內部規則、學校訂有校規，或軍隊訂有軍紀，對客體產生拘束力；❹行政主體有特別懲處權；及❺相對人缺乏法律救濟途徑。

由此看來，特別權力關係確實侵害公務員應有的憲法權利，自 20 世紀中葉後，此種觀念亦從德國開始轉變。我國自民國 73 年釋字 187 號釋憲案，討論「公務員請領退休金之訴願或行政訴訟案」開始，逐步還給公務員應有的公民權利。

(二) 公務人員的勞動權益

結社權（自由組織並參與工會）、協商權（與資方簽訂集體協約以彌補勞動規範的不足）與罷工權，合稱「勞動三權」；各國公務員擁有的勞動權不同，我國公務員僅有「一腳站立的勞動權」，即可組織工會或協會的結社權；唯有法國在「文官法」中明確賦予公務員罷工權（警察除外），使公務員享有完整的勞動三權。關於公務員是否應享有完整的勞動權，特別是罷工權，學界一直有不同見解。主張公務員不可罷工者，多認為公務員是人民主權的受託者，且發動罷工易與政治力量產生互動而影響政策，應限制其罷工權。反之，認為公務員有權罷工者，主張公務員能罷工更能警惕政府制定合理的政策，而且現在許多公共服務委託民間企業提供，這些企業勞工都可以罷工，為何公務員不可以？

然而，相較於歐美先進國家，我國公務員的勞動權益保障一向較為薄弱。例如美國有完整的文官工會體系，可與政府進行集體協商；英國的公務員工會更是早在 1919 年就有完善的集體協議制度（即「惠特利會議制」）；法國則由文官工會代表與政府代表組成各種「同額代表委員會」（即雙方代表各占一半），以協商人事制度及受理申訴事項。惟目前我國公務員僅能依「公務人員協會法」組織「協會」，在法律限制下與機關協商部分管理措施；相較於他國「工會」的規模、職能、地位或權限等，仍有所不及。

(三) 性別平等與女性保障

管理學中常用「玻璃天花板」（glass ceiling）一詞形容女性在職場中因為一些態度偏差的人為障礙，使其無法在組織中升遷至管理階層的職位。就「人力資本」的角度而言，女性因家庭角色經常出現「職涯中斷」的問題，使培訓投資的效益低於男性，自然難以晉升；但從「社會心理」與「歧視偏差」的角度而言，這種問題往往來自性別特性的偏見或刻板印象，有必要加以矯正。

「玻璃天花板」不只長期存在華人社會，西方國家亦復如此，故英國政府於 2014 年推出「公務員人才行動計畫」，擴大女性晉升至高級文官的名額；德國政府也要求各機關設置「女性事務代表」，審查各項人事措施的性別平等狀況。我國也在重要的人事措施中推動「性別主流化」及「友善家庭政策」。

特別權力關係的轉變

德國聯邦法院 1972 年判例指出，在特別權力關係範圍內，倘涉及人權之「重要事項」，即使是「管理關係」，亦應以法律定之。

第 10 章 人事行政

特別權力關係 ➤ 基礎關係與管理關係論 ➤ 重要性理論 ➤ 公務員勞動權

德國學者烏勒於 1956 年指出，行政機關行使公權力的行為可分為：
❶ 基礎關係：涉及變更或終結特定身分之行為，如任命或免職等，應視為行政處分，允許當事人提起訴願或行政訴訟。
❷ 管理關係：單純的管理措施，如職務分派，不得提起爭訟。

我國與先進國家在公務員結社權與協商權保障上的比較

	公務員結社權發展	公務員協商權發展
英國	始自 1881 年「郵電員工協會」，1919 年建立「惠特利會議制」，由工會與官方同額代表相互諮商解決爭議；1980 年惠特利會議改組為「全國文官聯盟」，內含八個全國公務員工會系統	人事政策與管理政策均可提出協商，協商不成時可提付「文官仲裁法院」（獨立仲裁機構，非司法機關）仲裁。惟年金與員額不得提付仲裁
美國	始自 1896 年「全國各類公務員社團」，1962 年行政命令 10988 號承認公務員有權加入工會，1978 年文官改革法設「聯邦勞工關係局」處理聯邦政府與員工之勞資關係	得協商事項：工時、差假、工作條件等非核心管理事項 不得協商事項：待遇、任務、預算、組織、員額、安全、僱用、指揮、指派、資遣等核心管理事項
法國	1984 年文官法賦予公務員組織工會並與政府協商有關薪資、工作條件等事項之權利，協議機構由行政機關與公務員工會代表各半數組成，任期三年	基於 1946 年第四共和憲法規定「凡勞動者均得透過代表參與勞動的決定或企業的經營」，因此關於組織與工作條件均可協商
德國	採「機關別」與「職業別」雙軌制，公務員在機關中雖僅能組織「公務協會」，但亦可依其專業加入職業工會	公務員協會對於機關內部事務有共同決定權、建議權、聽證權及獲取資訊權。共同決定事項包括任用、陞遷、調職、降級、職缺公告、遴選基準、聘僱人員終止僱用等
我國	於民國 91 年通過「公務人員協會法」，中央主管機關為銓敘部	得協商事項：辦公環境、行政管理、服勤方式及時間 不得協商事項：法律已明文規定者；依法得提起申訴、復審、訴願、行政訴訟之事項；個人權益事項；與國防、安全、警政、獄政、消防及災害防救等事項相關者

UNIT 10-7
公務人員的考績

考績就是考核人才之意,但學者徐有守認為在人事行政中,考核指的是經常或平時的一般考評;考績則指年度工作總評。例如我國「公務人員考績法」第5條「年終考績應以平時考核為依據。平時考核就其工作、操行、學識、才能行之。」就是區別這兩個詞彙的實例。

進行考核時,工作表現占65%,由機關主管評定員工工作的質量、時效、方法、主動、負責、勤勉、協調、研究、創造、便民等項目;操行占15%,依員工的忠誠、廉正、性情、好尚(是否好學勤奮或有特別嗜好)等評定;學識占10%,包括學驗(學識經驗)、見解、進修等項;才能亦占10%,有表達能力、實踐能力、體能等項。

考績的種類,依我國現行公務人員考績法分成三種:

❶ 年終考績

係指各官等人員,於每年年終考核其當年1至12月任職期間之成績。

❷ 另予考績

係指各官等人員,於同一考績年度內,任職不滿一年,而連續任職已達六個月者辦理之考績。此種考績的目的在對於任職半年以上公務員的工作成果給予公平的評價,鼓勵其工作熱忱。

❸ 專案考績

係指各官等人員,平時有重大功過時,隨時辦理之考績。其目的在於對個別人員予以重獎或重懲(一次記兩大功或一次記兩大過),以收立竿見影之效。

當公務員對於考績結果不服時,目前公務人員考績法本身並無救濟與訴訟的條款,實務上可循復審與行政訴訟,或申訴、再申訴等途徑以資救濟:

❶ 公務人員認為考績結果違法或不當,致損害其權利或利益時,可依公務人員保障法第25條、行政訴訟法第4條,分別向原處分機關、公務人員保障暨培訓委員會以及行政法院提起復審與行政訴訟,以資救濟。

❷ 公務人員認為考績結果不當時,得依公務人員保障法第77條規定,分別向原處分機關與公務人員保障暨培訓委員會提出申訴、再申訴,以資救濟。

我國文官考績制度一向頗受爭議,尤其每年近3/4的公務員年終考績為甲等,僅有極少數人得丙等,因丁等而免職者更是僅以個位數字計算,實難發揮獎優汰劣的效果。考試院雖於2010年即提出考績法修正案,但礙於政治現實一直未能在立法院完成立法程序。考試院長關中甚至將「年金改革」與「考績法修正」列為其院長任期內未盡全功之兩大憾事。未來考績制度應努力改革的方向包括:

❶ 建立更合理的評鑑方式,例如兼採質化評估與增加自評或部屬對於主管的評估等。

❷ 結合團體與個人績效的評鑑,讓管理者負起績效責任。

❸ 以工作績效為考核重點,各機關自訂關鍵績效指標。

❹ 結合考績、訓練與陞遷,以提升人事制度的效率。

❺ 貫徹獎優汰劣、拉大差距,以獎金作為績效管理的工具,而非待遇的一部分;同時嚴格執行退場機制,以貫徹功績制獎優汰劣的精神。

年終考績

	分數	評定標準	獎懲
甲等	80 分以上	詳見公務人員考績法施行細則第 4 條	晉本俸一級，並給與一個月俸給總額之一次獎金；已達所敘職等本俸最高俸級或已敘年功俸級者，晉年功俸一級，並給與一個月俸給總額之一次獎金；已敘年功俸最高俸級者，給與二個月俸給總額之一次獎金。
乙等	70 分以上，不滿 80 分	由機關長官裁量，通常為不具、甲、丁兩等的條件或兼具甲、丁兩等的條件	晉本俸一級，並給與半個月俸給總額之一次獎金；已達所敘職等本俸最高俸級或已敘年功俸級者，晉年功俸一級，並給與半個月俸給總額之一次獎金；已敘年功俸最高俸級者，給與一個半月俸給總額之一次獎金。
丙等	60 分以上，不滿 70 分		留原俸級。（雖為「無獎無懲」之意，但實為無形之懲罰）
丁等	不滿 60 分	有下列情形之一： ❶ 挑撥離間或誣控濫告，情節重大，經疏導無效，有確實證據者。 ❷ 不聽指揮，破壞紀律，情節重大，經疏導無效，有確實證據者。 ❸ 怠忽職守，稽延公務，造成重大不良後果，有確實證據者。 ❹ 品行不端，或違反有關法令禁止事項，嚴重損害公務人員聲譽，有確實證據者。	免職。

考績程序

我國公務人員辦理考績的程序，主要規範於「公務人員考績法」及「公務人員考績法施行細則」；徐有守教授將之歸納為六個步驟：

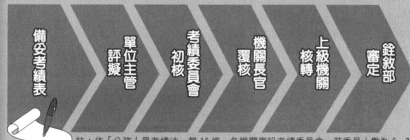

備妥考績表　單位主管評擬　考績委員會初核　機關長官覆核　上級機關核轉　銓敘部審定

註：依「公務人員考績法」第 15 條，各機關應設考績委員會，其委員人數為 5～23人，其中應包含本機關人事主管，並考量性別平等，主要負責本機關職員及直屬機關首長年終考績、另予考績、專案考績及平時考核獎懲之初核或核議事項。詳見考試院訂頒之「考績委員會組織規程」。

UNIT **10-8**
公務人員的懲戒

圖解行政學

我國公務員的處罰實際上可分為兩種，一是工作績效不彰的「行政懲處」，另一是涉及違法失職的「司法懲戒」。行政懲處屬於管理措施，由公務員的主管長官為之。司法懲戒較為嚴重，甚至影響公務員身分喪失，原本由司法院「公務員懲戒委員會」為之，2020 年我國重新制訂「公務員懲戒法」，將公務員懲戒回歸法院體系，故本單元以新修訂之「公務員懲戒法」為主，新法的特色包括：

(一) 審理機構變更

將「公務員懲戒委員會」更名為「懲戒法院」，並設「懲戒法庭」專司審理公務員懲戒案件，原「公務員懲戒委員會」、「公務員懲戒委員會合議庭」、「委員長」與「委員」，一併修正為「懲戒法院」、「懲戒法庭」、「院長」與「法官」。

(二) 審理制度變更

原「公務員懲戒委員會」掌理全國公務員之懲戒，為一級一審制；然為使公務員懲戒案件之當事人於不服懲戒判決時，亦得循上訴程序救濟，以發揮糾錯或權利保護功能，現將公務員懲戒案件審理制度改採一級二審制，期能維持國家機關之公務紀律，並使公務員權利獲得審級救濟制度之保障。惟懲戒法庭第二審為法律審，非以懲戒法庭第一審判決違背法令為理由，不得對之提起上訴。

(三) 彌補課責漏洞

監察院或各院、部、會首長，省、直轄市、縣（市）行政首長或其他相當之主管機關首長將公務員依法移送懲戒，在不受懲戒、免議、不受理判決確定、懲戒處分生效或審查結束前，被移送懲戒者不得資遣或申請退休、退伍。以避免公務員藉由資遣或退休、退伍，規避懲戒責任。

(四) 懲戒處分效力

❶ 同一行為已受刑罰或行政罰之處罰者，仍得予以懲戒。其同一行為不受刑罰或行政罰之處罰者，亦同。

❷ 同一行為經主管機關或其他權責機關為行政懲處處分後，復移送懲戒，經懲戒法院為懲戒處分、不受懲戒或免議之判決確定者，原行政懲處處分失其效力。換言之，同一行為司法懲戒與行政懲處競合時，司法懲戒效力優於行政懲處。

(五) 再審權利保障

若原移送機關或受判決人對於確定終局判決聲明不服，得於一定期間內提起再審之訴。再審之訴仍為判決之原懲戒法庭管轄，得提起再審的情形包括：❶ 適用法規有誤；❷ 判決懲戒法庭之組織不合法；❸ 依法或裁定應迴避之法官參與裁判；❹ 參與裁判之法官關於該訴訟違背職務，犯刑事上之罪已經證明，或關於該訴訟違背職務受懲戒處分，足以影響原判決；❺ 原判決所憑之證言、鑑定、通譯或證物，已證明係虛偽或偽造、變造；❻ 同一行為其後經不起訴處分確定，或為判決基礎之民事或刑事判決及其他裁判或行政處分已變更；❼ 發現新證據，足認應變更原判決；❽ 就足以影響原判決之重要證據，漏未斟酌；❾ 確定判決所適用之法律或命令，經司法院大法官解釋為牴觸憲法。

懲戒與懲處的比較

	懲戒	懲處
法令依據	公務員懲戒法	公務人員考績法、公務員服務法
處分機關	司法院懲戒法院	公務員服務機關（首長）
處分事由	依公務員懲戒法第 2 條規定，公務員應受懲戒事項有：違法、廢弛職務或其他失職行為。或非執行職務之違法行為，致嚴重損害政府之信譽。	懲處事由，法律並未明文規定，實際上來自平時考核違法失職或犯紀之行政處分，故多與懲戒事由相同。
處分種類	免除職務，撤職，剝奪、減少退休（職、伍）金，休職，降級，減俸，罰款，記過，申誡。	免職、記大過、記過、申誡。（政務官不適用）
處分程序	❶ 監察院認為公務員應付懲戒者，將彈劾案與證據移送懲戒法院審理。 ❷ 各院、部、會首長，省、直轄市、縣（市）行政首長或其他相當之主管機關首長，認為所屬公務員應付懲戒者，由其機關連同證據送請監察院審查；但對於所屬薦任九職等或相當於薦任第九職等以下之公務員，得逕送懲戒法院審理。	透過年終考績及專案考績，均應送銓敘機關核定。
競合處理	同一行為司法懲戒與行政懲處競合時，司法懲戒效力優於行政懲處，懲處失其效力。	

我國公務員懲戒法規定的懲處種類

種類	說明	備註
免除職務（§11）	免其現職，並不得再任用為公務員。	
撤職（§12）	撤其現職，並於一定期間停止任用；其期間為一年以上、五年以下。	撤職人員，於停止任用期間屆滿，再任公務員者，自再任之日起，二年內不得晉敘、陞任或遷調主管職務。
剝奪、減少退休（職、伍）金（§13）	剝奪退休（職、伍）金，指剝奪受懲戒人離職前所有已任職年資所計給之退休（職、伍）或其他離職給與；已支領者應追回之。 減少退休（職、伍）金，指減少受懲戒人離職前所有任職年資所計給之退休（職、伍）或其他離職給與百分之十至百分之二十；其已支領者，並應追回之。	以退休（職、伍）或其他原因離職之公務員為限。
休職（§14）	休其現職，停發俸（薪）給，並不得申請退休、退伍或在其他機關任職；其期間為六個月以上、三年以下。 休職期滿，許其回復原職務或相當之其他職務。自復職之日起，二年內不得晉敘、陞任或遷調主管職務。	政務人員不適用
降級（§15）	依受懲戒人現職之俸（薪）級降一級或二級改敘；自改敘之日起，二年內不得晉敘、陞任或遷調主管職務。受降級處分而無級可降者，按每級差額，減其月俸（薪）；其期間為二年。	政務人員不適用
減俸（§16）	依受懲戒人現職之月俸（薪）減百分之十至百分之二十支給；其期間為六個月以上、三年以下。自減俸之日起，一年內不得晉敘、陞任或遷調主管職務。	
罰款（§17）	金額為新臺幣一萬元以上、一百萬元以下。	得與❸及❻以外之各項合併處分。
記過（§18）	記過，得為記過一次或二次。自記過之日起一年內，不得晉敘、陞任或遷調主管職務。一年內記過累計三次者，依其現職之俸（薪）級降一級改敘；無級可降者，準用第 15 條第 2 項之規定。	政務人員不適用
申誡（§19）	以書面為之。	

UNIT **10-9** 公務人員訓練

圖解行政學

　　我國於 2013 年訂頒「公務人員訓練進修法」，將「訓練」與「進修」事宜分別加以規定：所謂「訓練」，指為因應業務需要，提升公務人員工作效能，由各機關（構）學校提供現職或未來職務所需知識與技能之過程。而所謂「進修」，指為配合組織發展及促進個人自我發展，由各機關（構）學校選送或由公務人員自行申請參加學術或其他機關（構）學校學習或研究，以增進學識及汲取經驗之過程。

(一) 訓練實施機構

❶ 公務人員保障暨培訓委員會（保訓會）

　　保訓會隸屬於考試院，在訓練職能上負責推動高階公務人員中長期培訓、公務人員考試錄取、升任官等、行政中立及其他有關訓練。另外，我國公務人員訓練進修法制之研擬，事關全國一致之性質者，亦由保訓會辦理。保訓會設「國家文官學院」，執行中長期培訓，考試錄取、升任官等、行政中立及其他有關訓練，終身學習，國際交流、與國內學術機構合作，培訓技術、方法與教材之研究發展及推廣，培訓機關（構）數位學習網路平台之推動，以及受委託辦理之培訓事項等。

　　同時為加強公務人員訓練進修計畫之規劃、協調與執行成效，應由「行政院人事行政總處」與「公務人員保障暨培訓委員會」會同有關機關成立協調會報，建立訓練資訊通報及資源共享系統。

❷ 行政院人事行政總處公務人力發展學院

　　辦理行政院所屬機關與地方機關公務人力訓練及發展業務，包括在職培訓、人事人員訓練、數位學習及終身學習、國內外訓練發展相關組織交流合作、人力資源管理及發展之研究等，分臺北及南投兩院區提供訓練服務。

❸ 各部或各地方政府訓練機構

　　除公務員專業訓練、一般管理訓練、進用初任公務員訓練，及專屬於保訓會的訓練職權外之在職訓練與進修，由各中央二級以上機關、直轄市政府或縣（市）政府辦理或授權所屬機關辦理之。因此，各部及地方政府亦有專門的訓練機構，如財政部設「財政人員訓練所」、臺北市政府設「臺北市政府公務人員訓練處」等。

(二) 訓練實施對象

　　目前我國公務員訓練的實施對象包含：❶ 各機關學校組織編制中依法任用、派用之有給專任人員；❷ 各機關學校除教師外依法聘任、僱用人員；及 ❸ 公務人員考試錄取人員。換言之，除志工與勞務外包人員外，幾已全部納入，堪稱完備。

(三) 進修相關規定

　　我國公務員進修分為入學進修、選修學分及專題研究。各機關學校選送進修之公務員須服務成績優良，具有發展潛力、具有外語能力者（出國進修者），經服務機關甄審委員會審議通過，並經機關首長核定。

　　進修時得以公餘、部分辦公時間或全時進修方式為之；全時進修者，若為機關選送應准予帶職帶薪，但以兩年為原則；若為自行申請得准予留職停薪，並以一年為原則。

組織訓練過程

一般企業或歐美國家的政府部門不像我國採一條鞭人事制度，訓練經費多由機關自行負擔，因此必須謹慎規劃。人力資管理學者高斯坦（Goldstein）的「教學系統設計模式」（Instructional Systems Design Model, ISD Model）就經常被使用：

決定訓練需求	設定訓練目標	執行訓練計畫	訓練評鑑
• 組織分析 • 任務分析 • 個人分析	•SMART 原則： • 特定性 （Specific） • 可衡量性 （Measurable） • 可達成性 （Attainable） • 實際性 （Realistic） • 時效性 （Timing）	• 成本 • 課程設計	• 協助教師改進教材與教學方法 • 增進訓練之效能 • 評定員工受訓後之效果 • 評估訓練計畫之成本效益

訓練成效評估工具

卡巴崔克（Kirkpatrick）將訓練成效評估依實施順序分為四個層次：

反應 （Reaction）	• 瞭解受訓學員對該訓練喜歡的程度 • 於受訓期間實施問卷調查
學習 （Learning）	• 衡量員工在該訓練中獲得的技術或知識 • 於結訓時實施評測
行為 （Behavior）	• 印證學員將所學運用在工作上，產生訓練遷移效果的程度 • 於受訓者回到工作位後進行觀察
結果 （Result）	• 衡量最後達到的組織績效結果 • 以受訓者的績效表現與組織的績效提升程度為準

公務人員選送國內與國外進修的差別

	進修期間	相對責任
選送國內	全時進修之公務員，進修期間為二年以內。但經各主管機關核准延長者，延長期間最長為一年。另寒暑假期間，應返回機關上班。但因進修需要，經各主管機關核准者不在此限。	❶ 選送或自行申請全時進修之公務人員於進修期滿，或期滿前已依計畫完成進修，或因故無法完成者，應立即返回服務機關學校服務。 ❷ 帶薪全時進修結束，其回原服務機關學校繼續服務之期間，應為進修期間之二倍，但不得少於六個月；留職停薪全時進修結束，其應繼續服務期間與留職停薪期間相同。
選送國外	❶ 入學進修或選修學分期間為一年以內。但經各主管機關核准延長者，延長期間最長為一年。 ❷ 專題研究期間為六個月以內。必要時，得依規定申請延長，延長期間最長為三個月。 ❸ 經中央一級機關專案核定國外進修人員，其進修期限最長為四年。	

UNIT **10-10**
公務人員退休制度

圖解行政學

退休制度不僅是組織內的新陳代謝，更涉及整個社會安全與福利制度，是人事制度中外溢效果最大的一環。先進國家大都有人口結構老化的問題，因此退休制度改革幾乎成了各國通例。綜觀各國的退休改革，一是提高退休年齡；二是調整退休金給付，如延長提撥期間、提高提撥率、縮減退休給付等。

(一) 提高退休年齡

我國公務員的退休分為自願退休、屆齡退休、命令退休三種。自願退休多介於 50 至 60 歲之間；屆齡退休是最常見的，定在 65 歲退休；命令退休多為生病或傷殘，與年齡較無關。故就屆齡退休而言，先進國家多加以延長，例如日本將退休年齡從 60 歲延長至 65 歲、德國將退休年齡由 65 歲延長為 67 歲、英國將退休年齡從 60 歲延長至 70 歲、歐盟也鼓勵各行業取消「強制退休年齡」的觀念，以免發生高齡歧視。

不過，提高退休年齡也可能造成晉陞管道壅塞、組織世代鴻溝等問題。英國為避免晉陞緩慢，有「快速陞遷方案」（Fast Stream Scheme）加速優秀人才流動；美國則以「薪俸寬帶」（Pay-Band）提高俸給彈性來降低「職等牛步化」的衝擊。至於隨之而來的組織高齡化與世代鴻溝問題，則需靠管理上的訓練與團隊工作設計加以化解。

(二) 調整退休給付

❶ 退休給付的意義

就公部門而言，退休給付在學理上有不同的意義，反映了社會上對公教退休給付的爭議：

① 功績報償論：認為公務員獻身公務，除在職給予俸給，退職後亦應給予報償做為回饋。

② 延付薪資論：退休金本來就是薪俸的一部分，只是在退離職時才支付而已，所以退休金是政府對公務員負擔的公法上的債務。

③ 社會保險論：國家應提供生活保障，其費用由雇主和勞動者分擔。

④ 維持適當生活論：應保障公務員與退休前相當之生活品質，故應考量退休金的所得替代率（Income replacement ratio），即退休後平均每月可支配金額與退休時每月薪資的比例，一般認為以七成為宜。（註：我國「公務人員退休資遣撫卹法」的算法與學理不同，是以退休後所領每月退休所得占最後在職同等級人員每月所領本（年功）俸額加計一倍金額之比率計算）

⑤ 人力折舊論：組織在計算生產成本時，應將員工退休金納入，使其年老時取得替代薪資，有助於勞動關係和諧。

⑥ 人事機能論：退休給付能鼓勵年長者適時退休，促進組織新陳代謝。

❷ 退休給付的調整方向

由於先進國家面臨退休金準備不足的問題，故多以「確定提撥制」取代「確定給付制」，也就是讓公務員本身承擔更多退休金的儲備責任。即便是最強調國家有照顧公務員義務的德國，也自 2002 年起減少政府退休金的恩給，改以鼓勵購買由國家補助的私人自願養老金計畫。而我國自 2023 年起亦將公務員的退休給與由確定給付制變更為確定提撥制。

三層退休金制度設計

由於先進國家多面臨人口結構老化的問題，退休金成為國家沈重的財政負擔，OECD 乃建議一國的退休給與機制應包括「社會基礎年金」、「職業退休金」和「個人商業投資年金」三個部分。

個人商業投資 → 由金融機構設計的退休投資商品，如基金、儲蓄保險…等等。

職業退休金 → 透過職場而獲得的工作退休給與，如我國的勞工退休金、公務員退休金…等等。

基礎年金 → 由政府所提供的強制性計畫，凡繳交保費而屆齡的國民，皆可領取定額年金。如我國的「國民年金」。

退休金的籌措與給付制度

	制度類型	意涵
籌措	隨收隨付制（pay as you go）	由當年度的收入來支應當年度的退休金，如有不足則由政府預算支應或調高下年度的保費。政府僅扮演一個中介者。此為多數西方國家二戰後的政策；但隨著人口老化與少子化，支領退休金的人數上升，此制難以為繼。
	完全準備制（fully funded）	個人未來的退休給付皆為工作期間逐期提繳部分所得，透過基金操作產生孳息，等同個人為老年生活進行儲蓄。通常採用「平準保險費率」，將風險打散到各年齡層計算保費，保費較具有穩定性。運作方式有「個人帳戶」（僅個人的存提，如我國勞退新制專戶）；「社會保險帳戶」（強制參加）及「私人保險帳戶」（自願參加）。
	部分提存制（partial funding）	以提存準備為前提，同時以隨收隨付為輔，也就是基金保有一定水準的責任準備金，若基金出現不足，則以隨收隨付制方式彌補。我國目前公務人員退撫基金採「共同儲金制」即為此法。
給付	確定給付制（Defined Benefit Plan, DB）	雇主承諾員工於退休時，按約定退休辦法支付一定數額之退休金。支付金額與提撥多寡並無必然關係，而與薪資水準及服務年資有關。對雇主而言屬於長期承諾，且退休金之計算為估計值，雇主承擔財務風險，也容易發生世代轉移的爭議。
	確定提撥制（Defined Contribution Plan, DC）	員工退休金額係由雇主及員工共同提撥之資金和孳息給付，退休金決定於提撥多寡及運用孳息，不保證退休金給付之數額。此制無須複雜的精算技術，並具有較高的可攜性以便於工作轉換，但員工卻須承擔較高的風險。

UNIT 10-11
公共人力資源管理

(一) 人事行政的思維轉變

自1930年代行為科學興起後，管理學界對人性的看法便趨向正面積極，而人事行政的發展亦循此軌跡。傳統人事行政的特徵為防範與控制，其功能偏重於規範公務員的忠誠、嚴謹及法規命令，此稱為「消極性人事行政」。惟隨著管理的演進，政府文官體系也日漸重視人才的延攬及培植、工作生活品質之改進，運用行為科學與管理科學，使工作條件更合乎人性；如改善工作環境及待遇、工作的重新設計、工作豐富化及參與管理等，謂之「積極性人事行政」。

及至1980年代，新右派政府再造之風吹起，新公共管理遂成為西方先進國家公共行政的主流思想，人事行政亦受其影響，走向更加企業化的人力資源管理制度，而興起「公共人力資源管理」。

(二) 公共人力資源管理

觀察英美諸國政府再造下的公共人力資源管理，其顯而易見的特色包括：

❶ 員額精簡

員額精簡（Downsizing）就是組織人事縮編，乃廣為公私組織運用的一種手段。員額精簡是人為的、意圖性的活動，是有計畫的縮小組織規模，而非完全被動地因應環境惡化所採取的措施。其手段包括：轉任、調職、優惠退休、解僱、遇缺不補等；然無論是因應財務表現不佳而進行防禦性的縮編，或是基於組織改造的前瞻性縮編，其目的均在於提升組織效率。

美國管理學者韓第（Handy）提倡酢漿草組織（Shamrock Organization）的觀念，即組織的人力組合應是1/3的核心人力、1/3的約聘人員及1/3的兼職人員與顧問，使長期以來飽受龐大人事支出所苦的官僚體制找到解套之道，近年來許多政府事務民營化、政府機關與企業採用「派遣人力」，或與其他組織進行策略聯盟，均有助於人事縮編。

❷ 人事分權

美國1993年NPR特別強調簡化聯邦政府的人事法規，使人事政策分權化。其作法包括：授權各機關自行設計人力甄補的方式、更大的職位設計彈性，以及自行設計績效管理與報酬系統的權力。這種設計觀念在成立「國土安全部」時提供了極大的方便，因為國土安全部納編了原本各自獨立的危機管理局、美國秘勤局、聯邦調查局、中央情報局、海岸防衛隊……等等性質大相逕庭的部門，必須廣泛的授權各單位自治的人事權。

❸ 績效薪俸

傳統的公務員俸給制度常被戲稱「死薪水」，欠缺激勵效果，因此成為改革的對象。英國自1990年以後便普遍實施績效薪俸制，公務員的薪資由「基本俸給」、「工作績效薪給」與「地域加給」（或其他津貼）三者構成，以有效結合績效管理與財政控制。

新加坡公務員以高薪聞名，不過其中「變動薪」占全薪的30%-40%，顯現重視「績效俸」的精神，除了反映個人績效的「表現紅利」（最高一個月薪俸）外，還有國家經濟成長達標時可領取的「年度變動薪（兩個月薪俸）及國家經濟成長超標時可領取的不定額「增長紅利」。

傳統人事行政 vs. 公共人力資源管理

	傳統人事行政	公共人力資源管理
哲學基礎	科學管理、追求效率、法規嚴密、著重作業層級、男性主義的	人力資源、授權賦能、參與民主、著重所有層級、女性主義的
對待個人的觀點	重視個人責任與技術、偏向X理論、以技術訓練為重點、視員工為自我利益追求者	兼顧個人責任、權利與潛能、偏向Y理論、以原理學習為重點、視員工為追求責任、滿足感與利他主義
看待組織的觀點	由上而下的集權決策、機械化官僚體系、規則化的人事系統、重視費用支出、追求效率	決策兼顧由上而下的集權與由下而上的分權、專業化的機構、任務導向的人事系統、重視績效、追求品質
看待環境的觀點	與環境無關的封閉系統、人力的同質性、官僚責任、多元性但非妥協的集體協商	與環境息息相關的開放系統、文化的多元性、作業責任、追求共識與妥協的集體協商

組織精簡的策略

學者柯麥隆（Cameron）、佛利曼（Freeman）與密脅洛（Mishra）等將組織員額精簡的途徑分為三種：工作隊伍減縮策略、組織重新設計策略、系統策略；三種策略各有優缺點，故應互補為之。

	工作隊伍減縮	組織重新設計	系統的策略
改革焦點	工作人員	工作及單位	組織文化、員工態度
改革對象	人	工作	現有流程
執行所需時間	快	中	持續不斷
主要效果	短期效果	中期效果	長期效果
主要限制	不符長期性的適應	難有快速成效	無法節省短期成本
主要作法	遇缺不補、解僱、鼓勵提早退休	縮減部門、功能與層級、重新設計工作	簡化工作、轉變責任、持續改進

進行員額精簡的反效果

過度精簡造成生產力降低、人員不能適才適所、訓練費用增加

出現生還者症候群；壓力、衝突、危機感、投機心態、喪失心理依附

留任者　員額精簡的反功能　被裁撤者

組織

社會

失去自信心、自尊心及經濟來源，可能採取報復行動

社會成本轉嫁（失業救濟金）、社會問題增加

為降低這些反效果，員額精簡最好在景氣較佳時實施，並儘量尊重員工的意願，讓他們參與員額精簡計畫，同時給予多種權益補償計畫。以免類似高速公路 ETC 實施後，收費站員工的抗爭事件不斷上演，反使政府的德政蒙上陰影。

UNIT **10-12**
文官行政中立

圖解行政學

(一) 行政中立的意義

功績制、永業化與行政中立三者環環相扣，是構成現代人事行政的主要特徵。所謂行政中立（administrative neutrality），吳定教授界定為：政府機關中的公務人員（事務官），在推動各項政策及行政活動的過程中，應保持中立立場，遵循三項原則：「依法行政」、「人民至上」、「專業倫理」。也就是要求文官不參與政黨政治，不受政治因素之影響，更不介入政治活動及政爭。進而免受政黨及政治之干預或壓迫，以圖文官身分、地位及工作之保障，不受長官源於政治考量之歧視、排擠或迫害。簡言之，行政中立的目的就是確保政治與行政不至互相干預，使文官能秉持專業而工作。

就某方面而言，行政中立與「依法行政」意義相近，因為依法行政是文官系統處理公務的最高準則，也是判別行政是否中立的指標，故中立的行政，就應是依法的行政。但依法行政卻未必可以完全達到行政中立的境地，因為有時法規未能充分避免政治的介入，例如西方各國實施「政黨分贓」的人事行政時期，一樣是依法行政，卻不能說是行政中立。

此外，「政治中立」一詞，也常被視為「行政中立」的同義詞。但依我國考試院的解釋，由於美國早年是政黨操縱人事任免，故論及中立時強調政治不應干預行政，故美國名為政治中立（political neutrality）；我國的情形則是行政機關與政黨過從甚密，甚至有「國庫通黨庫」之情事，故應強調的是行政機關的中立，乃名之曰「行政中立」。

(二) 行政中立的重要性與弔詭性

政府機關與職位是社會公器，自然不可淪為政治人物的操弄工具；因此要求公共行政人員嚴守行政中立，避免涉入政爭，其本質乃是要求行政人員實現公共利益的價值，同時帶來行政體系的穩定與社會公平的實踐。

然而，亦有學者指出，行政不可能成為政治的絕緣體，如何能做到行政中立？如主張「代表性官僚體制」的金斯萊曾說，要求公務員中立化，無異要他們出家當和尚！此外，行政中立的價值在追求公共利益，而公共利益的定義卻言人人殊，十分抽象。且就百年來的公共行政演進觀之，行政權力不斷擴張，人民對行政的依賴日深，怎可能不涉及政治運作？最後，事務官忠誠執行政務官的政策，方是民主政治的展現，怎可謂事務官不受政治影響？

(三) 行政中立的新詮釋

由於黑堡宣言或新公共管理都不認為行政與政治可以截然二分，民主行政並非指行政可以完全獨立於政治之外。故當代論及行政中立時，非指公務員無條件的效忠執政黨，而是應忠於憲法、法律，積極為民服務、捍衛弱勢者，以法制具體規範防弊，以避免公共行政人員假公益之名濫權或圖利私人，並保障公共行政人員免於政治侵害及約束公共行政人員政治活動。

行政中立的具體規範

美國

文官法 (1883)	• 公務人員不因拒絕政治捐助或提供政治服務而被免職或歧視 • 公務人員受文官法與永業制的保障
行政命令 642 號 (1907)	• 禁止分類職位公務人員積極參與政治管理或競選活動 • 得私下發展政治意見,但不可參加黨派政治活動
哈契法 (1939)	• 禁止充當政黨提名的候選人、政治捐助、發表助選演說、參加選舉活動等 • 得私下表達個人的政治意見或捐款
文官改革法 (1978)	• 強調公務人員不受政治壓迫,禁止引用親貴與強迫參加政治活動 • 成立「功績制保護委員會」負責監督 • 保護弊端揭發人及調查被禁止的人事措施
哈契法的修正 (1993)	• 放寬一般公務人員的政治活動範圍,如開放非政黨性活動、參與政治組織、競選活動與政治候選人;但辦公場所與執行職務時仍受禁止 • 聯邦競選委員會與情治人員則從嚴規定,不得參加政治管理、競選、捐款等

英國

英國將文官分成三個等級,各有其規範:

(約占 16%)	**政治限制類** (中上級、行政見習員、高等文官)	➡ 禁止參加全國性政治活動,經核准得參加地方性政治活動。
(約占 22%)	**政治中間類** (下層級員吏、專技人員)	➡ 經核准得參加全國性或地方性政治活動。
(約占 62%)	**政治自由類** (實業人員、非編制人員)	➡ 可自由從事全國性或地方性政治活動。

中華民國

我國「公務人員行政中立法」之規範如下:

公務人員

允許
❶ 加入政黨或其他政治團體。
❷ 登記為公職候選人者,自候選人名單公告之日起至投票日,應依規定請事假或休假,長官不得拒絕。

禁止
❶ 兼任政黨或其他政治團體之職務。
❷ 介入黨政派系紛爭。
❸ 兼任公職候選人競選辦事處之職務。
❹ 利用職務使他人加入或不加入政黨或政治團體;或要求他人參加或不參加政黨或政治團體之選舉活動。
❺ 於上班或勤務時間,從事政黨或政治團體之活動。
❻ 利用職務為政黨或擬參選人要求、期約或收受捐助;或阻止或妨礙他人為依法募款之活動。
❼ 為支持或反對特定政黨、政治團體或公職候選人而動用行政資源;或在辦公場所標示特定符號;或主持集會、發起遊行或領導連署活動;或在傳播媒體具銜或具名廣告;或對職務相關人員或其職務對象表達指示;或公開為公職候選人站台、遊行或拜票。
❽ 利用職務要求他人不行使投票權或為一定之行使。
❾ 對政黨、政治團體或公職候選人依法申請之事項有差別待遇。
❿ 政黨、公職候選人或其支持者於選舉期間之造訪活動。

救濟
❶ 長官違法時,公務人員得檢具相關事證向該長官之上級長官報告;若上級長官未依法處理,以失職論,公務人員並得向監察院檢舉。
❷ 若因拒絕從事本法禁止之行為而遭受不公平對待或不利處分時,得依公務人員保障法及其他有關法令之規定,請求救濟。

第 11 章
行政責任與行政倫理

●●●●●●●●●●●●●●●●●●●●●●● 章節體系架構 ▼

UNIT **11-1**
行政責任概述

行政責任探討的主題是行政人員應負責什麼？又向誰負責？菲斯勒（J. Fesler）和凱多（D. Kettl）認為行政責任包含了兩項要素，一是遵守法律、服從長官、追求效率的「負責行為」；二是堅守道德標準的「倫理行為」。

(一) 行政責任的內涵

史塔寧（G. Starling）認為正確的行政責任應包括下列內涵：

❶ **回應性（responsiveness）**：回應性概念是要求行政機關必須掌握民眾的需求，包括被動地回應民眾已表達的需求，以及主動而前瞻地預料並滿足民眾尚未提出的需求。所以行政機關最好能使用系統化的資訊蒐集方法，設立建議處理制度，因應外界意見來調整服務及作業程序。

❷ **彈性（flexibility）**：通常機關不應以相同的條件去服務所有的標的民眾；因為每個民眾的需求或多或少都有差異，每個個案的情境也都不盡相同；所以行政機關及人員應保持一定彈性以適應每個不同狀況。

❸ **能力（competence）**：最糟的腐化就是無能，所以行政機關要有完成所應履行任務的能力，也就是優異的行政績效。

❹ **正當程序（due process）**：源自刑法的正當程序概念，是指「任何人未經法律的正當程序，不得被奪生命、自由，或財產」。正當程序應用在政府運作，就是指政府要「依法行政」。

❺ **廉潔（honesty）**：政府的運作要能坦白、公開，以防止腐化。

❻ **課責性（accountability）**：課責又稱為「問責」或「當責」，英文原義是

「某人有義務做某事，並就其成果向他人負責」；這是行政責任的狹義概念。當行政人員或政府機關有違法或失職之情事時，必須要有人對此負起責任。例如當餿水油悄悄在全國侵害人民健康的問題被揭發後，不只黑心廠商罪無可恕，衛福部官員及屏東縣政府的相關主管人員也應該為此事而遭受譴責，這就是行政責任。

(二) 行政人員的專業責任

羅森（Bernard Rosen）認為行政責任的負責內容包括：有效率地執行職務，正確且適當裁量，視環境而進行政策變遷，增強民眾對政府的信心。

巴頓（R. Barton）從新公共行政運動的觀點出發，認為行政人員應有責任扮演好下述角色：

❶ **社會公平的促進者**：當純粹的行政中立會對弱勢者造成更大的傷害時，行政人員就不應該墨守成規，而是要去解決弱勢群體的困苦及所受歧視，並改善其福祉，提升所有民眾生活品質。

❷ **機關變遷的代理者**：行政人員應確保行政過程的公正性，瞭解利害關係人的需求，並發展機關的社會責任感。

❸ **代表性官員**：行政機關的人力組合應接近社會母體的人口組合，並代表弱勢的群體。

❹ **倡議性行政人**：行政人員要謹記服務對象至上，並鼓勵民眾參與公共事務。

❺ **非單一性行政人**：行政人員要能扮演多重角色，例如：前瞻性決策者、危機管理者、利益協調者、最適領導者等。

常見的行政責任問題

問題	嚴重性	意義
貪污	政治萬惡之淵、暴政之源	行政官員為獲取不法的金錢和其他報酬，違背正式職責或相關規則，而為提供報酬者施予恩惠，以致危及大眾利益。
多手	導致行政課責的困難	由於政策由許多人共同參與，以致無人願意負最後責任。就如臺灣每次公共安全問題，總是中央與地方互推責任，或是各部門間互推責任。
髒手	犧牲弱勢者，或違背合法程序	在「目的使手段合理化」的認知下，行政機關將實現公共政策的不道德行為合理化。苗栗「大埔拆遷案」中，政府以發展經濟為由強拆民宅，即有髒手之嫌。
溝通扭曲	無法建立理想的民主政治	例如 2014 年 9 月臺灣爆發餿水油事件，衛福部食藥署卻說黑心油「標示不符或不明、無礙健康」。（中時電子報，2014/9/1）

我國與公務人員核心價值

以考試院訂頒之公務員核心價值為課責標準，包括：

廉正	忠誠	專業	效能	關懷
良善環境，顧營造各方利益公益均衡，權益迴避、中立、兼顧，清廉、公正、	忠於憲法、國家、全法律；重視國家榮譽與道德感與責任感民誠實、	政策，時時創新充實本學能及，掌握全球趨勢熱悉主管法令，專業	爭力效能，行政決策提升國家競績與力，執行程序提升品質與策政簡化	素養關懷，並培養人文化增進人民信賴，多元文親切、同理心感

 ★關於行政責任的名言

　　每當論及行政責任，美國開國先賢，第四任總統麥迪遜於 1788 年 2 月 6 日發表的「聯邦文獻 51 號」總成為吾輩的典範。他以「政府權力的分立與制衡」為核心撰寫此文，其中有一段膾炙人口的名言如下：

　　假如人類是天使，人類不需要政府；假如天使治理人類，那麼一切對政府的外部或內部控制皆不需要。設計一個由人來治理人的體制，其最大的困難在於：使它又能控制人，又能自我控制。

── 麥迪遜 ·〈聯邦文獻 51 號〉

　　If men were angels, no government would be necessary. If angels were to govern men, neither external nor internal controls on government would be necessary. In framing a government which is to be administered by men over men, the great difficulty lies in this: you must first enable the government to control the governed; and in the next place oblige it to control itself.

James Madison, "The Federalist No. 51"

UNIT **11-2**
課責途徑（一）

圖解行政學

　　學者史卓司（Strauss）曾言：「現代人必須生活在科層體制的巨靈下，問題不是如何除去它，而是如何馴服它。」故欲落實行政責任，必須瞭解課責途徑。學界最常提及的觀點有三種：

(一) 內部控制或外部控制

　　內部控制是指行政部門的自我課責機制，外部控制則指來自行政部門以外（環境）的課責機制。在 1940 年代初期，學者費德瑞區（C. J. Friedrich）與范納（H. Finer）對行政課責的途徑進行精彩的攻防：

　　費德瑞區主張「內部控制」，他相信政府品質的提升有賴於公務員的內在價值意識，因為政府的複雜工作必須仰賴久任的專業人員才能做出正確判斷，外部監督實無法產生決定性的影響。所以行政人員必須直接向「專業知識」及「百姓感受」負責，而非向政治人物負責。

　　反之，主張「外部控制」的范納認為「民眾可能不智，但不會為錯」（people can be unwise, but cannot be wrong），應限縮行政人員的裁量空間，服從有民意基礎的政治首長與民意代表。

　　以現代的眼光而言，兩位學界先賢的主張皆有道理，故「內外兼備」的課責才是吾人所追求的目標。

(二) 三元責任論

　　三元責任是指行政的政治責任、專業責任與個人責任等三種：

❶ 行政的政治責任

　　政治責任源自「政治、行政分立論」，認為行政是工具理性的、是置身於政治之外的，行政的責任在於忠實、有效的執行政策。所以行政機關應該設計嚴明的職責規範與獎懲制度，使政策得到順從，達到課責的目的。

　　惟政治責任的前提在於民意機關必須提出明確的目標，但政治人物無論基於政治考量或缺乏專業知識，往往將政策目標訂得比較模糊曖昧，使行政官僚產生「投機主義」，覺得何必「多做多錯」；或是揣摩上意，以求得自身利益。

❷ 行政的專業責任

　　在專業化趨勢下，「隔行如隔山」是普遍的現象，所以應讓專業的行政人員發揮主觀責任，向專業和大眾負責。行政人員依循專業組織與倫理規範，在憲法的精神下，積極造福民眾，實現公共利益，此即費德瑞區主張的內部控制精神。

　　惟專業倫理實在太過抽象，難以避免公務員的自利行為；專業化的基本訓練重視律則性知識，往往忽略群眾的特殊情境和需求，有淪為教條化、父權觀念、專業宰制之虞。

❸ 行政的個人責任

　　個人責任重視行為者的內在與個人意志的展現與實踐。有責任感的公務員不慎違法失職時，愧疚之情是來自內心深處一個「受煎熬的靈魂」（tortured soul）。而個人責任的實踐來自於「自我反省」與「交互主觀」的互補，也就是公務員必須時時追求卓越、終身學習，以及在交互主觀的系絡下，瞭解並尊重他人的想法。

　　惟個人責任的實踐並不容易，一旦缺乏自我反省，交互主觀可能淪為「同流合污」；若缺乏交互主觀，則自我反省可能停留在「自我陶醉」。

美國行政人員專業守則

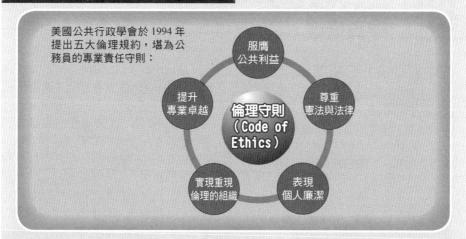

美國公共行政學會於 1994 年
提出五大倫理規約,堪為公
務員的專業責任守則:

服膺
公共利益

提升
專業卓越

尊重
憲法與法律

倫理守則
(Code of
Ethics)

實現重現
倫理的組織

表現
個人廉潔

三元責任觀點

政治
責任

理想的
行政責任

專業
責任

個人
責任

實務上的課責途徑 —— 違背行政責任時的懲處

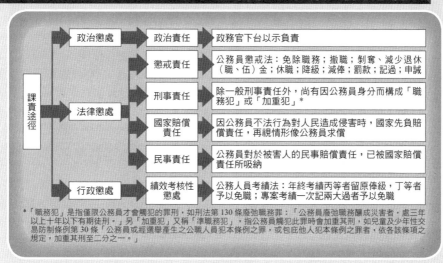

	政治懲處 →	政治責任	政務官下台以示負責
課責途徑	法律懲處 →	懲戒責任	公務員懲戒法:免除職務;撤職;剝奪、減少退休(職、伍)金;休職;降級;減俸;罰款;記過;申誡
		刑事責任	除一般刑事責任外,尚有因公務員身分而構成「職務犯」或「加重犯」*
		國家賠償責任	因公務員不法行為對人民造成侵害時,國家先負賠償責任,再視情形像公務員求償
		民事責任	公務員對於被害人的民事賠償責任,已被國家賠償責任所吸納
	行政懲處 →	績效考核性懲處	公務人員考績法:年終考績丙等者留原俸級,丁等者予以免職;專案考績一次記兩大過者予以免職

*「職務犯」是指僅限公務員才會觸犯的罪刑,如刑法第 130 條弛職務罪:「公務員廢弛職務釀成災害者,處三年以上十年以下有期徒刑。」另「加重犯」又稱「準職務犯」,指公務員觸犯此罪時會加重其刑,如兒童及少年性交易防制條例第 30 條「公務員或經選舉產生之公職人員犯本條例之罪,或包庇他人犯本條例之罪者,依各該條項之規定,加重其刑至二分之一。」

UNIT **11-3**
課責途徑（二）

（三）行政責任分析架構

行政責任分析架構的建立，源自吉伯特（C. E. Gilbert）1959 年建立的「內部─外部」與「正式─非正式」的分類方式。啟動課責的來源為行政部門本身者為「內部」，來自行政部門以外的環境者為「外部」。有明確法令規範者為「正式」，源於道德倫理、民眾偏好、政治權威分配者為「非正式」。依此，將行政確保途徑分為四種：

❶ 內部正式確保途徑

①行政控制：包括層級節制、決策標準程序、設置幕僚機關、部門彼此協調與制衡，以及上級機關的監督等。

②設置調查委員會：當政府出現重大缺失或意外時，首長可聘請民間具公信力的人士組成調查委員會，以瞭解問題並提出改進建議。

③雙重隸屬監督機制：某些監督機制一方面受機關首長的指揮，另方面也受命於專業而獨立的監督部門；如軍中的政戰，行政機關的人事、主計與廉政政風。

❷ 外部正式確保途徑

①立法控制：議會有質詢權、調查權及預算權，可代表民意對政府進行課責。

②司法控制：大法官會議或法院的判決能約束行政機關；例如最高行政法院判字 939 號，認為對獨立機關之行政處分不服時，仍可向行政院提起訴願，藉以約束獨立機關的權限。

③行政監察員（ombudsman）：歐美國家接受民眾陳情與投訴的特別機制，類似我國的監察院。

④選舉：屬於人民主權的最後課責手段，雖然有效，但時效較緩慢。

❸ 內部非正式確保途徑

①代表性科層體制：官員的組成結構能反映社會的人口結構，不但代表統治的正當性，也較能反映多元的利益與立場。

②專業倫理：專業倫理的內涵有時過於抽象，因此會撰寫專業倫理守則；這種作法源於醫界的「希波克拉底誓約」。我國以「公務員服務法」（見單元 11-5）及考試院訂頒的「公務員核心價值」（見單元 11-1）為公務員專業倫理守則。

③弊端舉發：弊端舉發（whistle blowing）是指公務員將機關內部的弊端向外揭露，尤以媒體、議員和政風機構為最常透露的對象。由於揭弊者（whistle-blower）會面臨一定的風險，美國從 1978 年「文官保護法」開始正式保護機關內的揭弊者，更在 1989 年通過「揭弊者保護法」（Whistleblower Protection Act），並成立「特別檢察官辦公室」負責調查弊端並保護揭弊者。目前我國「食品衛生安全管理法」第 50 條規定「雇主不得因勞工向主管機關或司法機關揭露違反本法之行為、擔任訴訟程序之證人或拒絕參與違反本法之行為而予解僱、調職或其他不利之處分。」就是一種保護揭弊者的作法。

❹ 外部非正式確保途徑

①公民參與：公民可透過陳情、請願、抗議、遊行等方法，直接向政府機關表達意見；或透過利益團體參與政策；甚至在民意調查中表達意見。

②傳播媒體：傳媒可以作為政府與民眾等橋樑，溝通彼此的期望；同時監督政府或揭發弊端。

③資訊自由：除了涉及個人隱私與國安機密的訊息外，政府應儘量將訊息公開，或依外界可透過合法管道查閱。

行政責任分析架構的演變

最早設計行政責任分析架構是 1959 年的吉伯特；但隨著時代變化，某些課責途徑的位置已經發生變化；史塔林（G. Starling）於 2008 年提出的行政責任分析架構更能符合時代特性。

提出者：吉伯特
時間：1959 年

	內部	外部
正式	**內部正式** • 行政控制 • 調查委員會 • 雙重隸屬監督	**外部正式** • 立法控制 • 司法控制 • 行政監察員 • 選舉
非正式	**內部非正式** • 代表性官僚 • 專業倫理 • 弊端舉發	**外部非正式** • 公民參與 • 傳播媒體 • 資訊自由

提出者：史塔林
時間：2008 年

	內部	外部
正式	**內部正式** • 機關首長、檢察總長 • 揭弊者	**外部正式** • 立法控制 • 司法控制 • 行政監察員
非正式	**內部非正式** • 代表性官僚 • 專業規範 • 倫理分析 • 公共利益	**外部非正式** • 公民參與 • 傳播媒體 • 利益團體代表

雙重隸屬監督機制

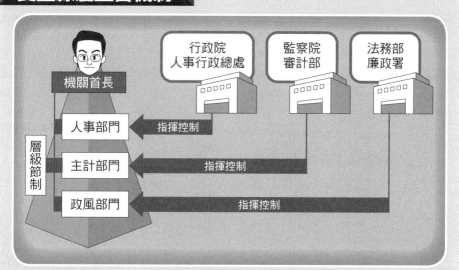

★希波克拉底誓約

知識補充站

希波克拉底（Hippocrates Cos, 460-377 B.C.）有古希臘「醫神」之稱，他在西元前 400 年率先寫下人類第一個非宗教性的職業倫理道德規範，強調避免傷害別人的醫學倫理，並不做能力所不及的事。現代各國的醫師宣言及世界醫學協會在 1948 年發表的「日內瓦宣言」，均以希波克拉底誓約為基礎。

UNIT 11-4
行政倫理概述

圖解行政學

(一) 道德與倫理的區辨

道德與倫理這兩個詞彙在大部分的時候我們不會注意它們的差異；但是在實務上我們卻說「行政倫理」或「公務倫理」，而不用「行政道德」或「公務道德」，這是因為「道德」嚴格上來說是「個人操守的最高標準」；「倫理」則涉及在道德的規範下，個人於特定的環境下與其他人所形成的合理的群已關係。例如「五倫」就是君臣、父子、夫婦、兄弟與朋友等五種關係的正確規範。

(二) 行政倫理的意義

行政倫理古稱「官箴」；林鍾沂教授將其界定為「行政人員或組織對其行為或決策的對錯好壞所進行的一種反思和原則取向的規範判斷」；亦是「行政機關及行政人員，於所處系絡中，所應有的正當關係及正當行為規範，此規範立基於道德與價值上。」換言之，行政倫理的本質是「行政人員之道德共識及道德自律」。

我國吳定教授則強調行政倫理具有「相對性」及「系絡性」。相對性指不同的文化及社會環境，對公務員會有不同的行為期待與要求，故古今中外並無完全一致的行政倫理體系。系絡性則指對於行政行為的是非判斷，不能只以是否合乎抽象的倫理原則為基礎，尚須視此行為所在的特定情境而定。

晚近行政倫理的定義更發展出二元性的觀點，認為當代公務員必須具備兩種不同的倫理觀：

❶ 防禦性行政倫理（defensive administrative ethics）

又稱為「消極性的倫理作為」，焦點多在探討如何防杜公務員貪污、賄賂、濫權、瀆職、竊盜詐欺等行為，偏向傳統行政法理論與實務，基本上即為合法與否的判斷。由於防杜不倫理作為重點在使行政人員合乎基本的法律組織規範，故不易使其有進一步正面積極的思考或作為。

❷ 促進性行政倫理（affirmative administrative ethics）

又稱為「積極性的倫理作為」，此為前述防禦性行政倫理在受到現代管理思潮與新公共行政運動的影響下，逐漸與社會正義、多元利益、公民參與、政治回應及專業精神等理念相結合，使行政倫理超越負面不法行為的禁止，並擴及正面思維的提倡，如公平、正義、道德、良善、公益等多元價值的反省與實踐上。換言之，一個好公務員不僅僅是「不貪不取」，若對於提升公共利益的政策採取消極的不作為，也違背了行政倫理的要求。例如我國黑心食品事件頻傳，若身為相關單位的公務員不能積極查處那些不肖業者，仍屬於違背倫理的情形。

(三) 行政倫理的弔詭性

行政倫理是公務員心中的道德量尺，能使喚醒公務員對己身角色的自覺，以產生積極的作為，也能作為公務員在進行超越法律的行政裁量時的規範。因此，行政倫理是公務體系中不可或缺的一環。但倫理不具強制性，也往往與現今功利社會的現實牴觸。因此倫理的弔詭性在於 —— 它是匡正行政行為的依據，卻缺乏法律的制裁力量；它是改善社會風氣的治本良方，卻也可能是不切實際的空談。

道德與倫理的區辨

純粹的價值規範，如：誠實、信用、廉潔……等

道德

特定專業、領域、環境中的適當群己關係

倫理

例如「誠實」是一種道德觀，但醫師為了達到治療效果，有時會對病人隱瞞真實病情或用藥資訊（如精神科醫師常以維他命當作治療病患的安慰劑），這就是「醫師倫理」的展現。

不同的倫理觀

在討論行政倫理時，有三種不同的出發點：義務論、結果論與德性論。

	代表學者	意義	舉例
義務論	康德	不應考量行為本身的後果，行為本來就是有對錯的分別，行為必須遵照道德規則。	誠實、勇敢、慷慨等美德。
結果論	邊沁	為最大多數人謀取最大的福利。	利己利人、尊重多數民意。
德性論	柏拉圖、亞里斯多德	強調「實踐智慧」，是倫理主觀之徑，重視決策者正確的性格特徵，亦即在能夠做某事之前，某個人必須成為能夠做該事的人。	忠臣出於孝子之門、賢良方正、選賢任能。

以上三種倫理觀點不可偏廢，其共同構成倫理體系，如下圖所示：

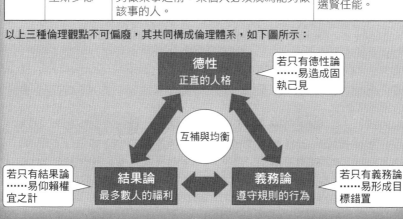

德性
正直的人格

若只有德性論……易造成固執己見

互補與均衡

若只有結果論……易仰賴權宜之計

結果論
最多數人的福利

義務論
遵守規則的行為

若只有義務論……易形成目標錯置

UNIT 11-5
行政倫理的困境與實踐

(一) 行政倫理的困境

儘管行政倫理是各國政府公務人力發展的重點，但仍有許多障礙難以克服。林鍾沂教授認為行政倫理的困境有三，分別是：因公共利益定義不明所產生的「公共利益誤導」，反映行政國現象的「行政機關獨大」，以及「組織倫理」的問題。

❶ 公共利益誤導

行政人員在倫理上應該以公共利益為最終依歸，但細究公共利益，可能是個模糊不清或沒有意義的概念，例如擁核或反核，支持死刑或主張廢死，背後所堅持的都是公共利益。因此，利益團體每每能成功地將特定利益美化成公共利益；如索洛夫（F. Sorauf）所言，公共利益是有效的政治迷思，合理化若干團體的利益。

所以對行政人員而言，應關注其所認為的公共利益是否超越個別團體的特定利益。惟實際的行政運作中，行政人員經常因為偏向菁英的社會背景或階級意識，以及專業分工所產生的本位主義或組織忠誠，以及服務對象或利益團體的強大壓力，而曲解公共利益的真面目。

❷ 行政機關獨大的特質

在公共事務上，行政機關擁有專業、資訊，及全職地位的優勢。在人事體系上，具有永業化的保障。在組織規模上，為了確保行政的課責，往往增加控制人員所形成膨脹。而議員與政務官欠缺專業知識，且必須面對選民的交錯壓力，往往形成模糊的目標或衝突的指令，反而成為行政機關不順從任何部門的擋箭牌。此外，政府部門的分化與重疊，也形成責任歸屬不明的窘境。

從實務經驗中也發現，政府的工作太廣泛，所以通常都是當問題發生或出了人命才來檢討。而現今風行的民營化或委託外包，也容易引發行政倫理的問題。

❸ 組織倫理的問題

由於官僚組織強調團體忠誠，組織只獎勵遵守遊戲規則者，而導致成員將組織忠誠和團隊立場置於個人倫理意識之上，即是「組織倫理」（the organization ethics）。此時行政人員所展現的忠誠，實際上成為對組織或上級毫不質疑的服從，而不問其是否符合民眾的利益或公平正義。

(二) 行政倫理的實踐

由於上述困境，使為政者必須想盡辦法提升公務員的行政倫理觀念。最基本的就是在組織管理上要求公務員追求效率，在政治上透過議會監督及公民參與要求公務員重視民意，在司法上表明公務員應遵守的典章價值與行政程序。

此外，道德倫理約束內在良心，法律規範約束外在行為；故將倫理精神法則化也是結合內、外部約束的良方；如我國的「公務員服務法」、考試院訂頒的「公務員核心價值——廉正、忠誠、專業、效能、關懷」、法務部訂頒的「公務員廉政倫理規範」等。只不過內在良心仍是外在約束能否有效的基礎，否則「法令千條，不如黃金一條」。

最後，全鍾燮主張促進行政人員的倫理責任，關鍵在於培養行政人員個人的批判意識。要避免墨守成規造成「目標錯置」，也要培養舉發弊端的勇氣。

公務員服務法中有關倫理行為的規定

我國公務員服務法對於公務員行為的規範可分為四大類：

不正當行為的禁止

1. 不得驕恣怠惰、損害名譽。
2. 不得假借權力以圖利。
3. 不得經營商業或投機事業。
4. 離職後不得經營相關營利事業。
5. 不得關說請託。
6. 不得接受職務上的饋贈。
7. 不得於職務上私相借貸。

抽象層面的精神要求

1. 應恪守誓言、忠心努力，依法律、命令執行其職務。
2. 應誠實清廉，謹慎勤勉。
3. 應力求切實，不畏難規避，互相推諉或無故稽延。

主動作為的義務

1. 絕對保守機關機密。
2. 不遲到早退。
3. 不得兼任他項公職或業務，其依法令兼職者，不得兼薪及兼領公費。
4. 遇有涉及本身或家族之利害關係，應行迴避。

公務員與長官的關係

1. 長官就監督範圍內所發命令，屬官有服從義務，但屬官得隨時陳述意見。
2. 對於兩級長官同時所發命令，以上級長官為準。
3. 主管長官與兼管長官同時所發命令，以主管長官之命令為準。

旋轉門條款

公務員服務法第 14-1 條是本法著名的「旋轉門條款」（又稱「禁止旋轉門」）；「公務員於其離職後三年內，不得擔任與其離職前五年內之職務直接相關之營利事業董事、監察人、經理、執行業務之股東或顧問。」違反者會處二年以下有期徒刑，得併科新台幣一百萬元以下罰金，並沒收所得之利益。

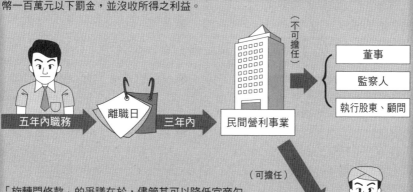

五年內職務 → 離職日 → 三年內 → 民間營利事業 →（不可擔任）董事／監察人／執行股東、顧問

（可擔任）其他職務之工作

「旋轉門條款」的爭議在於，儘管其可以降低官商勾結的機會，但也可能阻礙民間企業與政府機關之間的優秀人才流動，也有限制人民工作權的違憲疑慮；不過大法官會議認為其並未違憲，詳見釋字第 637 號釋憲案。

UNIT **11-6**
行政裁量與行政倫理

西諺云：「法盡，裁量生」。所謂行政裁量，就是公務員在其權力的有效範圍下（法律明示或默許的範圍內），就作為與不作為的可能途徑上，做一自由的選擇，以達成行政之目的。所以，當公務員需要採取行政裁量時，代表已沒有明確的法規可供依循，此時就需要以個人的行政倫理修為進行正確的判斷。

(一) 行政裁量的倫理困境

庫柏（Cooper）認為行政人員在面臨裁量情境時，可能出現的倫理困境有三：

❶ 權威的衝突

「責任」是建構行政倫理學的關鍵概念，其分為「主觀責任」與「客觀責任」；前者是指內心的情感、信仰與價值，是職業道德的展現；後者主要指職務上的責任與義務，如法律要求、層級節制、對公民負責等。一旦主觀責任與客觀責任產生矛盾，例如長官的命令與公務員自身心中認定的公益價值不一致時，即產生所謂的權威衝突。

❷ 角色的衝突

角色衝突可分為兩種情形：

①內部角色 vs. 外部角色：若當事人是政府衛福部的官員（內部角色），同時也是專業的化學家（外部角色）；當黑心食品出現時，該員是應該以官員的身分安撫民心，說正常食用不會影響健康？還是以化學家的身分，強調黑心食品對人體的危害？

②內部角色 vs. 內部角色：若當事人是中階主管，當高層要求該員命令基層員工加班，基層卻請求該員幫他們向上級爭取福利時，該員應該扮演「高層的部屬」，聽命行事？還是扮演「部屬的長官」，照顧部屬？

❸ 利益的衝突

當個人的利益與執行公務的義務相衝突時，應如何放下私利，而以公務為重呢？恐怕大多數人都難以像「包青天」那樣，完全擺脫私利的誘惑。

(二) 行政裁量的倫理原則

當上述困境發生時，華偉克（Warwick）所提倡的倫理原則，或可成為公務員行政裁量時的心理依據：

❶ 公共取向（public orientation）

即指實現公共利益；任何私人或個別團體的利益皆不可超越和扭曲公共利益。亦即全鍾燮所謂的民主行政的特徵在於超越派閥黨團的利益。

❷ 反省性選擇（reflective choice）

行政人員應時刻注意是否做到以下四件事：①瞭解政策問題的性質與系絡；②反思自己奉行的價值；③謹慎使用、評估政策相關資訊；④思考價值與事實的連鎖，及問題與解決方案間的邏輯是否合理。

❸ 真誠（veracity）

行政人員應誠懇從事公務，報導真實的訊息，尊重他人提出質疑的觀點。

❹ 程序的尊重（procedural respect）

依法行政之餘，也不要墨守成規，形成目標錯置，而忘卻法規背後的意義。

❺ 手段的拘束（restraint on means）

行政機關規劃與執行政策時，應避免一意孤行，或偏袒特定對象。

行政人員決策的倫理 —— 政策倫理

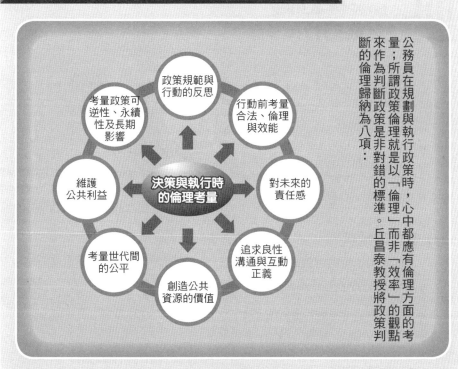

公務員在規劃與執行行政策時，心中都應有倫理方面的考量；所謂政策倫理就是以「倫理」而非「效率」的觀點來作為判斷政策是非對錯的標準。丘昌泰教授將政策判斷的倫理歸納為八項：

- 政策規範與行動的反思
- 行動前考量合法、倫理與效能
- 考量政策可逆性、永續性及長期影響
- 對未來的責任感
- 維護公共利益
- 決策與執行時的倫理考量
- 考量世代間的公平
- 創造公共資源的價值
- 追求良性溝通與互動正義

行政裁量的倫理決策過程

由於法規僅為原則性規範，行政人員行使裁量權以解決問題乃勢所必然；但是行政倫理往往不像法律一樣具體明確，因此庫柏也認為行政人員在行使裁量之前，不要強調任何合乎倫理的「正確」行動，而是以「道德原則」、「倫理準則」、「辯護彩排」及「自我評價」等四個原則進行備選方案篩檢：

認識問題 → 描述情境 / 定義問題 → 設計備選方案

A案 → 道德原則（是否符合社會道德） / 倫理準則（是否符合專業倫理規範）

B案 → 針對可能結果進行篩選

C案 → 辯護彩排（對可能的質疑預作準備） / 自我評價（預想執行時是否違背良心）

→ 選定方案

UNIT **11-7**
正義的行政

追求社會正義可說是行政倫理的靈魂，但究竟何謂「正義」？卻難有一個絕對的答案。當代行政學論及「正義」時，經常採用美國政治哲學家羅爾斯（J. Rawls）在 1971 年所著《正義論》書中所提出的原則 —— 正義寓於平等之中。他以洛克、盧梭和康德的社會契約論為基礎，鋪陳正義的觀念如下：

(一) 假想的情境

為了說明正義必須建立在平等之上，羅爾斯建立了兩個假設：

❶ 無知之幕

無知之幕是去假設一個人對於他未來會擁有什麼樣的地位、種族、階級一無所知；也不知道未來所擁有的財富、命運、智力、力量；更不知道他所屬的團體的政治、經濟地位。

❷ 原初的情境

羅爾斯相信，在無知之幕下的決策，就會回到「平等的初始狀況」之下進行選擇，也就是在沒有人具有先天優勢的情形下，一個理性自利的個人，為了避免成為受壓迫的少數，會情願選擇一個能使人人平等的制度。

(二) 正義的三大原則

基於無知之幕與原初情境，羅爾斯提出正義的三大原則：

❶ 平等權原則

此原則為第一優先原則，意即每個人都有平等的權利，享有各項平等基本自由權；而其所享的自由與他人在相同體系下的各項自由權相容。

❷ 機會平等原則

社會的各項職位及地位，必須公平的對所有人開放。

❸ 差異原則

必須使社會中的弱勢者得到最多的利益，以彌補其先天的不平等。

(三) 政府施政實例

根據上述三大原則，我們可以看到許多施政的例子，像是入學考試對原住民族考生的增額錄取，一方面滿足差異原則，因為我們的一般考試制度以學科為主，對缺乏教育資源的原住民較不公平；同時也符合機會平等原則，增加了原住民接受高等教育的機會；最後，採取增額錄取的方式，也沒有剝奪一般考生的權益，是故未侵害平等權原則。

(四) 正義的行政原則

將羅爾斯的正義原則引用到行政倫理，全鍾燮提出正義的行政原則，包括：❶行政作為不應侵害任何人的基本自由權利；❷行政職務與地位應對所有人開放；❸政策應對社會上弱勢者較有利；❹行政過程與資訊應公開；❺行政人員應公開參與政策討論，並提供相關資訊；❻相關團體應被諮商並參與決策；❼行政行為不可違背基本人權；❽行政行為應接受輿論公評；❾公共行政除追求效率外，亦應重視利害關係人的發展；❿行政人員不應接受與職位有關的利益；⓫除追求機關目標外，行政人員應公開政策的意外結果；⓬公務員應時時關注承辦的政策及人員。

正義論的邏輯

人類處於一個必須合作生存的社會

➡

理性的人會發現：單打獨鬥不如集體努力來得有效，因而尋求合作的可能

➡

社會必須在每個人都同意之下簽訂集體契約

➡

簽約的前提條件：無知之幕與原初情境

➡

理性的人會害怕自己處於不利地位，因而希望社會全體的幸福與損失皆由社會全體所分享

➡

符合正義的社會契約就是建立一個確保人人皆可獲得公平的制度

所有的社會價值，如自由、機會、財富，以及自尊等等的社會基礎，應該平等的分配，除非合乎每一個人的利益，才允許對任何價值，進行不平等的分配（註❶）

反對多數決的正義觀：不能以促進社會整體福利的名義，或某個特定族群的利益，犧牲少數人（註❷）

註❶：例如我們可以對天賦較高或所得較高的人以較高的稅率課稅，用以幫助不幸的人，就是促進社會上所有的天賦或收入機會平均分配的意思，如此可促進社會整體福利的提升。

註❷：例如我們不能以促進經濟發展需要核能發電為由，將核廢料全埋在特定的少數民族家園中。

關於羅爾斯

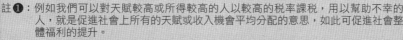

1921 年生於美國巴爾的摩市

1958 年發表《作為公平的正義》，至此專注於理性正義的建構

1971 年發表《正義論》，奠定其自由主義政治哲學大師的地位

2002 年逝世

1950 年獲得普林斯頓大學哲學博士

1967 年發表《分配的正義》

1990 年後羅爾斯數度發表《正義論》修訂版；2001 年再發表《正義即平等 —— 正義新論》

UNIT **11-8**
揭弊保護機制

揭弊者（whistle-blower，或譯為弊端揭發人或吹哨者）是對組織不法情事進行舉發之內部成員，官僚體制下的內部揭弊者往往被視為「破壞者」，而遭到組織對揭弊者的無情報復，使揭弊者心生退卻，所以給予揭弊者制度性的保障就相對重要。就各國對揭弊者保護法制化的發展來看，可分為「公部門與私部門分立」（如：美、澳）與「公部門與私部門合流」（如：英、日）兩種途徑。至於我國，法務部已將草案三度送請立法院審議，但無論哪一黨完全執政，皆未完成訂定。

(一) 公私分立的揭弊保護

採公、私部門分別立法，著眼於「公私差異」的本質，認為政府與企業原有之揭弊責任、主管機關、受理程序、調查程序，乃至處罰或獎勵的觀念與制度皆不相同，因此傾向於以加強原有之揭弊制度方式處理。

美國是此種作法的代表，公部門的保護制度源自「文官改革法」（1978）率先將揭弊保護列為「功績制原則」，後因功績制保護委員會（Merit Systems Protection Board, MSPB）的要求，1989年再制定「揭弊者保護法」，成為揭弊保護制度正式立法的里程碑，並由獨立的「特別檢察官辦公室」負責。爾後陸續增訂「特別檢察官辦公室再授權法」與「揭弊者保護加強法」，以改善政府內部揭弊者的保護。此外，依據「揭弊者保護法」，各機關督察辦公室均需指定「揭弊保護監察人」（Whistleblower Protection Ombudsmen），並進行公務員教育訓練；同時要求聯邦績效責任總署（Government Accountability Office, GAO）進行揭弊案件造成的績效影響評估，MSPB 並就揭弊保護案件向國會進行年度報告。

至於私部門的部分，通常以「沙賓法」（Sarbanes-Oxley Act of 2002, SOA）為美國上市公司吹哨者保護制度之代表；惟此非行政學領域，故不贅述。

(二) 公私合流的揭弊保護

將公、私部門合併處理，乃為避免產生公、私部門揭弊者權益之落差，故以專法一併規範，進而建構貪污零容忍之社會氛圍。

英國為公、私部門合併立法的典範，也是由民間倡議而至立法保護的成功案例；其揭弊保護制度來自 1993 年非營利組織「職場公共問題關懷組織」（Public Concern at Work）鼓勵職場揭弊，從而促使國會於 1998 年通過「公益揭發法」（Public Interest Disclosure Act, PIDA），為公、私部門一體適用的揭弊保護專法。該法採「適格揭發」的限制，也就是揭發涉及公眾健康與安全、環境破壞，及隱匿不法行為者，才會受到保護，以免成為私人黑函的溫床。同時揭弊者也必須依循合法過程，進行「先內後外」的揭發：首先是「內部揭發」，揭弊者向雇主、雇主授權的人或具有受理不法情事職責之人揭發；若無法解決弊端，再進入「管制揭發」階段，即向該業務領域中被指定的管制機構揭發，如稅務局、關稅局、環保局等。最後才是「外部揭發」，就是向警察、媒體、民代、公眾等對象揭發，此時揭發者除「合理相信指控內容為真」外，還要「非為個人利益」及符合四項條件之一：❶ 合理相信內部揭發將受到損害；❷ 無內部揭發管道或合理相信不法證據會被銷毀；❸ 已先向內部或指定之人員揭發但無效；❹ 問題異常嚴重。

圖解行政學

美、英、日三國的揭弊保護機制比較

	美國	英國	日本
制度類型	公私分立	公私一體	公私一體
法制規範	文官改革法（1978）揭弊者保護法（1989）特別檢察官辦公室再授權法（1994）揭弊者保護加強法（2012）	公益揭發法（1998）* 穿插於「勞動權利法」中。** 公務員與警察得適用之；軍人與情報、國安人員不適用	公益通報者保護法（2004）
揭發程序	無涉機密者可任意揭發。涉及機密者僅得向特別檢察官、組織監察官或指定負責人揭發。	❶ 內部揭發—強制優先（含直線主管機關）❷ 管制揭發（向業務領域中被指定的管制機構或人員揭發）❸ 特別揭發（向警察、媒體、民意代表、消費者、或前述以外之人員揭發）	❶ 內部揭發—鼓勵優先（指雇主及其預先指定對象，不含直線主管機關）❷ 行政機關（有權就該揭發事項進行處分或建議之機關）❸ 其他外部對象（不包括可能侵害雇主合法利益之對象）
保護範圍	凡特定、具體的弊端皆可。	適格揭發—符合法定程序、公共利益、合理相信下列事項而為揭發行為：❶ 犯罪行為；❷ 違反法定義務之行為；❸ 危及個人健康與安全之行為；❹ 破壞環境之行為；❺ 司法裁判失當；❻ 可能故意隱瞞前述不法行為者。	❶ 內部揭發：通報事實正在或即將發生。❷ 外部揭發（行政機關或其他機制）：有相當理由相信通報事實正在或即將發生。
保護措施	❶ 調查進行中，特別檢察官得請求 MSPB 下達人事命令暫緩執行令。❷ 調查結束後，特別檢察官得請求 MSPB 做出人事命令矯正處分。❸ 揭弊者因 MSPB 最終決定而遭受不利影響時，得請求聯邦上訴法院進行司法審查。	❶ 任何禁止通報之約定均為無效。❷ 禁止任何不利人事處分；勞工可向勞動法院提起訴訟。❸ 被誤認為揭弊者亦納入保護範圍。❹ 因同事或雇主代理人所為之侵害亦納入保護範圍。	❶ 企業員工：① 禁止解僱。② 禁止不利人事處分。③ 禁止終止派遣契約。❷ 公務員：依公務員特別法規（如國家公務員法、地方公務員法、自衛隊法、國會職員法等）進行身分保障。
對報復揭弊者之懲罰	免職、降職、休職（不超過五年）、停職或申誡。	除再任與復職外，需付補償金，包含因解僱而失去的收入之「基本報酬」及因解僱而產生的其他損失之「補償報酬」。	受報復者自行積極提出權利救濟之訴訟。
匿名揭發	不接受匿名揭發	無明文規定	不接受匿名揭發

第 **12** 章

公共政策概說

●●●●●●●●●●●●●●●●●●●●●●●●● 章節體系架構

UNIT *12-1*
公共政策概述

公共政策（Public Policy）就是政府的各項施政，因此自有政府以來就有公共政策。但就學術的演進而言，公共政策成為一個獨立的學科，是在1951年美國學者拉斯威爾（Harold D. Lasswell）與賴納（Daniel Lerner）合著《政策科學：範圍與方法的最近發展》之後，才使公共政策成為一門具有系統分析的學科。

(一) 公共政策的定義

在討論公共政策的定義上，主要可以分成兩個方向：一是從「公權力」的角度出發，如伊斯頓（David Easton）說公共政策就是「政府對社會價值進行權威性的分配」。意思就是政府因具有公權力，故可以對社會上一切人們所欲追求的有價值的事物，進行管制及干預。另一是從「決策」的角度出發，如戴伊（Thomas Dye）說公共政策就是「政府選擇作為或不作為的任何行動」。意指政府可以選擇予以回應並加以解決，例如政府規劃「擴大公共服務就業方案」以解決失業問題；但政府也可以選擇予以拒絕或放任（不作為），例如政府不開放大陸勞工來臺。但無論做與不做，都經過縝密的政策規劃，故都是公共政策。

(二) 公共政策的研究

公共政策的研究一向有「階段論」與「反階段論」的爭議；階段論者以人類決策的理性模式出發，將公共政策過程劃分為若干明確有序的階段，每個階段都有其先後次序性。這種看待公共政策的方式深受邏輯實證論的影響，高度崇敬人類的理性能力，成為公共政策教育中最常見的模式。

但也有論者認為它太過理想化，根本不符合複雜的政治現實，因而從決策的非理性角度出發，形成「反階段論」的論調；其主要認為公共政策是在混亂而難以重複的情境中擬定的，如決策的政治途徑、漸進途徑、垃圾桶途徑等，可參照單元7-6的說明。

(三) 政策利害關係人與標的人口

政策利害關係人（policy stakeholders）是指「受到公共政策影響或影響公共政策制定的個人或團體」。"Stakeholder"的本義是「賭注中持有籌碼的人」，而在政策制定過程中，這些人會因為政策而獲得利益或受到損失，所以稱為「利害關係人」。政策利害關係人可以分成三種類型：

❶ **政策制定者**

制定或執行公共政策的個人或團體。

❷ **政策受益者**

直接或間接從該政策中獲得利益的個人或團體。例如小學學童營養午餐的直接受益者是小學生，間接受益者是他們的父母。

❸ **政策受害者**

直接或間接因該政策而失去利益、遭受損失，或希望落空的個人或團體。如政府欲針對擁有三間房屋以上的人徵收囤屋稅，這些人就是直接的政策受害者；而此制度實施後若導致房屋市場交易量下滑，房仲業者就是間接受害者。

標的人口（target population）或稱標的團體，就是前述政策直接的受益者或受害者，他們是公共政策所欲針對的照顧對象或管制對象；相當於企業的「顧客」。

公共政策研究的階段論

國外有許多知名學者以階段論的方式分析公共政策，其犖犖大者如下：

學者	階段
安德森（J. E. Anderson）	問題形成與議程設定 → 政策規劃 → 政策採納 → 政策執行 → 政策評估
鍾斯（C. O. Jones）	問題認定 → 政策發展 → 政策執行 → 政策評估 → 政策終結
史達林（G. Starling）	問題認定 → 政策建議方案 → 政策採納 → 計畫執行 → 政策評估
梅伊與衛達夫斯基（May and Wildavsky）	問題界定 → 方案設計 → 方案評估 → 方案選擇 → 政策執行 → 政策評估

至於國內部分，吳定教授的階段分析堪稱經典，他將公共政策分為五個環環相扣，且與環境密切互動的五個階段：

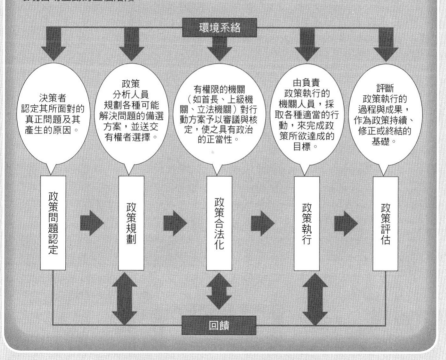

★公共政策專書介紹

知識補充站

　　公共政策屬於行政學的一部分，卻與行政學的主軸「管理學」的內容大異其趣，但卻是公共行政不可獲缺的一部分。本書限於篇幅，只能介紹公共政策的基本觀念。讀者若是對公共政策有興趣，或是欲準備國家考試，可另參閱拙著《圖解公共政策》（五南出版）一書，內有完整的理論與圖示説明。

UNIT **12-2** 公共政策的類型

羅威（Theodore T. Lowi）與沙力斯伯瑞（R. Salisbury）依據政策利益或成本的分配，將公共政策分為分配性政策、重分配性政策、管制性政策與自我管制性政策：

❶ 分配性政策（distributive policy）

指政府機關將利益、服務或成本、義務分配給不同的標的人口享受或承擔的政策。此種類型的原則是「有福同享、有難同當」，亦即政策不致使一方獲利，而他方失去此種利益。如社會福利、中央政府對地方政府的補助，以及其他提供服務的政策等。由於此種型態的政策通常以滿足標的人口的需求為主，比較不會遭到抗拒，故可考慮儘量讓民間參與。

❷ 重分配性政策（redistributive policy）

指政府機關將某一標的人口的利益或成本轉移給另一標的人口享受或承擔的政策，如政府的綜合所得稅政策（累進稅率）縮短貧富差距，富人的利益受損，是失掉了一分，但窮人所需的社會福利卻有了預算，則是贏一分，故容易引起既得利益者或受損失之標的人口抗拒。我國的全民健保依所得級距課徵保費，相當於是富人補貼窮人的醫療費用，亦屬此類政策。

❸ 管制性政策（regulatory policy）

指政府機關設立特定的原則或規範，以約束利害關係人的某種行動的政策。如食品安全管制、外匯管制、出入境管制、道路高承載管制等。此類型政策的執行，常會使受管制者產生較高的成本或失去某項利益，故常會遭到巨大的抗拒。同時，由於管制性政策耗費行政資源較多，政府在進行管制之前最好先做「管制影響評估」（regulatory impact assessment），評估該項管制法規的必要性及成本效益，以免政府管制過於浮濫。

管制性政策可分為「經濟管制」與「社會管制」；前者以保障消費者為出發點，例如政府對價格的干預。後者以保障民眾的安全與健康為主要目的，像是環保、治安等方面的管制政策屬之。

❹ 自我管制性政策（self-regulatory policy）

指政府機關授權給某一群標的人口自行決定特定活動的進行方式，政府僅予以寬鬆的、原則性的規範。換言之，自我管制政策中沒有設定非遵守不可、毫無任何彈性的管制規範，而讓下級機關或標的團體保有相當的自主性以實踐政策目標。自我管制一般分為三種方式，一是「專業自我管制」，通常是管制專業領域的個人行為，如醫師公會或律師公會訂有會員專業行為的規範；二是「產業自我管制」，由公司或產業建立自我約束的標準，並承諾自我執行與監測；三是「共同管制」，由政府主管機關指定民間組織擔任「共管機構」，並形諸於法規命令，政府主管機關分配予共管機構的事項，主管機關原則上就不再介入，除非必須做成最後裁處。

由於 1980 年代後的政府再造運動實施員額精簡、解除管制、民營化等措施，使自我管制政策的數量逐漸增加，只要被管制者有能力自己管理自己，政府就可以授權其自主管理，以節省政府的經費與人力。

賽局型態與政策類型

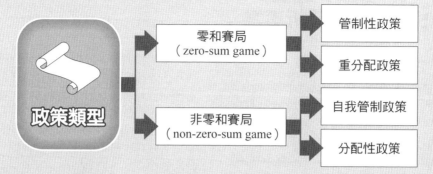

政策類型
- 零和賽局（zero-sum game）
  - 管制性政策
  - 重分配政策
- 非零和賽局（non-zero-sum game）
  - 自我管制政策
  - 分配性政策

賽局類型

零和賽局與非零和賽局的政策類型觀點出自博弈理論（Game Theory）。所謂「零和」是指「雙方相和為零」── 當甲、乙雙方競爭時，甲得 +1，乙就得 -1，故二者相加為零。換言之，這是一種「一方之所得來自另一方之所失」的狀況。例如政府打壓房價，買房子的人少付一分購屋成本，賣房子的人就少賺一分。零和賽局的公共政策，必然會引起受損失之標的人口抗拒。故往往需要公權力的強制執行。反之，非零和賽局代表參與者可能皆輸或皆贏，因此對利害關係人而言，比較有合作的空間，政府較能授權民間自行處理。

零和賽局

一個西瓜數人分，你爭我奪

非零和賽局

無限量供應的自助餐或流水席，顧客皆大歡喜

賽局類型	執行時的公權力需求	政策執行的方向
零和賽局	高	由上而下的執行
非零和賽局	低	由下而上的執行

UNIT 12-3
政策分析專業

圖解行政學

（一）政策分析的意義

學者林布隆（C. E. Lindblom）於1958年提出「政策分析」（Policy Analysis）一詞，是以系統性的理論與方法，探索公共問題的癥結，並設法提出解決方案，以提供決策者政策建議的專業分析活動。國內學者對政策分析的定義大致依循該定義而來，如丘昌泰教授將政策分析定義為「以社會科學方法，系統性地探索社會問題的癥結，提出有效可行的解決方案，俾向政策制定者提供政策建言的專業分析活動」。吳定教授則說政策分析是「決策者或政策分析人員為解決某項公共問題，應用科學知識與推理方法，採取分析的理論架構與技術，系統性地設計並評估比較各替選方案，以供決策者判斷及做決定之參考的相關活動」。林鍾沂教授則說政策分析是「解釋不同政策原因（cause）與結果（consequence）的活動」。

（二）政策分析的架構

❶ 系統觀點的政策分析

伊斯頓以系統模型的觀點，將民間對政府的需求與支持視為「投入」，政府設計政策的過程可視為「轉換」，公共政策的實施則是「產出」。

❷ 以問題為中心的政策分析

唐恩（W. Dunn）提出「以問題為中心的政策分析」，他認為政策分析過程就是以適當的方法，掌握政策相關資訊的理性分析活動，以五種「政策分析方法」，產生五種「政策相關資訊」：

①問題建構法：分析人員發掘各種利害關係人的價值觀，診斷問題的可能成因，產生有關於「政策問題」的資訊。

②政策預測法：分析人員透過檢視各種可能未來、預估可能結果、考慮達成目標的限制及政治可行性等方法，獲得各種關於「政策未來」的資訊。

③政策推薦法：分析人員向決策者或利害關係人提出種種「政策行動」的相關資訊，如政策風險與外溢效果的預估，並敘述政策選擇標準及設定執行的行政責任，以爭取他們的支持，形成偏好的政策。

④政策監測法：指監督政策是否按原訂計畫執行，並觀察各種執行時的狀況，分析人員透過評估政策順服程度、觀察執行的效果與障礙等方法，產生可觀察的「政策成果」的資訊。

⑤政策評估法：分析人員透過測量問題被解決的程度，價值的澄清、調整與規劃，產生有關期望與實際差距的「政策績效」相關資訊，並以之做為問題重新建構或調整的基礎。

（三）政策分析人員

政策分析人員是在政府機關或智庫中，專門從事政策分析的專業人士，他們從事與特定政策有關的資訊蒐集、分析，以及政策方案的設計、推薦等工作。作為一位優秀的政策分析者，必須以專業與民意為依歸，並磨練分析技巧與溝通能力；最重要的，是在心中建立一個以公共利益為重的倫理架構，方能在政治人物違背良心或公益時，勇敢提出諍言。

以問題為中心的政策分析

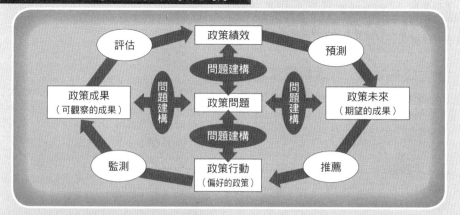

政策分析人員的類型

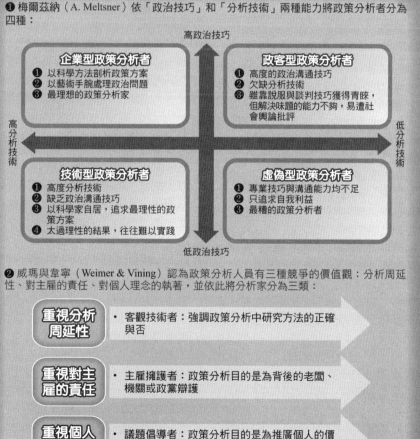

❶ 梅爾茲納（A. Meltsner）依「政治技巧」和「分析技術」兩種能力將政策分析者分為四種：

高政治技巧

企業型政策分析者
❶ 以科學方法剖析政策方案
❷ 以藝術手腕處理政治問題
❸ 最理想的政策分析家

政客型政策分析者
❶ 高度的政治溝通技巧
❷ 欠缺分析技術
❸ 雖靠說服與談判技巧獲得青睞，但解決味題的能力不夠，易遭社會輿論批評

高分析技術　　　　　　　　　　　　　　　　　低分析技術

技術型政策分析者
❶ 高度分析技術
❷ 缺乏政治溝通技巧
❸ 以科學家自居，追求最理性的政策方案
❹ 太過理性的結果，往往難以實踐

虛偽型政策分析者
❶ 專業技巧與溝通能力均不足
❷ 只追求自我利益
❸ 最糟的政策分析者

低政治技巧

❷ 威瑪與韋寧（Weimer & Vining）認為政策分析人員有三種競爭的價值觀：分析周延性、對主雇的責任、對個人理念的執著，並依此將分析家分為三類：

重視分析周延性
· 客觀技術者：強調政策分析中研究方法的正確與否

重視對主雇的責任
· 主雇擁護者：政策分析目的是為背後的老闆、機關或政黨辯護

重視個人理念執著
· 議題倡導者：政策分析目的是為推廣個人的價值信念

271

UNIT 12-4
公共問題認定

(一) 公共問題的意義與發生原因

所謂「公共問題」，係指不特定多數人覺得自己期望的價值、目標或情況，與實際獲得的價值、目標或情況之間有顯著差距，希望政府機關注意並接納，以謀求解決的一種情境。例如臺北市有許多人期望買房子，但收入卻根本追不上高房價，於是希望政府以公共政策壓抑高漲的房價；於是我們可說「高房價」就是個公共問題。

鍾斯認為導致公共問題發生的原因有五：一是「發現」（discovery），指政府將大量資源應用於特定領域，造成資源分配不均，產生各種問題。二是發展與應用（development and application），指科技的成果應用於實際社會生活所產生的問題。三是通訊（communication），指由於通訊技術進步，媒體將公共問題迅速傳播開來。四是衝突（conflict），指由於國際或國內的衝突而導致各類公共問題的發生。五是管制（control），指由於政府機關對人民的活動進行干預或管制，因而發生各種公共問題。

以經濟學家的角度而言，公共問題出現的原因為：

❶ 市場失靈（market failure）

市場失靈就是指自由市場無法達成資源配置最有效率的狀態，這是由於下列原因造成的：

①公共財（public goods）：由於公共財的產權無法歸屬於個人，企業通常不願意提供公共財，導致自由市場中缺乏公共財。

②外部性（externalities）：造成公共問題的外部性多為「外部不經濟」，指交易過程中對其他人造成損害的現象，如工廠污染河川，整個流域的居民都受害。

③自然獨占（natural monopolies）：市場中的大企業享有規模經濟的優勢，自然將小企業淘汰出局，使市場成為少數大企業壟斷，無法發揮價格機制。

④資訊不對稱（information asymmetries）：由於生產者擁有的資訊遠多於消費者，使消費者缺乏足夠資訊以理性判斷產品的好壞。

❷ 政府失靈（government failure）

當市場失靈時，政府就會介入以解決公共問題。但政府決策受制於民意，民意的分歧常使多數決的結果並不理性。民意代表又常出現「滾木立法」、「肉桶立法」與「尋租行為」等不當的決策方式。此外，政府機關的效率又遠不如企業。上述原因均導致政府的表現不如預期，無法解決公共問題。

❸ 政策失靈（policy failure）

指當政府制定公共政策以解決該問題後，發現花費相當高的代價後，問題反而更嚴重，或產生新問題，又需另行設法解決。我國教改經歷十年仍然亂象叢生，愈改愈亂，就是一例。

(二) 政府面對公共問題的態度

政府面對公共問題時，有四種可能的態度，最積極的就是主動製造輿論並加以處理，稱為「促其發生」；其次是鼓勵當事人把問題具體化並提出來，稱為「鼓勵發生」；亦有可能採取消極被動的態度，讓問題自生自滅，稱為「任其發生」；最糟的就是刻意壓抑問題的提出，如果壓抑不住，就在執行時故意失敗，稱為「扼阻發生」、「非決策制訂」（non-decision making）或「權力的第二面貌」。

集體選擇的困境

1972 年諾貝爾經濟學獎得主亞羅（Arrow）在 1950 年發表「不可能定理」，他根據 1785 年法國數學家康多瑟（Condorcet）提出的集體選擇的困境（見下圖說明），指出在「理性人」的假定下，一個民主社會只要有三個以上的選擇方案，社會共識就難以成立。

參與者	對方案的偏好
甲	A > B > C
乙	B > C > A
丙	C > A > B

A 案 vs. B 案
甲：A > B
乙：B > A
丙：A > B
}結果：A > B
【A 勝出，B 淘汰】

A 案 vs. C 案
甲：A > C
乙：C > A
丙：C > A
}結果：C > A
【C 勝出，A 淘汰】

C 案 vs. B 案
甲：B > C
乙：B > C
丙：C > B
}結果：B > C
【B 勝出，C 淘汰】

上例告訴我們，只要掌握議程的設計，就永遠有操弄投票結果的空間；例如丙希望最後的結果是 C 案勝出，他就可以先安排 A 案與 B 案表決，先將 B 淘汰；則當 A 案再與 C 案比較時，A 案再被淘汰，C 案就會被保留到最後。

滾木立法、肉桶立法、尋租行為

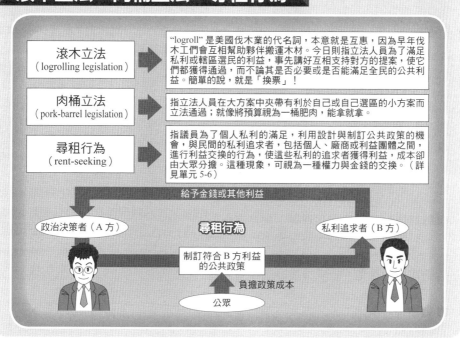

滾木立法
（logrolling legislation）

"logroll" 是美國伐木業的代名詞，本意就是互惠，因為早年伐木工們互相幫助夥伴搬運木材。今日則指立法人員為了滿足私利或轄區選民的利益，事先講好互相支持對方的提案，使它們都獲得通過，而不論其是否必要或是否能滿足全民的公共利益。簡單的說，就是「換票」！

肉桶立法
（pork-barrel legislation）

指立法人員在大方案中夾帶有利於自己或自己選區的小方案而立法通過；就像將預算視為一桶肥肉，能拿就拿。

尋租行為
（rent-seeking）

指議員為了個人私利的滿足，利用設計與制訂公共政策的機會，與民間的私利追求者，包括個人、廠商或利益團體之間，進行利益交換的行為，使這些私利的追求者獲得利益，成本卻由大眾分擔。這種現象，可視為一種權力與金錢的交換。（詳見單元 5-6）

給予金錢或其他利益

政治決策者（A 方）　　**尋租行為**　　私利追求者（B 方）

制訂符合 B 方利益的公共政策

負擔政策成本

公眾

UNIT **12-5**
政策規劃

(一) 政策規劃的意義與類型

政策規劃是決策者或政策分析人員為解決政策問題，採取科學方法，廣泛蒐集資訊，設計一套以目標取向、集體取向、變革性的、選擇性的、理性的、未來性的行動替選方案的動態過程。

一般來說，規劃方案的類別可以分成下列三種：

❶ **例行的規劃**：多數情況下，行政機關所處理的公共問題均屬重複性、例行性、有前例可循的問題，故政策分析人員可設計類似於以往所實施的方案。

❷ **類比的規劃**：面對新問題時，政策分析人員採取過去「類似問題」的解決方法，作為解決目前問題之參考。例如政府可比照過去 SARS 流行期間的防疫措施，來面對 2020 年的新冠病毒（covid-19）疫情。

❸ **創新的規劃**：政策分析人員採取完全創新的方法，設計解決問題的方案。例如現在的十二年國教入學方式，就是過去未曾有過的嘗試。

(二) 政策規劃的原則

卡普蘭（Kaplan）認為政策規劃應服膺七項原則：

❶ **公正無偏原則**：設計方案時應公正，這是「社會正義」的表現。

❷ **個人受益原則**：設計方案時應考量方案產生的利益應分享給社會每個人。

❸ **弱勢族群利益最大化原則**：設計方案時應多考量社會上的弱勢者，使其能享受較多利益。

❹ **分配普遍原則**：設計方案時應儘量使利益或成本由每個人分擔。

❺ **持續進行原則**：設計方案時應有長遠的眼光。

❻ **人民自主原則**：設計方案時，應優先考量該問題交由民間處理的可能性。

❼ **緊急處理原則**：設計方案時，應考慮各問題的輕重緩急，列出優先順序。

(三) 循證基礎的政策規劃

邇來 OECD 推廣「循證的公共政策」（evidence-based public policy），強調民主社會的公共政策論述過程中，倡議者必須提出可靠的「證據」作為論述的基礎，作為公共政策的理性論辯基礎與正當性來源，而非僅憑臆測、想像、直覺，甚至意識形態妄下決定。這種觀念源自於西方醫學界對實證的重視，正所謂「看不到的不醫」，所以西醫的診斷與用藥一切均以檢驗報告為重。近年管理學推廣「循證管理」（evidence-based management）的思維，指出決策應透過清楚明白的事實以及堅強有力的證據來採取行動，以省去不必要的錯誤，並且不被以訛傳訛訊息所制約與陷入盲思漩渦，才能更有效率與效能的解決問題。

從醫學到管理學，再到公共衛生政策領域，以至於全面性的推廣應用，就政策規劃而言，在一項政策大規模實施之前，先進行小規模的實驗，再依循實驗結果修改政策方案，將可提昇其可行性及公眾的可接受性。從事前評估的角度來看，這就是小規模試驗（piloting）常成為政策規劃者使用的循證分析模式的原因。我國內政部在推動長期照護 2.0 之前，就曾在三峽鶯歌以及嘉義市的兩個社區實施三年的先導計畫，以獲取第一手的證據。

例行規劃與類比規劃的區別

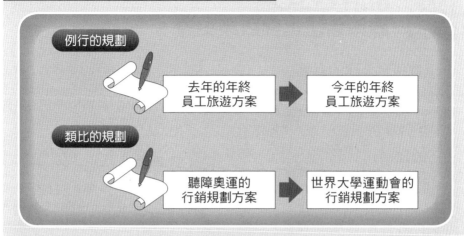

例行的規劃

去年的年終
員工旅遊方案 ➡ 今年的年終
員工旅遊方案

類比的規劃

聽障奧運的
行銷規劃方案 ➡ 世界大學運動會的
行銷規劃方案

政策方案的可行性分析

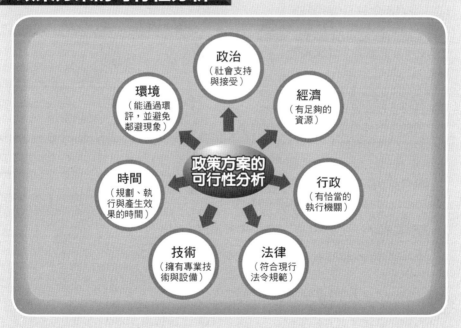

政治
（社會支持
與接受）

環境
（能通過環
評，並避免
鄰避現象）

經濟
（有足夠的
資源）

政策方案的
可行性分析

時間
（規劃、執
行與產生效
果的時間）

行政
（有恰當的
執行機關）

技術
（擁有專業技
術與設備）

法律
（符合現行
法令規範）

知識補充站 ★鄰避現象（Not In My Back Yard, NIMBY）

鄰避現象是「不要建在我家後院」。這是一種心理情結所產生的政策訴求，完全拒絕任何被認為有害於環境的設施或企業的態度，如垃圾掩埋場、焚化爐、火力發電廠或核能發電廠等。而且鄰避態度及行為的產生，基本上是環境意識抬頭的結果，缺乏技術或經濟的理性，而是情緒性的、價值判斷的反應。因此就公共政策而言，鄰避情結一旦出現，它所產生的各種問題均難以處理。

UNIT **12-6**
政策合法化與政策論證

(一) 政策合法化的意義

吳定教授將政策合法化（policy legitimation）定義為：政府機關針對公共問題規劃解決方案後，將方案提經有權核准的機關、團體或個人，例如立法機關、決策委員會、行政首長等，加以審議核准，完成法定程序，以付諸執行的動態過程。所以，簡單的說，就是政策方案獲得有決策權的首長或民意機關同意的過程。

(二) 政策合法化的策略

吳定教授歸納政策合法化的策略有「包容」、「排除」及「說服」三種：

❶ **包容性策略**

盡可能吸納各種意見進入方案，使方案能獲得多數人接受，其手段包括：

①諮商：由各相關部門的相關行為者彼此諮商以尋求共識。

②建立聯盟：結合立場一致或利害相同的行為者，以表達支持或反對。

③妥協：透過彼此協商議價，達成「雖不滿意但可接受」的方案。

❷ **排除性策略**

將異議者排除在議程之外，其手段包括：

①繞道：當方案面臨重大障礙時，設法採取其他管道，避免激烈的爭鬥。

②保密：敏感性的方案或未到公開時機的方案，應對外保持秘密。

③欺騙：以各種謊言或隱瞞手段，使他人信以為真。

❸ **說服性策略**

設法說服反對者改變其立場，其手段包括：

①雄辯：為了爭取支持而誇張方案的重要性或可行性。

②分析：運用嚴謹的實證研究，產生分析的相關資訊，以說服他人接受。

③抗議：利用各種抗議，迫使對手接納，常用於價值的或政治的紛爭。

(三) 政策論證

政策論證（policy argument）也稱為政策辯論，指在政策運作過程中，專業的政策參與者尋找有利的資訊，以強化本身的主張，並提出證據抗辯其他不同的主張，其目的在促使決策者接納或拒絕某項政策方案。

唐恩（Dunn）所設計的政策論證結構包括：

❶ **政策相關資訊**（policy information, I）：指政策分析人員經由各種方法所蒐集的關於政策問題、備選方案、行動、結果以及績效等等的資訊。

❷ **政策主張**（policy claim, C）：政策分析人員依相關資訊，進行邏輯推理所得到的結果。可分為三種類型：①強調政策因果關係與問題真相的「指涉性主張」；②強調問題與政策的價值的「評價性主張」；以及③強調政策基礎規範與被接納性的「倡議性主張」。

❸ **立論理由**（warrant, W）：指政策分析人員將政策相關資訊轉變為具體政策主張所憑藉的證據。

❹ **立論依據**（backing, B）：指政策分析人員用來證實立論理由的假設或論點。

❺ **駁斥理由**（rebuttal, R）：指政策主張或立論理由不能被接受的原因，是政策分析人員對於反對者的立場進行推論。

❻ **可信度**（qualifier, Q）：政策分析人員判斷政策相關資訊的可信度之標準或指標。

政策論證結構圖

政策論證的結構代表政策專業辯論的過程，當然會因為議題的不同而有所改變，以下介紹唐恩提出的基本結構：

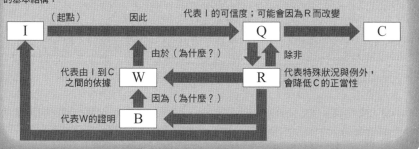

政策論證的模型與推理模式

依據唐恩《公共政策分析導論》第四版（2008）的觀點，政策論證可分為 11 種：

	論證模式	推理方式
❶	權威式論證	以已經發表的專業資訊為基礎，或行為者依其本身特殊的身分地位（如：學者、專業人士）所發表的意見。
❷	方法式論證	以分析方法（數學、經濟學、統計等）所得的結果為基礎。
❸	通則式論證	由樣本調查而推論母體成員的情況。
❹	分類式論證	以成員類別為基礎，團體中的成員被視為具有該團體所代表的立場；常用於種族、性別、意識型態之議題。
❺	因果式論證	以政策的因果關係為基礎，規劃人員從政策相關資訊中，分析其因果關係，並由因果推理結果取得論據。
❻	符號式論證	以符號、指標或指示為基礎；例如以景氣燈號、初次申請失業救濟金人數等指標來論證經濟復甦的力道。
❼	動機式論證	以當事人的目標、價值與企圖的動力為基礎；例如某地居民反核，原因在於對核災的恐懼感。
❽	直覺式論證	根據行為者的內在心理狀態，以個人洞察力與判斷為依據。
❾	類推比擬論證	以個案間的相似性為基礎；例如以防範水污染類比防範空氣污染的政策。
❿	平行案例論證	以兩個以上的相似政策為基礎；例如以香港「八達通」推論我國「悠遊卡」。
⓫	倫理論證	以倫理道德為標準來評判政策，再依其結果提出政策主張。

平行案例論證結構演示

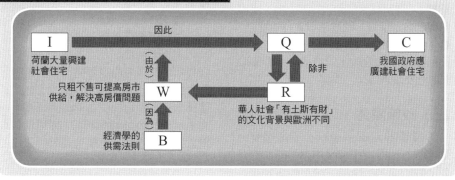

UNIT 12-7
政策執行

普里斯曼（Pressman）與衛達夫斯基（Wildavsky）研究 1960 年代加州奧克蘭計畫（Oakland Project）的失敗原因後，發表《執行：華盛頓的偉大期望如何在奧克蘭市破碎》（1973）；至此政策執行才受到重視，找回過去公共政策中「失落的連結」。

(一) 政策執行的意義

所謂「政策執行」，就是將已完成合法化的方案付諸實施的有關活動，包括：

❶ **組織活動**：安排執行資源、執行機關，或執行方法等以促使方案實施。

❷ **闡釋活動**：將法規轉換成可具體執行的計畫與指令。

❸ **應用活動**：發展出例行化的提供服務、給付或其他目的之工具。

(二) 政策執行力模式

提出政策執行模式的學者非常多，茲以愛德華三世（Edwards Ⅲ）為例，他認為有四項主要變數的互動，影響了政策結果：

❶ **溝通**：政策參與者間的良好溝通，是有效政策執行的首要條件。

❷ **資源**：包括人員、經費、資訊、設備、權威等。

❸ **執行者意向**：由於各機關有本位主義傾向，或執行者對政策指令做選擇性的解釋，以致對政策執行工作抗拒、陽奉陰違、敷衍塞責，使政策無法有效推動。

❹ **機關結構**：執行機關的標準作業程序與執行權責分散化的情形，會影響政策執行的結果。

(三) 政策順服

所謂順服（compliance），是指受命者的行為和態度與擁有權力者的命令互相一致的關係。所以，政策順服是指與政策執行有關的人：包括執行者、標的人口、執行機關等，願意正面的接受配合推動政策，以求達到政策目標。執行人員必須瞭解並掌握標的人口順服與不順服政策執行的原因，並設法提高標的人口的順服度，才能順利的推動政策。

(四) 政策監測

政策方案付諸執行後，必須加以監測，以追蹤管制執行的成效。政策監測（policy monitoring），就是指產出公共政策因果關係資訊的政策分析過程，亦即由政策分析者描述政策計畫實施情況與結果間的關係，以解釋其執行情況。

❶ **政策監測的內涵**

政策監測涵蓋「政策行動」與「政策結果」兩部分：

①政策行動 —— 包括政策投入與政策過程：Ⓐ政策投入：指投入於政策的各種資源，如時間、經費、人員、設備等；Ⓑ政策過程：指將政策投入轉換成產出與影響所涉及的行政的、組織的與政治的活動和態度。

②政策結果 —— 包括政策產出（policy output）與政策影響（policy impacts）：Ⓐ政策產出：指標的人口所接受到的服務或資源；Ⓑ政策影響：指由政策產出所導致的行為上或態度上的實際改變狀況。

❷ **政策監測的功能**

①順服（compliance）：獲知執行過程中各參與者是否遵守規則與承諾。

②查核（auditing）：又譯為「審計」，指獲知資源與服務是否給予被服務者。

③說明（accounting）：又譯為「會計」，指獲知政策執行所產生的改變程度。

④解釋（explanation）：解釋為何政策方案與實際成果會產生差異的資訊。

政策執行的類型

由上而下（向前推進）的政策執行	由下而上（由後推進）的政策執行
政策規劃者 ↓ 政策執行者 ↓ 民眾	政策規劃者 ↑ 政策執行者 ↑ 民眾

政策執行的演進

關於政策執行研究的發展，學者均認為分為三代，惟國內學者在詮釋此三代時有不同的角度：

	代表人物	研究焦點	
		吳定教授觀點	丘昌泰教授觀點
第一代政策執行	衛達夫斯基與普里斯曼	個案的研究與累積	由上而下的研究
第二代政策執行	愛德華三世、范米特（Van Meter）、范洪恩（Van Horn）等多人	理論與模型的發展	由下而上的研究
第三代政策執行	郭謹（Goggin）等人	利用理論模型解釋並預測執行結果	綜合由上而下與由上而下的觀點

愛德華三世的政策執行力模式

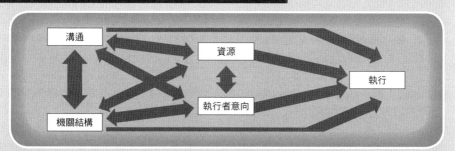

溝通　資源　執行　機關結構　執行者意向

政策順服或不順服的原因

標的人口順服政策的原因	標的人口不順服政策的原因
❶ 政治社會化的結果	❶ 政策內容與流行的社會價值觀衝突
❷ 政策制訂合法化	❷ 受同儕團體的影響
❸ 衡量成本與利益後的選擇	❸ 受大眾傳播媒體的影響
❹ 基於私利或理性考量	❹ 貪圖一時方便
❺ 避免懲罰	❺ 個人選擇性認知
❻ 政府宣導成功，情勢改變	❻ 政策內涵混淆不清

UNIT **12-8**
政策工具

政策工具（policy tools or policy instruments）是政策設計與政策執行之間的連鎖，政策方案必須透過有效的政策工具來執行，才能達成設計時的理想狀態。工具的設計不是一種嘗試錯誤的過程，而是一項經過系統思考的行為與有目的之行動，需要事前的縝密思考與精確設計。

豪利與雷米斯（Howlett & Ramesh）依公權力介入的程度來為政府可能採取的政策工具分類，是一種簡明扼要的分類方式；他們歸納出的工具包括：

❶ **自願性工具**（voluntary instruments）

指完全由民間社會在自願性基礎下所採取的工具類型，通常包括：

①家庭與社區：這是最具成效而成本最低的工具；例如解決犯罪問題最有效的方法應該是家庭教育或社區守望相助。

②自願性組織：透過志工或慈善性組織來推動政策，如慈濟功德會在資源回收上就有頗大的貢獻。

③市場：1980年代後興起的民營化、解除法令管制等回歸市場機制的作法。

❷ **混合性工具**（mixed instruments）

國家機關對於工具應用的涉入程度不同，由淺至深包括：

①資訊與勸誡：政府提供資訊給民眾，至於民眾接不接受則由自己而定。

②補助：政府對願意順服政策者，提供財務上的補助或獎勵措施。

③財產權銷售：政府設定財產權並進行買賣，例如美國政府將污染排放權拍賣給廠商，讓廠商可以在一定範圍內生產污染性的商品。

④徵稅與使用者付費：對符合某種資格的國民或使用某種公共設施的國民收取費用，以達成公共資源的有效分配。

❸ **強制性工具**（compulsory instruments）

國家機關採取直接管制，通常包括：

①管制：由政府公布法令，標的團體被動遵守，如金融管制政策。

②公營企業：國家機關透過擁有管理權的企業，提供須付費的公共財貨。

③直接提供條款：政府直接由預算提供服務，如國防、警政、教育、消防等。

另外，威瑪與韋寧從福利經濟學的角度出發，探討市場失靈與政府失靈時的政策工具選擇如下：

❶ **市場化工具** —— 包括：市場自由化（解除管制、行為除罪化、民營化）；市場便利化（由政府分配既有財貨，或創造新市場財貨）與市場模擬化（經由拍賣引入競爭者，產生市場機制，以提供財貨）。

❷ **利用補貼與租稅改變誘因** —— 包括：供給面補貼（給予企業配合款或租稅減免）；需求面補貼（政府發放現金、抵用券或減免消費稅）；供給面租稅（課徵貨物稅或關稅以降低廠商生產）；需求面租稅（以使用者付費措施降低消費需求）。

❸ **設定規則** —— 政府訂定各種法規；或設定物價管制、產量管制等各種規章。

❹ **經由非市場機制提供財貨** —— 由政府直接供給或經由政府直接簽約外包。

❺ **提供保險與保障** —— 政府設計強制保險、社會補助保險等保險制度；並設計物資儲存、過渡期補助、現金補助等保障制度。

豪利與雷米斯的政策工具光譜

茲以 2020 年新冠肺炎的防疫為例，運用政策工具光譜看看有哪些政策工具可以使用：

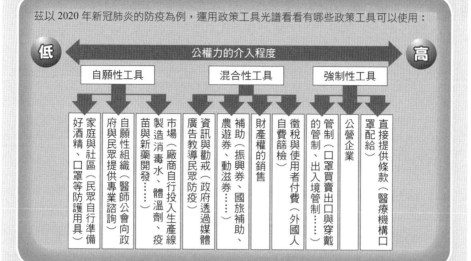

史耐德與英葛倫提出的政策工具

史耐德與英葛倫（Schneider & Ingram）在 1990 年提出「權威」、「誘因」、「能力建立」、「象徵勸勉」與「學習」等五項政策工具：

工具	意義	舉例
權威	政府以法令為基礎，憑其合法權威，允許、禁止或要求採取某一行動，不遵守者會遭到處罰。	政府宣布未遵守新冠肺炎防疫居家隔離規定者處 10 萬至 100 萬元罰鍰。
誘因	基於理性自利的人性假定，政府能透過獎勵、付費或制裁等手段，促使標的人口服從。	透過垃圾費隨袋徵收提高民眾垃圾分類的意願。
能力建立	藉由向標的人口提供資訊、訓練、教育和資源，使其擁有決策或從事特定活動的能力。該政策工具有助於強化標的人口監督或回應政策的能力，加強公民的知識、資訊或資源，甚至使他們有能力影響公共政策。	透過「參與式預算審查」或「社區工作坊」，培力居民參與社區事務。或對執行者施予訓練，如為實施 108 新課綱，而要求教師參加培訓營或工作坊。
象徵勸勉	假定個人乃基於自身的信仰和價值而採取行動，因此當標的人口認知到政策內涵與自身信仰一致時，會傾向於順從此一政策。故政府會透過符號、形象或公關的操控來改變人民的認知，強化人民的服從。	執政黨透過口號、圖象、標語等設計，如 "Taiwan can help"，加強民眾的臺灣主體意識。
學習	假定機關與標的人口皆有學習能力，因此政策工具應增加政策制定者與民眾彼此學習的機會。當問題具有不確定性，行動者也缺乏共識時，便可採取此型工具，由相關機關提供過去的經驗和其他人的回饋意見，共同從中歸納出經驗法則。	舉辦政策「公聽會」、「說明會」，讓政府與民眾交換意見。

政策評估

政策評估（policy evaluation）是指政策評估人員利用科學方法和技術，有系統地蒐集相關資訊，評估政策方案之內容、制訂、執行過程及結果的一系列活動；其目的在提供選擇、修正、持續或終止政策方案所需的資訊。吳定教授將政策評估分成三大類：

(一) 預評估

預評估（pre-evaluation）指對於政策方案在規劃階段時進行可行性評估、優缺點評估、修正方案評估。政策分析者應在此階段瞭解該方案的「預期影響」及「預期效益」，以便在執行前適當修正該方案的內容。或是在政策方案執行一段時間後，先做探測性的評估，以做為未來全面評估該政策執行效果的基礎。預評估包括三種評估：

❶ 規劃評估

規劃人員在規劃解決問題的方案時，對各替選方案之可行性、成本，利益、影響等進行評估；目的在方案付諸執行前，修正其內容與資源條件，以利期望目標的達成。所以規劃評估是「未來性」的，與其他「回溯性」的評估不同。

❷ 可評估性評估（evaluability assessment）

指政策在執行一段時間後，即對其執行現況及初步結果加以評估，以探究其執行狀況是否符合政策的原先設計與運作程序，並建立未來全面性評估的基礎，特別是實際的、可測量的與結果導向的目標。可評估性評估的作法是先進行「計畫分析」，乃從評估技術去考量該方案能否進行評估？並蒐集相關資訊，以發展出可評估性計畫模式。再者

是「可行性分析」，乃從決策面考量該方案是否需要進行全面評估？包括設定評估者並獲取共識。

❸ 修正方案評估

為增加執行中之方案的效率或效能，政策規劃人員往往會設計修正方案。修正方案評估即是對修正方案的效果、價值或是否有再修正的必要進行評估。

(二) 過程評估

過程評估指對政策問題認定的過程、政策方案的規劃過程與政策方案的執行過程進行評估的意思。藉此以瞭解相關的單位及人員是否均參與了政策規劃？主要的相關因素是否均列入考慮？相關資料是否蒐集齊全？決策的方式是否不當？相關執行機關、人員、經費、技術等層面是否妥當？是否配合？

(三) 結果評估

結果評估（outcome evaluation）就是對方案的執行結果加以評估。該評估包括兩方面：

❶ 產出評估（output evaluation）

指執行機關對標的人口提的服務或金錢補助的數量；如服務人次、補助金額等，偏重於數量的計算。

❷ 影響評估（impact evaluation）

指當政策執行後，標的人口的行為產生預期改變的狀況，包括因政策所產生的有形或無形的、預期或非預期的影響；如十二年國教實施後，教師的教學方法與學生的學習態度如何變化。

政策評估的目的

有時行政機關進行政策評估，不一定是為了提升政策品質；吳定教授將政策評估的目的分為「積極」與「消極」兩種：

積極目的	消極目的
❶ 作為比較各替選方案優先順序的根據。 ❷ 作為改善政策實施程序的參考。 ❸ 作為增刪特殊政策執行策略與技術的參考。 ❹ 作為繼續或停止政策實施的參考。 ❺ 作為其他地方推動類似政策的參考。 ❻ 作為分配各競爭政策所需資源的根據。 ❼ 作為接受或拒絕政策所涉及的理論的基礎。 ❽ 作為累積政策研究相關知識的根據。	❶ 為延遲做成決定。 ❷ 為規避責任。 ❸ 為進行公眾關係。 ❹ 為符合經費補助的要求。 ❺ 為偽證、掩飾與攻擊的需要。

政策評估的類型

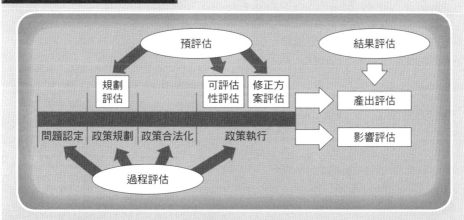

回應 —— 建設性評估

回應 —— 建設性評估（the responsive constructive evaluation）又譯為「建設性的回應評估」，為 1980 年代後新興的評估概念，廣泛應用於各種領域。其主張評估者應扮演問題建構者的角色，透過與利害關係人的反覆論證、批判與分析過程，建構出利害關係人對問題的共識。此種評估的步驟如下：

UNIT **12-10**
政策變遷

政策變遷（policy change）是指某項已執行的政策，經過評估後，基於各種理由，不再以原有樣貌繼續執行；而其改變的方向可能是漸進式的修改，也可能是以新的政策取代原有的政策，或者宣告政策終結。

(一) 階段論的觀點

以傳統階段論的觀點探討政策變遷，可將變遷的方式分為四種：

❶ **政策創新**：在原政策領域中，終止現行的政策，另訂新的政策。例如行政院結束新聞局的媒體管制，改以通傳會（NCC）進行媒體監督；

❷ **政策賡續**（policy succession）：以現行政策為基礎，進行漸進式的改變。例如我國徵兵制的役期不斷縮短，從兩年漸漸變為一年，並加入替代役、國防役的設計，但徵兵的原則不變。

❸ **政策維持**：原政策不做變化，繼續執行。

❹ **政策終結**：終止某個行政機關或某項特定政策的運作。例如民國 88 年的「精省案」，將臺灣省政府「終結」；以及民國 80 年「終止動員戡亂」。表面上政策終結常是因為政策效果不彰或預算不足；實際上，背後往往代表著意識形態的改變，前述兩例足以顯示。

(二) 反階段論的觀點

❶ 多元流程模式

金頓（Kingdon）於 1995 年提出「多元流程模式」，作為對「垃圾桶決策」（見單元 7-6）在公共政策上的修正。他認為公共政策的產生是由三種因素通過「決策點」所匯集而成的；他稱這三種因素為「溪流」（stream），包括：

①問題流：問題被提出與接納；反映在重要指標、災難事件或計畫的回饋上。

②政策流：政策方案的形成與精緻化；抉擇標準在於技術可行性與價值的可接受性。

③政治流：政治運作狀況；反映在輿論、遊說活動或選舉結果上。

當這三個流程匯集在一起時，「政策窗」（policy window）即有機會開啟，公共政策於焉形成。

❷ 倡導聯盟架構

薩巴提爾（Paul A. Sabatier）分析 1980 到 1990 年代美國的政策變遷，設計了「政策變遷的倡導聯盟架構」（advocacy coalition framework of policy change）。他認為總體的政策系統是穩定的，例如國家的自然資源、社會文化、基本價值、社會結構，以及憲政結構等，不會輕易改變；也不能以狹隘的政府機關的變遷來看待政策變遷，而必須透過政策次級體系（policy subsystem）來掌握長期的政策變遷過程，範圍應包括公私部門的行動者，如政客、政府官員、利益團體領袖、知識份子等。

因此，他提出「倡導聯盟」的概念，指一個特定政策領域內，一群來自不同領域的行動者基於共同的信仰系統（基本價值、因果假設以及對問題的感知）所組成的集合體。聯盟成員範圍可以很廣，如議員、專家、記者、官僚、民眾……等，他們基於共同的信念，而在長時間內維持高度一致的行動以追求共同目標。他們會設法改變決策、預算、民意或人事安排。我國的反核四歷程，基本上即符合這個倡導聯盟架構的分析。

多元流程模式

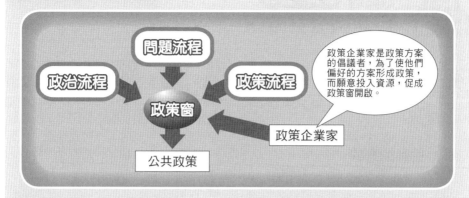

政策企業家是政策方案的倡議者,為了使他們偏好的方案形成政策,而願意投入資源,促成政策窗開啟。

倡導聯盟架構

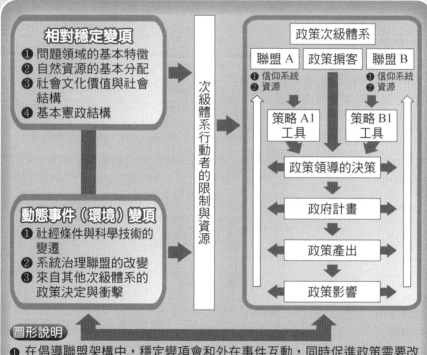

(圖形說明)

❶ 在倡導聯盟架構中,穩定變項會和外在事件互動,同時促進政策需要改變的共識程度,繼之穩定變項會和外在事件變項及主要政策需要改變的共識程度,共同形成次級系統行動者的限制與資源,再進而影響政策次級系統。

❷ 次級系統當中的聯盟 A 和聯盟 B,各有其政策信仰和資源,形成其各自策略中的再引導工具。再由政策掮客促成兩聯盟共同的權威決定,以形塑機關的資源和政策方向,形成政策產出,造成政策影響,再反饋到兩個聯盟的政策信仰和資源,於是整個政策次級系統又反饋到容易變動的外在事件變項。

UNIT **12-11**
民意與公共政策

民調界有句話:「民意如流水,東漂西泊無定向;民意如月亮,初一十五不一樣」。可見真正的「民意」是十分難以掌握的。

(一) 民意的意義

民意(Public opinion),或稱輿論,乃是指某一群人,在某一段特殊時間內,對某一特定公共事務所表示的意見。換言之,民意的形成會受到一定的人員、時間及空間等因素所限制。

(二) 民意的特性

❶ 複雜性

一個公共問題可能會產生許多不同的意見;一個意見可能有人贊成,有人反對,也有人表示中立,而其表示的強度又各不相同。例如核四,有人贊同,有人反對,而反對者中有人反核能、有人反核四、有人藉機倡議公投修法……種種觀點並不完全一致。

❷ 多變性

對某一公共問題或政策形成的民意,往往會隨著時間及空間的推移,而改變其支持的方向及強度。例如「非核家園」的主張,隨著環保團體的大力推廣與民進黨執政的影響,受到愈來愈多的人所認同。

❸ 不普及性

社會中並非人人均關心政治以及瞭解問題,通常只有少數的政治熱衷者或研究者會全面性的關心各種政治議題,而多數人只關心與自己切身相關的問題;所以有許多人對問題往往不表示意見。參與反核或擁核的人當中,真正懂核能的又有幾人呢?

❹ 不一致性

在社會上,有許多人對於相關問題或類似的問題所表示的意見,往往前後不一致。同樣如核能發電,原本隨著經濟發展的需求,或者全球暖化的問題(尤其是火力發電造成暖化氣體),可能會使部分原本反對的人改變其態度。然而日本福島核災,卻又會使原本支持的人變反對。

❺ 不可靠性

有的人可能在民調時不願表示真正的意見,甚至口是心非、言行不一,因此他們所表示的意見並不可靠。例如大家都覺得「節能減碳」是好事,口頭上都會支持,但真的願犧牲個人方便而身體力行的人恐怕有限;所以一旦因廢核而調漲電價時,又會造成民眾反彈。

❻ 潛在性

社會中往往存在著某些平時未表現出來的潛在民意,只有在某種事件發生後,或是在政府採取某種政策後才會表現出來。像是日本福島核災,促成臺灣許多人因為反核或反核四而走上街頭。

❼ 容忍性

由於真正的民意乃是多元性的,故民主的社會應學習容忍其他不同意見的表達。故西諺云:「我誓死反對你的意見,但我誓死捍衛你表達意見的權力」。

(三) 民意在公共政策中的角色

以政策階段論的角度而言,在問題形成階段,民意扮演公共問題的提出者;在政策規劃階段,民意扮演政府機關設計政策方案的引導者;在政策合法化階段,民意扮演競爭、批判與壓迫的角色;在政策執行階段,民意扮演配合、監督、批評政策執行情況的角色;至於到了政策評估階段,民意扮演評估、批評及建議的角色。

民意影響公共政策的途徑

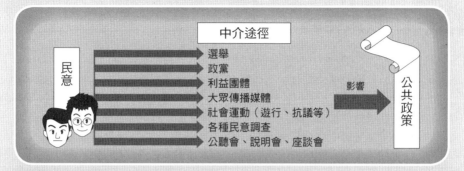

民意調查的解讀

民意調查是一種針對特定對象採取抽樣的方式來調查意見的作法，從全體所擬調查的對象中（母體），以科學的方法（隨機抽樣），抽出一部分足以代表母體的對象（樣本）來進行調查，其所獲意見，在一定誤差範圍內，可用以推論全體所擬調查者的整體意見。一般我們在媒體上常看到的民調報導若這樣寫：「如果明天投票，在 95% 的信心水準下，候選人 A 得票率為 52%，候選人 B 得票率為 48%。民調進行時間為 X 月 X 日，抽樣誤差為正負 3 個百分點。」它的意思是：

媒體報導的重點	真實意涵
95% 的信心水準	如果相同的調查進行 100 次，會有 95 次得到這樣的結果： A 得票率為 49%～55% 之間； B 得票率為 45%～51% 之間。
A 得票率為 52%	
B 得票率為 48%	
抽樣誤差為正負 3 個百分點	

所以，從媒體的文字上看到 A 與 B 相差 4% 好像勝負已分，但事實上，輸贏仍在未定之天。而且，民調的方法、時間、問題的設計、社會事件的影響……等等許多因素都可以干預民調的結果。因此，我們常聽到政治人物說：「民調數據僅供參考」，也不是沒有道理。

審議式民調

民調結果除了不精準之外，民眾自利、庸俗的意見，能否取代專業判斷而提升政策品質，也一直產生爭議。美國史丹佛大學的費許金（Fishkin）教授提倡審議式民調（Deliberative Polling），以結合審慎的思辨與一般民調的優點。其步驟為：

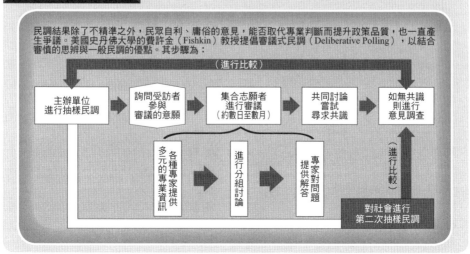

UNIT **12-12**
政策行銷

圖解行政學

行銷（marketing）的核心在於「交換」而非「交易」，因此舉凡非營利組織及公共政策的實施等均可採用行銷的觀點，以在交換過程中產生價值。基此，商業行銷指的是生產者與消費者利益的交換，政策行銷是公部門與標的人口或政策參與者之間需求與支持的交換。學者吳定將「政策行銷」界定為：政府機關及人員採取有效的行銷策略與方法，促使內部執行人員與外部服務對象，對公共政策產生共識或表示贊同的動態性過程。

(一) 政策行銷的特性

惟政府與民眾之間的交換行為，畢竟不等同於企業與消費者之間的交換。所以，相較於企業行銷，政策行銷具有下列特質：

❶ **不確定的消費者**：政府對選擇標的顧客的控制能力相當有限。例如行銷「節能減碳」的觀念，幾乎人人都是對象，根本沒有特定人可言，所以政策行銷之標的人口具有不確定性。

❷ **不確定的生產者**：公共政策往往需要許多跨部門的合作才能完成，因此無法明確劃分誰才是合理的生產者；這正是行政責任中的「多手」問題。同上，如果要宣導「節能減碳」的觀念，應該是經濟部的責任？還是環境部呢？

❸ **不明確的行銷對象態度**：企業通常能從業績迅速得知消費者對產品的態度，但政策行銷受限於政策執行與產生影響之間的時間落差（time lag），無法在短期內察覺行銷對象態度的改變。例如節能減碳的廣告播送後，多久才能改變人民的行為？實無法得知。

❹ **不明確的行銷效果**：商品行銷可以從銷售率來判斷行銷的成效，但人民是否因政府機關的行銷而順服公共政策卻不得而知。例如國民的汽油消耗降低，究竟是人民養成節能減碳的習慣，還是因為油價電價變貴，或是因為汽車引擎技術進步造成的結果，實在很難確認。

❺ **法規及社會價值觀的限制**：政府凡事必須依法行政，政策行銷亦如是；例如依我國「預算法」規定，政府機關不得進行「置入性行銷」；此外，不合乎社會價值的政策，也難以行銷。

❻ **政策行銷非有形商品**：相較於企業多為具體商品，政策行銷所促銷的多為無形的服務或較抽象的社會行為與觀念；績效也較難以衡量。

(二) 政策行銷的 6Ps 策略

由於上述特性，將行銷概念用於公共政策時，需就企業運用商品行銷的觀念加以修正。學者遂以商品行銷理論的4Ps 策略作為基礎，發展出政策行銷的6Ps 策略：

❶ **產品（product）**：政策本身應具有正當性、合理性。

❷ **價格／定價（pricing）**：讓政策標的人口能以合宜的代價取得服務，或是政府以價制量的手段。

❸ **通路／地點（place）**：為使政策標的人口能方便、迅速的獲知政策訊息或取得服務，行銷人員要選擇合適的行銷管道或服務地點。

❹ **推廣／促銷（promotion）**：政策行銷人員應掌握標的人口的喜好，設計受歡迎的推廣手段。

❺ **夥伴（partnership）**：政策行銷人員應尋求民間部門的合作，建立公私夥伴關係。

❻ **政策（policy）**：政策本身的內涵與涉及的有關機關，也是行銷人員應注意的內容。

政策行銷的 6Ps 策略

政策行銷的 6Ps ＝ 商業行銷 4Ps ＋ 公共政策行銷特色 2Ps

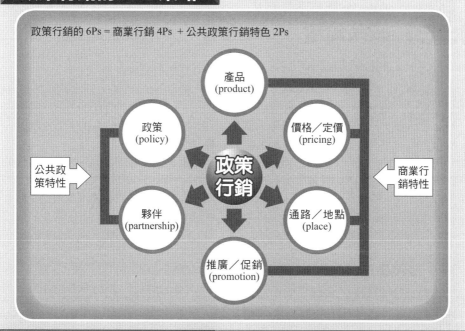

不同行銷觀點的釋義

定義項目	一般行銷（採柯特勒的定義）	政策行銷	
		公共政策觀點	行銷學觀點
行銷者	個人與群體	政府機關與人員	政府機關與人員
核心價值	創造與交換	促成標的人口的共識與獲得支持	促使標的人口接受與支持
行銷內容	產品與價值	研議中或已形成的公共政策	政策中的行動
行銷對象	個人與群體	所需服務之對象	決策當局、公眾
目的	滿足人類的需求與慾望	增加政策執行的成功率、提高國家競爭力、為公眾謀福利	使公共政策獲得接受與支持
內涵	一切的行銷行為	不包括政策合法化	政策推薦、政策合法化、標的人口接受與支持

知識補充站 ★置入性行銷

　　置入性行銷（placement marketing）指刻意將行銷產品以巧妙的手法置入既存媒體，以期藉由既存媒體的曝光率來達成廣告效果。韓劇「來自星星的你」、電影「007」中均常看到這種行銷手法。這是一種以低涉入度的感性訴求方式，搭配節目內容或電影戲劇的情節，行銷觀念、物品或商標等，在投入劇情的同時順便接收產品的訊息，不知不覺中達成給閱聽人灌輸印象的效果。但從公共利益觀點而言，傳播媒體有中性地服務社會各個利害關係人的義務；從新聞與廣告倫理而言，置入性行銷崩解了新聞的中立性與廣告倫理；過去希特勒曾聘請電影導演拍攝政治宣傳電影，因此，這也是一種有爭議的行銷手段。我國預算法第 62-1 條規定，基於行政中立、維護新聞自由及人民權益，政府各機關暨公營事業、公設財團法人及政府轉投資事業，編列預算辦理政策宣導時，不得採用置入性行銷。但亦有學者認為，如果行銷的目的是基於公益，如進行地方行銷，則不需要過度設限。

UNIT 12-13
政策倫理

圖解行政學

　　過去公共政策總被定位為「應用性的社會科學」，故政策分析多重視「成本效益」或「民眾需求」等可量化的分析。而事實上，人類的選擇總是難以避免價值觀的取捨，因此決策者決策時能否秉持良善的價值，如公平、誠實、關懷、仁慈、廉潔等，也是政策良窳必須考量的因素，故政策倫理的研究強調以道德性觀點定位政策的內涵，而非以效率、效益等經濟性觀點加以定位。

(一) 政策倫理的意義

　　政策倫理（Policy Ethics）係指公共政策在制定、執行或評估時必須服膺的倫理行為規範；其核心價值在於好的政策不僅要追求績效，更要促使社會趨向於公平正義的價值，以及人文素養與道德關懷。

(二) 政策倫理的弔詭

　　政策論理固然重要，但探討政策倫理，就如同吾人探討公共利益一樣充滿弔詭性，因為倫理觀點難以貨幣化計算，所以向來欠缺普遍性的標準。以「社會公平」這個簡單的倫理觀點而言，至少有五種不同的形態：

❶ 單純的個人公平

　　係指一對一的個人公平關係，例如投票時「一人一票，每票等值」的制度設計。然而，胡亂投下的一張贊成票，與誓死抗爭到底的一張反對票，真的是等值的嗎？

❷ 區隔化的公平

　　係指同一類別下的公平，此即西諺云：「相同的人得到相同對待，不同的人得到不同對待」，如累進稅率的實施，對同一所得級距課徵相同的稅率，不同所得級距課不同的稅率。然而，級

距究竟如何分割才是「公平」？這又是另一個弔詭的問題。且歐洲國家的經驗顯示，這種所得重分配的方式，往往是助長過度社會福利的幫凶。

❸ 集團性的公平

　　係指某個團體謀求與另一個團體間的公平，例如婦女要求與男性在就業上的同工同酬，或是同性戀要求與異性戀一樣的婚姻制度保障。但這種公平的追求，卻極可能與前述「區隔化的公平」之間產生矛盾。

❹ 機會的公平

　　係指儘管每個人的天賦條件不同，但每個人都應有相同的發展機會，例如我國國民「應考試服公職」的機會人人平等。然而，這也只能說是公平的最低標準，因為機會的公平，並不見得能彌補立足點的不公平。

❺ 代際間的公平

　　係指目前這一代與未來年輕世代之間的公平，例如在退休年金給付與地球資源永續的問題上，就涉及代際公平。然而，對於未來世代所面臨的變化，又有誰能準確預料呢？

(三) 對決策者的期待

　　儘管政策倫理的追求充滿弔詭性，決策者仍不可因為困難而置之不理。大致而言，為在政策制定過程中吸納上述各種不同的社會公平概念，決策者應注重決策過程的民主化，透過各方參與者公平、公開的論辯，以形塑政策的正當性及認同感。

多元的政策倫理觀

由於公共政策總是面對多元的利害關係人，在各種不同價值觀交互激盪的場域中，難免承受多元甚至衝突的期待。符合公共利益的政策倫理觀，大致可分為五種：

倫理觀	意義	以應用於教改政策為例
效益倫理	公共政策應以利害關係人的最大福祉為依歸，致力於追求服務對象的最大幸福。	教育改革應以學生的需求為最主要的考量。
正義倫理	透過公正、公平的程序、遵循專業律則來獲致正義的結果。	教育改革應促進社會的流動。
關懷倫理	公共政策應從關懷的角度去設身處地的理解利害關係人的需求，確實因應被關懷者需要給予適當的關懷，以促進雙方共同成長。	教育制度設計應設法幫助學習成效較差的學生，與優秀的學生共同成長。
批判倫理	決策者應具有批判意識，能知覺社會脈絡的特性，對己身實踐和周遭環境加以批判反省，針對不合理處，能勇於採取行動，並可透過真誠對話來共思行動方案，以促進世界的轉化。	決策者應反思教改前後，誰得到什麼利益？誰又失去了利益？
德行倫理	公共政策應扮演道德楷模的角色，指引社會認知正確的價值觀，以達到止於至善的目的。	教育改革的政策設計應闡明並宣揚正確的教育理念，引領社會風氣。

提升政策倫理的作法

為顧及政策倫理，學者建議行政機關在決策時不要自恃專業而一意孤行，儘量廣泛吸納多元意見，有助於提高政策的倫理層次。具體作法可見下圖：

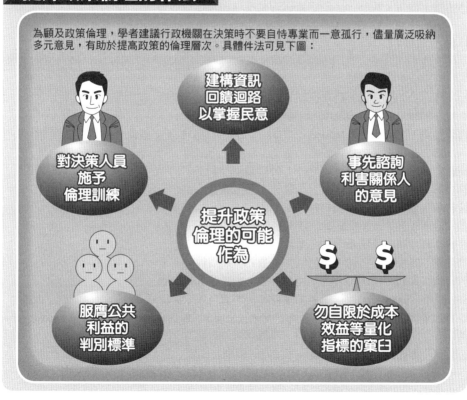

建構資訊回饋迴路以掌握民意

對決策人員施予倫理訓練

事先諮詢利害關係人的意見

提升政策倫理的可能作為

服膺公共利益的判別標準

勿自限於成本效益等量化指標的窠臼

方振邦主編，2007，《管理思想百年脈絡》，北京：中國人民大學出版。

丘昌泰，2013，《公共管理》，臺北：智勝文化出版。

丘昌泰，2013，《公共政策》，高雄：巨流出版。

江岷欽、林鍾沂，1999，《公共組織理論》，國立空中大學出版。

朱道凱譯，Zygmunt Bauman 著，2002，《社會學動動腦》，臺北：群學出版。

汪正洋，2013，《圖解公共政策》，臺北：五南圖書出版。

吳定，2013，《公共政策辭典》，臺北：五南圖書出版。

吳定，2003，《公共政策》，國立空中大學出版。

吳定等，2007，《行政學（上）、（下）》，國立空中大學出版。

吳品清譯，Nils-Goran Olve 等著，2003，《平衡計分卡實戰指南》，臺北：遠擎管理顧問出版。

吳清山、賴協志，2009，《知識領導：理論與研究》，臺北：高等教育出版。

吳復新、江岷欽、許道然，2004，《組織行為》，國立空中大學出版。

吳秀光、許立一，2008，《公共治理》，國立空中大學出版。

吳惠林，2013，《諾貝爾經濟學家的故事》，臺北：博雅書屋出版。

吳瓊恩等，2005，《公共管理》，國立空中大學出版。

李再長、曾雅芬譯，Richard L. Daft 著，2011，《組織理論與設計》，臺北：華泰文化出版。

余致力，2011，《廉政與治理》，臺北：智勝文化出版。

林宗弘、韓佳，2008，〈政治貪腐的制度理論：以亞洲各國為例的分析〉，《台灣政治學刊》，12 卷 1 期，頁 53-100。

林鍾沂，2003，《行政學》，臺北：三民書局出版。

洪聖斐等譯，Grover Starling 著，2008，《行政學：公部門之管理》，臺北：聖智學習出版。

徐仁輝，2009，《公共財務管理》，臺北：智勝文化出版。

徐有守，2007，《考銓制度》，臺北：臺灣商務出版。

馬群傑譯，William N. Dunn 著，2011。《公共政策分析》，臺北：臺灣培生教育出版。

孫本初，2010，《公共管理》，臺北：智勝文化出版。

高希均、林祖嘉、李誠、周行一，2002，《經濟學的新世界》，臺北：天下文化出版。

秦夢群，1997，《教育行政》，臺北：五南圖書出版。

陳敦源、蕭乃沂、廖洲棚，2015，〈邁向循證政府決策的關鍵變革〉，《國土及公共治理季刊》，3 卷 3 期，頁 33-44。

莊耀嘉，1991，《馬斯洛》，臺北：桂冠圖書公司出版。

許南雄，2010，《各國人事制度》，臺北：商鼎數位出版。

許南雄，2012，《現行考銓制度》，臺北：商鼎數位出版。

許道然等，2004，《行政學名家選粹》，國立空中大學出版。

許嘉政等譯，Edgar H. Schein 著，2010，《組織文化與領導》，臺北：五南圖書出版。

黃朝盟、黃東益、郭昱瑩，2018，《行政學》，臺北：東華出版。

彭立忠、張裕衢，2007，〈華人四地貪腐程度之比較：以「貪腐成因」為分析途徑〉，《公共行政學報》，第 24 期，頁 103-135。

詹中原，2003，《新公共政策─史、哲學、全球化》，臺北：華泰文化出版。

郭進隆譯，Peter M. Senge 著，1996，《第五項修練：學習型組織的藝術與實務》。臺北：天下文化出版。

張四明、王瑞夆。〈九十年度財政補助制度改革之探討〉。資料來源：http://www.ntpu.edu.tw/pa/teacher/fisher/92122501.pdf。

張世賢，2009，《公共政策分析》，臺北：五南圖書出版。

張春興，1991，《現代心理學》，臺北：東華書局出版。

張潤書，2009，《行政學》，臺北：三民書局出版。

黃天中、洪英正，1992，《心理學》，臺北：桂冠圖書出版。

彭文賢，1981，《賽蒙氏的思想體系與組織原理》，臺北：中央研究院出版。

彭文賢，1992，《行政生態學》，臺北：三民書局出版。

楊戊龍，2015，《公益揭發：揭弊保護法制比較研究》，臺北：翰蘆出版。

齊若蘭譯，Andrea Gabor 著，2001，《新世紀管理大師》，臺北：時報文化出版。

劉昊洲，2017，《公務人員權義論》，臺北：五南圖書出版。

衛民，2014，《集體勞資關係》，國立空中大學出版。

謝文全，2007，《教育行政學》，臺北：高等教育出版社。

薛迪安譯，C. Northcote Parkinson 等著，1997，《面對管理時代的大師》，臺北：新雨出版。

羅清俊，2015，《公共政策：現象觀察與實務操作》，臺北：揚智出版。

蘇子喬譯，Andrew Haywood 著，2011，《政治學的關鍵概念》，臺北：五南圖書出版。

蕭全政等譯，Nicholas Henry 著，2001，《行政學新論》，臺北：韋伯文化出版。

Cooper, Terry, L. 2006. "The Responsible Administrator: An Approach to Ethics for the Administrative Role". John Wiley & Sons, Inc.

國家圖書館出版品預行編目(CIP)資料

圖解行政學 / 汪正洋著. --五版. --臺北市：
五南圖書出版股份有限公司, 2024.10
　　面；　公分. --(圖解政治系列；006)
ISBN 978-626-393-704-8 (平裝)
1.CST: 行政學

572　　　　　　　　　　　　113012390

1PN6

圖解行政學

作　　　者 ―	汪正洋(54.4)
企劃主編 ―	劉靜芬
文字校對 ―	楊婷竹
封面設計 ―	P. Design視覺企劃、封怡彤
出　版　者 ―	五南圖書出版股份有限公司
發　行　人 ―	楊榮川
總　經　理 ―	楊士清
總　編　輯 ―	楊秀麗
地　　　址：	106 台北市大安區和平東路二段339號4樓
電　　　話：	(02)2705-5066
網　　　址：	https://www.wunan.com.tw
電子郵件：	wunan@wunan.com.tw
劃撥帳號：	0106895-3
戶　　　名：	五南圖書出版股份有限公司
法律顧問	林勝安律師
出版日期	2015 年 1 月初版一刷
	2016 年 6 月二版一刷
	2018 年 5 月三版一刷
	2020 年 9 月四版一刷
	2024 年 10 月五版一刷
定　　　價	新臺幣 400 元

經典永恆・名著常在

五十週年的獻禮——經典名著文庫

五南，五十年了，半個世紀，人生旅程的一大半，走過來了。

思索著，邁向百年的未來歷程，能為知識界、文化學術界作些什麼？

在速食文化的生態下，有什麼值得讓人雋永品味的？

歷代經典・當今名著，經過時間的洗禮，千錘百鍊，流傳至今，光芒耀人；

不僅使我們能領悟前人的智慧，同時也增深加廣我們思考的深度與視野。

我們決心投入巨資，有計畫的系統梳選，成立「經典名著文庫」，

希望收入古今中外思想性的、充滿睿智與獨見的經典、名著。

這是一項理想性的、永續性的巨大出版工程。

不在意讀者的眾寡，只考慮它的學術價值，力求完整展現先哲思想的軌跡；

為知識界開啟一片智慧之窗，營造一座百花綻放的世界文明公園，

任君遨遊、取菁吸蜜、嘉惠學子！